莎士比亚在中国

中国のシェイクスピア

瀬戸 宏

松本工房

目次

莎士比亚在中国

凡例

・本文では、書籍および作品名は『 』で、雑誌など掲載の論文・評論は「 」で示した。註では、中国語文献については、《 》で示した。
・註は各章の章末に付し、参考文献は巻末に付した。
・あとがきを除いて、本文・註とも原則として物故者・現存者を問わず敬称を略した。例外がある場合は、その旨を文中その他で記した。
・人名・地名など中国固有名詞の読みは、原則として日本語音読み（漢音）で示した。
・引用文中内の（ ）は原文のものである。例外の場合はそのつど注記した。
・漢数字の表記について、引用箇所は原文に従った。
・「戯曲」という語は、日本では〝劇本〟の意であるが、中国語では〝伝統演劇〟を指す。本文では原則として日本語の意味で使用し、中国語の意味で用いる場合は「戯曲（中国伝統演劇）」のように記した。
・本文中の同段落で、同名作品が頻出する場合は、省略形で記す場合がある。

中国のシェイクスピア

瀬戸宏

松本工房

序章

中国のシェイクスピア受容略史

序章

シェイクスピアは、中国語では莎士比亜と表記する。ピンイン（中国語ローマ字）ではShāshìbǐyàとなる。あえてカタカナでこの発音を表記すると、シャーシービーヤーである。

中国語による西洋事物の表記は、たとえばベケット『ゴドーを待ちながら』が、中国（中華人民共和国）では『等待戈多』、台湾などでは『等待果陀』となっているように、中国と台湾などで表記が異なっていることがある。一九四九年中国革命以後、中国と台湾は政治的にも文化的にも分裂し、一九九〇年代初めまでほとんど交流がなく、その過程でそれぞれの異なった表記が定着してしまったからである。しかしシェイクスピアについては、表記の分裂はない。中国革命のはるか以前に莎士比亜という表記が定着していたからである。

中国のシェイクスピア受容を大きく分けると、私見では次の三段階になると思われる。

第一段階は、清末から一九一九年五四新文化運動の頃までである。シェイクスピアを外国の新奇な物語としてとらえ、それを中国の文化土壌の中で当時の西洋理解に基づいて中国化させて受容したものである。

第二段階は、五四新文化運動から一九八〇年代中期頃までである。シェイクスピアを中国とは別個の文化圏の偉大な作品として、当時の中国の文化水準の中で極力忠実に紹介受容しようと努力した時期である。この段階の中間に一九四九年中国革命の成功――中華人民共和国建国という社会的大変動があり、シェイクスピア理解についてもかなり大きな変化がみられるが、シェイクスピア受容の基本態度については変化はみられなかったといってよい。

第三段階は一九九〇年林兆華演出『ハムレット』から今日までである。第二段階の基礎にたって、再びシェイクスピアに自由な解釈を加えて受容しようと試みる時期である。

この段階区分は、附章「日本のシェイクスピア受容略史」で行なった日本のシェイクスピア受容略史の段階区分と同一観点に立っている[1]。

I　第一段階

1

中国が本格的に西洋社会、文化と接触を始めたのは、一八四〇—一八四二年のアヘン戦争敗北により開国を強制されてからである。中国にシェイクスピアの名が伝わったのも、アヘン戦争後のことであった。中国に最初にシェイクスピアの名を伝えたのは西洋人のキリスト教伝導師で、一八五六年に上海で出版されたイギリス人の伝導師訳の『大英国志』に舌克斯畢の表記で紹介されたのが最初とされている。近年の研究では、第一章で述べたように一八四四年までさかのぼることが明らかにされている。日本よりも三年遅かった。

その後も、欧米人のキリスト教関係者が中国で出版した著述の中に、シェイクスピアの名が断続的に現れている。しかし、外国人のキリスト教関係者による紹介は、閉鎖的な中国の文化風土にあっては、ほとんど影響力を持ちえなかった。中国では十九世紀後半に洋務運動と呼ばれる外国の技術を取り入れ産業の振興を目指す政策が清朝政府によってとられ一定の成果を挙げたが、それは西洋の技術をその背景となる文化と切り離して導入しようとするもので、中国人の思想文化にはほとんど影響を与えなかった。

中国人の精神世界に影響を与える西洋文化、シェイクスピア紹介は、やはり中国人自身の手で自覚的に行なわれなければならなかった。それが開始されるのは、アヘン戦争から約五十年たった一八九四年から九五年の日清戦争（中国側の呼称は甲午戦争）敗北後からである。それまで東方の小国と見なしていた日本に敗北したという衝撃により、外国の思想・文化を学び中国の改革の必要性を自覚し主張する人々が層として出現

梁啓超

したのである。

梁啓超《りょうけいちょう》（一八七三―一九二九）は、明治維新にならって清朝を立憲君主制国家にすることをめざした変法運動の代表的人物として知られている。変法運動は西太后ら清朝保守派の容認するところとならず、一八九八年戊戌《ぼじゅつ》の政変で梁啓超らは日本に亡命を余儀なくされた。梁啓超は日本で運動を継続し横浜で『新民叢報』などの雑誌を刊行し、中国新文化運動の先駆けとなった。梁啓超はシェイクスピア受容史の上でも大きな足跡を残した。莎士比亜という表記は彼から始まったのである。厳復、魯迅も、二十世紀初頭にシェイクスピアについて言及している。

しかし、これらはシェイクスピアを簡単に紹介しただけにすぎなかった。中国で実質的に最初にシェイクスピア作品の内容を具体的に紹介したのは、一九〇三年にチャールズ・ラム（Charles Lamm）『シェイクスピア物語』から十編を選んで文語訳した訳者不明の『澥外奇譚《かいがいきたん》』（上海達文社）である。しかし、初期の中国シェイクスピア受容で特筆されるのは、翌一九〇四年出版の林紓《りんじょ》・魏易《ぎえき》『吟辺燕語《ぎんぺんえんご》』であった。『吟辺燕語』は、『シェイクイスピア物語』の全訳である。訳者の林紓（一八五二―一九二四）は外国語が読めなかったが、彼は古文の名手で協力者が口訳した内容を文言文に直して出版したのである。林紓は各編に中国古典小説風の題名をつけた。たとえば、『ヴェニスの商人』は『肉券《にくけん》』、『ハムレット』は『鬼詔《きしょう》』となっている。林紓には『吟辺燕語』のほかにも多数の西洋小説翻訳があり、彼の一連の翻訳は林訳小説と呼ばれ、清末民初の中国で大きな歓迎を受けた。『吟辺燕語』は一九三〇年代に至るまで何度も版を重ねている。林紓の翻訳と

『吟辺燕語』の意義は、第一章、第二章を参照していただきたい。

林紓は辛亥革命後の一九一六年から再び『リチャード二世』『ヘンリー四世』など歴史劇を翻訳し発表した。しかし、これらもイギリスで小説化されたものの翻訳で、シェイクスピア作品の翻訳とは認められてはいない。『吟辺燕語』と異なり、舞台化されることもなかった。

『吟辺燕語』出版から七年後、一九一一年の辛亥革命によって清朝は倒れ一九一二年にアジア最初の共和国である中華民国が生まれた。辛亥革命前後から一九一〇年代前半には、文明戯または早期話劇と呼ばれる演劇が上海を中心に栄えた[2]。演劇好きの日本留学生は、東京で新派や文芸協会の影響を受けて春柳社を創立した。この春柳社が一九〇七年に上演した演劇が上海に伝わり、成立したものである。台詞劇という点では後の話劇と同じであるが、多くの伝統演劇の遺留物を残していたので、今日では話劇と区別して早期話劇とも呼ばれる。文明戯の多くは、完全な上演台本を持たず幕表と呼ばれる粗筋を即興で肉付けして日替わりで演目を上演していくところに特色があった。今日残っている文明戯の梗概集をみると『吟辺燕語』の二十編はほぼすべて劇化され上演されている。中国の観客は、『吟辺燕語』の脚色でまずシェイクスピアを知ったのである。このうち最も歓迎されたのは『肉券』で、この作品については詳細な梗概が残されている。ただし、この文明戯の一連の上演はそれ自体がラムの要約の脚色であった。そのうえ完備した上演台本によるよる上演ではなく、当時の西洋・シェイクスピア理解の不十分さと相まって、厳密な意味でのシェイクスピア上演とはとても呼べないものであった。彼らはシェイクスピアを外国の数奇な物語とのみとらえ、それを中国の伝統的な思考様式に基づいて自由脚色したのである。

辛亥革命は、封建勢力を打倒する民主革命としては不徹底なものであった。封建要素は中国に広範囲に残り、各地に軍閥が割拠して中華民国は統一国家には遠い状態であった。文明戯もこのような社会状況の影響を受けて、しだいに商業主義に屈服し堕落していった。

II　第二段階

2

一九一五年創刊された雑誌『新青年』（創刊時の名称は『青年雑誌』）を舞台に胡適《こてき》、陳独秀《ちんどくしゅう》らによって一九一七年に起こされた新文化運動は、中国の文化状況に革命的な変化をもたらした。これ以後、中国には今日的な意味での近代文化が生まれることになったのである。この新文化運動は、一九一九年の五四運動と結びついて全国に広まった。中国の近代劇である話劇も、この五四新文化運動の影響下から生まれ、一九二〇年代中期に確立するのである。胡適は、一九一七年発表の「建設の文学論」[3]で、シェイクスピアを学ぶべき西洋作家の一人として取り上げている。

シェイクスピアの梗概や小説体ではない完全な翻訳が現れたのも、五四運動の後のことであった。一九二一年の田漢《でんかん》訳『ハムレット』[4]がそれである。『少年中国』二巻十二期にまず第一幕のみが発表され、翌年全訳が単行本として刊行された。田漢（一八九八—一九六八）は中国の著名な劇作家、演劇活動家で、作品には『関漢卿』などがある。中国国歌「義勇軍行進曲」作詞者としても知られている。田漢は一九一七年から一九二〇年まで日本に留学し東京高等師範学校に学んでおり、シェイクスピア翻訳にあたっては日本語訳を参照した可能性がある。田漢の訳文をみると日本語訳の影響が大きい[5]。田漢訳の出現は、五四新文化運動を経て、中国は西洋文化を本質的に理解し受容することが可能になったことを示している。この田漢訳は散文体による訳で、その後の中国でのシェイクスピアの翻訳の多くが散文訳でおこなわれる先駆けとなった。田漢は『ロミオとジュリエット』[6]も翻訳している。『少年中国』四巻（一九二四）一期から五期まで一幕ずつ発表され、まもなく単行本が刊行された。

その後、一九二〇年代を通して中国では散発的にシェイクスピアの作品が翻訳されていくことになる。『ロミオとジュリエット』『ジュリアス・シーザー』『お気に召すまま』『ヴェニスの商人』などである。二〇年代の中国でのシェイクスピア理解の多くは、シェイクスピアをロマン主義の劇詩人ととらえるものであった。

上演について言えば、文明戯では一九一〇年代に引き続いて笑舞台（上海の劇場名）などで『吟辺燕語』翻案劇としてシェイクスピア作品が上演されていた。誕生したばかりの中国（現代）話劇はシェイクスピアを翻訳上演するのは荷が重かったようで、上演の記録はみあたらない。五四運動期には学校演劇としてシェイクスピアが上演されたこともあったが、小規模な上演に留まり題名や上演の事実が新聞で報道される程度で、上演の詳細は今日ほとんどわからなくなっている。

田漢

結局、舞台でのほぼ完全なシェイクスピア上演は、一九三〇年五月の上海戯劇協社『ヴェニスの商人』（顧仲彝《こちゅうい》訳、応雲衛演出）を待たなければならなかった。この上演は翻案劇ではなく、当時の文化水準の最善を尽くしてシェイクスピアを正確に紹介することを目的とし、安易な翻案ではなく厳格な翻訳劇として中国で初めてシェイクスピアを上演したものである。第三章で考察したように、シェイクスピア受容史上画期的な意義を持つものであった。

3

中国の一九三〇年代は、一九二八年の蒋介石による北伐の完成によって中華民国が統一国家としての体裁を整え、相対的に平和が訪れた時代であった。世界大恐慌の影響などはあったが、上海など沿海部の大都市を中心に現代文化が栄えた。中国のシェイクスピア受容にも大きな変化が現れた。系統的、計画的なシェイクスピア紹介が志向されたのである。これは、シェイクスピア翻訳全集刊行の試みとなって現れた。

この三〇年代は、世界大不況やソ連の社会主義建設進展などにより、同時に左翼芸術運動が大きな影響力をもった時代でもあった。この中で、シェイクスピアの紹介、翻訳にあたる者は、英米留学からの帰国者や英米とつながりの深いキリスト教教会大学（ミッションスクール）出身者がほとんどで、左翼芸術運動と距離を置くことが多く、時には敵対することさえあった。この時期のシェイクスピア理解は、同時代の英米でのシェイクスピア理解の影響下にあった。その重要な内容は、シェイクスピアを直接的メッセージ性をもたない作家、作品としてとらえることであった。

一九三〇年代から一九四〇年代の民国期中国には、二十一世紀の今日まで中国シェイクスピア翻訳史を代表する人物が現れた。梁実秋《りょうじつしゅう》と朱生豪《しゅせいごう》である。

梁実秋（一九〇三―一九八七）は、本籍は浙江省だが北京生まれである。一九一五年清華学校に入学、大学まで学んだ。一九二三年アメリカに留学、コロラド大学に入学した後一九二四年にハーバード大学に移り、そこで比較文学を学んだ。アメリカ系の教養を身につけた梁実秋は、一九二六年帰国後、東南大学（現、南京大学）、青島大学（現、山東大学）、北京大学で教鞭を執ると同時に、一九二七年に胡適、徐志摩《じょしま》、聞一多らと『新月』を創刊した。『新月』は芸術至上主義を標榜する文学雑誌で、『新月』に拠る彼らは新月派と呼ばれ、梁実秋はその代表的人物となり、魯迅や左翼作家たちと激しく論争した。この経歴が、長い間中国での梁実秋評価に否定的な影響を与えた。

梁実秋のシェイクスピア評価の核心は、「シェイクスピアの作品は基本的な、普遍的な人間性を表現している」（「シェイクスピアの偉大さ」、一九三七）[7]ということであった。彼はまた「シェイクスピア作品の中に風刺の要素はある。彼の風刺は人間性の欠陥および社会の不公正に向かって発せられたのであって、その間に階級の制限はない。いかなる偉大な作家も、世の中の苦しみに深い同情を持たないわけにはいかない。しかし彼らの胸襟は広く、彼らの同情は超階級的なのである」（「シェイクスピアについて」、一九三五）[8]と述べ、シェイクスピア作品の断片的な台詞を取り出して、シェイクスピアは平民を軽視した、あるいはブルジョア階級を攻撃した、と判断することに反対した。

梁実秋

梁実秋は一九三〇年からシェイクスピアの翻訳に従事した。そのきっかけは、胡適が中華教育文化基金編訳委員会主任の職に就いたのを機に、梁実秋・陳通伯・葉公超・徐志摩・聞一多の五人に呼びかけてシェイクスピア全集翻訳委員会を作ったことであった。聞一多が翻訳委員会主任に任ぜられた。五人のそれぞれが半年に一作品を翻訳して他の四人が校閲し、五年から十年で全集翻訳を完成させる計画であった。しかし、英文学者で詩人でもある徐志摩（一八九七―一九三一）はまもなく一九三一年に飛行機事故で死亡し、『ロミオとジュリエット』抜粋（第二幕バルコニーの場）[9]が『新月』誌上に遺作として掲載されただけであった。また、他の者はシェイクスピア翻訳に関心を示さなかったため、結果的に梁実秋が一人で体系的シェイクスピア翻訳をおこなうことになった。梁実秋は一九三九年までに『ヴェニスの商人』『オセロー』『お気に召すまま』『リア王』『マクベス』『あらし』『ハムレット』の翻訳を刊行した。彼は、これと平行して、多くのシェイクスピア研究を当時の新聞雑誌に発表している。

梁実秋のシェイクスピア翻訳は一九三七年からの抗日戦争（日中戦争）勃発で一時中絶したが、抗戦勝利後翻訳を再開した。一九四九年の中国革命に際しては、彼は台湾へ移る道を選んだ。省立師範学院（一九五五年より台湾師範大学）教授などの職に就きながらシェイクスピア翻訳を続け、一九六七年にはシェイクスピア三十七作を彼個人が訳した『シェイクスピア戯劇全集』を台湾で刊行した。翌一九六八年には、詩の翻訳集を刊行した。中国語圏でシェイクスピア全作品を個人で全訳したのは、梁実秋だけである。

梁実秋の訳は彼が台湾に逃れ、一九五三年に刊行された『毛沢東選集』第三巻「文芸講話」の注釈で「長期にわたってアメリカ反動ブルジョア階級の文芸思想を宣伝し、革命に反対することを堅持し、革命文芸を呪詛した」と名指し批判されたため、中華人民共和国では長い間影響力を発揮できなかった。文化大革命が一九七六年に終結し一九七九年から改革開放政策が始まる中で、梁実秋の評価も見直しがおこなわれた。一九九〇年刊行の『毛沢東選集』第二版での注釈は、梁実秋の略歴を淡々と記すものに変わった。二〇〇二年に『梁実秋文集』十巻が中国の出版社（厦門《アモイ》・鷺《ろ》路《ろ》出版社）から刊行され、今日では彼の訳のシェイクスピア作品も中国国内で出版されている[10]。

中国の研究者は梁実秋訳を、今日次のように評している。

梁実秋はシェイクスピアの翻訳に当たってできるだけ原文に沿い、歩きながらたどっていき、忠実かつ婉曲である。訳文は正確で明快であり、信頼がおける。採用したのは〝直訳〟の方法で、人に与える感覚は、梁実秋はシェイクスピア翻訳の際は『雅舎小品』を書いたエッセイストではなく、謹厳な学者だ、というものであった。（李偉民『中国シェイクスピア研究』重慶出版社、二〇一二、一八三頁）

中国でのシェイクスピア翻訳で最も影響力があったのは、朱生豪（一九一二―一九四四）である[11]。朱生豪は浙江省嘉興出身で、杭州・之江《しこう》大学で学んだ。之江大学は民国期の代表的教会大学の一つで、中華人民共和国初期の一九五二年に解体され浙江大学などに吸収された。朱生豪は之江大学在学中文学サークルに所属し詩を発表するとともに、後に夫人となる宋清如と出会っている。彼の英語力も、之江大学と切り離すことはできない。

朱生豪は一九三三年之江大学卒業後、上海・世界書局に就職し編集者となった。世界書局で編集主任の詹文滸《せんぶんこ》からシェイクスピア翻訳を勧められたことから、一九三五年よりシェイクスピア翻訳に従事し始めた。朱生豪の死後発表された『シェイクスピア戯劇全集』「訳者自序」（世界書局、一九四七）で、朱生豪は自己のシェイクスピア観を次のように述べている。

シェイクスピアの成果は、まことに三人（ホメロス、ダンテ、ゲーテのこと――筆者）よりもはるかに上にある。シェイクスピアの筆の下の人物は、古代の貴族階級が多いけれども、彼が発掘したものは、まことに古今中外の貴族・平民・金持ち・貧乏人の人々が共に備えている人間性である。だから、三百年余り後、その書は全世界の文学の士が耽読するばかりでなく、その戯曲は各国の舞台と銀幕の上に繰り返し移されて衰えるところを知らない。その作品の中に永遠性と普遍性が備わっており、人間の心に深く入ることができるからである[12]。

朱生豪は、一九三七年上半期までに『十二夜』など九つの喜劇の翻訳を終えていた。その時勃発したのが抗日戦争であった。戦争で「長年苦心して収集した各種のシェイクスピアの版本や諸家の注釈、考証、批評など二百冊を下らないものが悉く砲火の中で失われ、慌ただしい中でオックスフォード版全集一冊と訳稿数本を取り出せただけであった。」(「訳者自序」)。日本が欧米諸国と全面戦争し上海の租界も消滅して失業した一九四二年には、宋清如と結婚するとともに、日本占領下の上海での生活を嫌って嘉興の実家に引きこもり、実家の一室の賃貸料などわずかな収入にもっぱら頼るという苦しい生活の中でシェイクスピア翻訳に専念した。朱生豪は驚くべき集中力で一九四四年四月までに三十一種の翻訳を完成させた。朱生豪はシェイクスピア全作品を訳出するつもりであったが、苛酷な生活は朱生豪の健康を蝕み翻訳を中断せざるを得ず、一九四四年十二月にわずか三十二歳で病没した。未訳の六種は、『リチャード三世』『ヘンリー五世』『ヘンリー六世』(上中下)『ヘンリー八世』で、すべて歴史劇であった。

朱生豪の翻訳は、宋清如らの尽力で抗戦終結後の一九四七、八年に上海・世界書局から三巻本の『シェイクスピア戯劇全集』として出版された。この〝全集〟には、歴史劇を除く二十七の戯曲が収録され、第一輯に訳者自序、訳者紹介(宋清如)、莎翁年譜が収録され、各輯に朱生豪が執筆していた提要(解説)が付されている。未訳の歴史劇も翻訳中として第四輯刊行が予定されている。この『シェイクスピア戯劇全集』刊行時、中国はすでに大インフレーションなど社会混乱期にあったが、二年後には売り切れ重印された。計七千セット程度の発行と推定されている[13]。中華人民共和国建国後の一九五四年三月には作家出版社から十二冊本の『シェイクスピア戯劇集』が刊行され、彼が訳し終えていた四作の歴史劇も含めて三十一の戯曲が収められていた。第一冊から順に刊行され、第一冊から第三冊まで初刷り一万部、第四冊から好評のため二万部になった[14]。これらの作品集により、朱生豪訳は中国国内で広く普及した。文革後の一九七八年に人民文学出版社から刊行された十一巻本の完全な『シェイクスピア全集』も、基本的に朱生豪の翻訳に基づいている。ただし、彼の訳文は翻訳時の各種の制約により、誤訳があったり特に喜劇に省略が多かったりすることも指摘されており[15]、一九七八年版の全集では別の研究者によって補正されている。

朱生豪は英米系の教養を持つと同時に中国古文の素養も豊かな人で、彼の訳文は「典雅で、中国の気風に富み民族の鑑賞習慣に合致した適切な語句が多く、原作の精神を的確に伝え、流暢で生き生きとしており、強い感染力があり、美の享受を与えさせる」（『中国大百科全書』、戯劇巻の朱生豪の項、周培桐執筆）と評されている。彼の不幸な境遇もあり、朱生豪訳に対する中国国内の評価は今も非常に高い。後述のように、中国ではその後さまざまな学者によるシェイクスピア翻訳が出現しているが、二〇一〇年代の今日でも、中国の一般書店で販売されているシェイクスピア作品の大半は朱生豪訳である。台湾でも朱生豪訳未訳作品

朱生豪・宋清如

現代彫刻の朱生豪・宋清如像
後方は朱生豪記念館（筆者撮影）

朱生豪譯

莎士比亞戲劇全集

第一輯（已出版）

内容目次

- 仲夏夜之夢
- 威尼斯商人
- 無事煩惱
- 皆大歡喜
- 第十二夜
- 終成眷屬
- 量罪記
- 暴風雨
- 冬天的故事

第二輯（已出版）

内容目次

- 羅密歐與朱麗葉
- 漢姆萊脫
- 奧瑟羅
- 李爾王
- 麥克佩斯
- 英雄叛國記
- 該撒遇弒記
- 女王殉愛記

第三輯（已出版）

内容目次

- 愛的徒勞
- 維洛那二士
- 錯誤的喜劇
- 馴悍記
- 溫莎的風流娘兒們
- 血海殲仇記
- 特洛埃圍城記
- 黃金夢
- 還璧記
- 沈珠記

第四輯（譯述中）

内容目次

- 約翰王
- 理查二世
- 亨利四世（上）
- 亨利四世（下）
- 亨利五世
- 亨利六世（上）
- 亨利六世（中）
- 亨利六世（下）
- 理查三世
- 亨利八世

世界書局發行

朱生豪訳『シェイクスピア戯劇全集』内容広告

を虞爾昌《ぐじしょう》が補った全集が台湾世界書局から一九五七年に刊行されている。また近年では、まったく補正されていない朱生豪の訳文そのままのテキストも出版されている[16]。朱生豪の嘉興の実家も、今日では朱生豪記念館として整備され公開されている。

　民国期中国でのシェイクスピア翻訳史でほかに記憶されているのは、曹未風《そうびふう》（一九一二―一九六三）である。彼は抗日戦争の厳しい条件の中で翻訳を続け、一九四四年に中国奥地の貴陽・文通出版社から『ジュリアス・シーザー』『あらし』『ヴェニスの商人』『ベロナの二紳士』『お気に召すまま』『真夏の夜の夢』『ロミオとジュリエット』『リア王』『ハムレット』『マクベス』『間違い続き』の十一種を、『曹訳シェイクスピア全集』の名で刊行した。曹未風は抗日戦争勝利後の一九四六年にも、このうちの十種を『曹訳シェイクスピア全集』の名で上海で出版している。しかし、曹未風の訳は、後に彼自身が「もともと学生の勉強の参考のためと考え、体系および文学上はすべて原文の格式に依拠したので、多くの晦渋・難解な個所が生まれた。もし舞台で使用するなら、かなり大きな修正が必要である。」と述べたような欠陥があり、実際の上演に用いられることはほとんどなかった。

　このほかにも抗戦期から第二次大戦後にかけて、中国では十数種のさまざまな訳者によるシェイクスピア作品が出版された。楊晦訳『アテネのタイモン』、曹禺訳『ロミオとジュリエット』が、今日でも記憶されている。

曹未風訳『テンペスト』

余上沅

4

一九二〇年代から抗日戦争期に至る民国期の中国話劇は創作劇の上演が多く、外国演劇上演の場合は問題意識が鮮明な近代劇系の作品が多かった。そのため、シェイクスピア上演は多くはないが、一般劇団の上演では、一九三七年六月の上海業余実験劇団『ロミオとジュリエット』（田漢訳、章泯演出）、一九四四年の成都・神鷹劇団『ロミオとジュリエット』（曹禺訳、張駿祥演出）、一九四五年の『乱世英雄』（李健吾脚色、黄佐臨演出、王徳名、『マクベス』の翻案）それに後述の国立劇専による上演が記録されている。上海業余実験劇団の上演は大規模な商業上演による初のシェイクスピア上演であったこと、神鷹劇団の上演は曹禺の流麗な訳文で、それぞれ知られている。

民国期のシェイクスピア上演を考える時欠かすことができないのは、国立戯劇専科学校（国立劇専）である。国立劇専については、第五章、第六章で詳しく紹介したので、ここでは概略を記しておく。国立劇専は一九三五年に当時の中華民国首都の南京で創立された演劇学校で、名称の通り国立である。創立当初は国立戯劇学校という名称で、一九四〇年に国立戯劇専科学校となった。抗日戦争中は中国奥地の四川省江安に教師・学生とも移って活動を続け多くの演劇人を養成した。校長は創設から閉鎖まで余上沅《よじょうげん》であった。抗日戦争終結後に南京に戻り、中華人民共和国建国直後の一九五〇年、解放区（後述）から北京に移転してきた魯迅芸術文学院戯劇系、華北大学芸術系と合併して中央戯劇学院となった。

余上沅（一八九〇―一九七〇）はアメリカ留学生で、『新月』派のメンバーでもあった。彼はシェイクスピアを上演によって中国に紹介することを試み、国立劇専の第一回卒業公演として一九三七年六月に『ヴェニスの商人』（梁実秋訳）を上演し、自ら演出したのである。採算を考慮にいれなくてよい演劇教育機関の上演のため、稽古期間も充分とることができ、上演と同時にパンフレット『シェイクスピア特刊』を発行したり、シェイクスピア公開講座を開催したりするなど、学術研究とも結合させた。余上沅は国立劇専の卒業公演ではすべてシェイクスピアを演じる構想を持っていた。これは抗戦勃発などで実現しなかったが、国立劇専はその後も、一九三八年七月に『オセロ』（梁実秋訳、余上沅演出）を、一九四二年六月に『ハムレット』（梁実秋訳、焦菊隠演出）を、一九四八年に再び『ヴェニスの商人』（梁実秋訳、余上沅演出）を上演している。抗日戦争という開校時には予期できなかった原因により、国立劇専のシェイクスピア上演は四回[17]に留まったが、シェイクスピアが散発的に上演されるに過ぎなかった民国期中国にあっては、四回という上演回数は群を抜くものであった。

抗日戦争期から抗日戦争終結後の国民党・共産党内戦期に、中国共産党は国民党政府の支配が届かない陝西省延安など中国奥地に独自の支配地区を持っていた。これを解放区と呼ぶ。解放区では、現実の社会問題を直接描く創作劇やロシア・ソビエト系統の近代劇が重視され、シェイクスピアにはあまり関心が寄せられなかった。一九四〇年から一九四二年にかけて、中国共産党中央委員会が置かれていた延安では名作劇上演ブーム（中国語では「大戯熱」）が起こり、中国内外の大型劇作が次々と上演された。しかし、この名作劇上演ブームでもシェイクスピアは一本も上演されていない。この傾向は、中国共産党が政権党となった中華人民共和国の演劇状況にも引き継がれている。

清末から民国期にかけては、読むシェイクスピア、すなわちシェイクスピアへの批評や、小説・戯曲などでシェイクスピアを念頭に置いた作品を創作する例は多くはない。これは、民国期にはシェイクスピアの紹介そのものが不十分でありシェイクスピア作品集も一九四〇年代に至って不完全なものがようやく刊行されたことを考えれば、やむを得ないことであろう。

その中で、郭沫若が一九四二年に発表した戯曲『屈原』は、早くから『リア王』を模したものとして人々の注意を引いてきた。屈原は戦国時代、楚の宰相で、他国と連合して秦と対抗すべきだと主張したが、暗愚な王や家臣にそれが聞き入れられず、汨羅《べきら》に投身する。『屈原』は、屈原を主人公に抗日よりも反共産党を優先させようとする国民党政権を批判・風刺する意図を込めて書かれていた。第五幕第二場に屈原が自己の鬱屈した思いを語る長台詞があるが、これは明らかに『リア王』の台詞を踏まえている。原文で数頁に及ぶこの長台詞の全文をここで引用することはできないが、冒頭部分からだけでもその風格を理解することができるであろう。

屈原 （風および雷電に向かって）風よ！ 吼えろ、吼えろ、力まかせに吼えろ！ この暗く太陽のない時、すべてが眠り、夢の中に沈み、死んだ時が、まさにおまえが吼えるべき時だ、おまえが力を尽くして吼えるべき時だ。

おまえがどのように吼えようと、おまえも彼らを夢の中から目覚めさせることはできはしない、死んだものを生き返らせることはできはしない、鉄よりも重い目の前の暗闇を吹き飛ばすことはできはしない。しかし、おまえは塵を吹き飛ばし、砂や石を吹き飛ばし、少なくとも花や草や木を揺り動かすことはできる。あの洞庭湖を、あの長江を、あの東の海を、波を沸き立たせ、おまえと共に大声で吼えるようにさせることはできるのだ！［18］

5

一九四五年に抗日戦争は終結したが、まもなく国民党と共産党の矛盾が表面化し、国共内戦が始まった。当初は物量に勝る国民党が優勢であったが、天文学的なインフレを引き起こすなど政策の失敗や腐敗により民意を失い、一九四九年に共産党が勝利して中華人民共和国が成立した。中華人民共和国建国の一九四九年から文化大革命が勃発した一九六六年までの十七年間を、中国現代史では「十七年」と呼ぶ。「十七年」と毛沢東逝去・文化大革命終結までを併せて「毛沢東時代」とする呼び方もあるが、文革期とそれ以前の十七年は、特に文化面では大きな相違があり、ここでは文革期とは区別して記述することにしたい。

中華人民共和国建国は、文化の面でも新しい状況をもたらした。「十七年」の時期の中国シェイクスピア受容の特徴は、ソ連の強い影響である。人民共和国建国直後の中国はソ連に学べという気風が圧倒的であった。中華人民共和国自体が、一九五〇年代にソ連から多額の援助を受けソ連に学ぶことから国作りを開始したのである。

もともとマルクスやエンゲルスは著作の中でシェイクスピアを強く礼賛していた。ソ連でもシェイクスピアが非常に重視され、研究や上演も多かった[19]。ソ連ではソ連共産党の社会主義文芸理論に基づき、イギリス・アメリカなど西側欧米諸国とは別のシェイクスピア解釈がなされていた。シェイクスピアの芸術的達成を高く評価することは西側諸国と同様であるが、歴史を進歩と保守・反動の対立あるいは階級闘争の歴史とみるソ連共産党の基本理論を基礎に、シェイクスピアを十六—十七世紀当時のイギリス社会の進歩勢力の代表とし、シェイクスピアは自己の理想を作品に託しているとみなしていた。西側諸国とは異なり、シェイクスピアを独自のメッセージ性を持ち当時の社会状況を反映したリアリズムの作家と考え、作品もそ

モローゾフ

の方向から解釈されたのである。シェイクスピアなど古典作品は、〝人民性〟と呼ばれる観点から解釈された。人民性は社会主義文芸理論の重要概念で、ソ連の社会主義美学教科書の説明によれば「人民大衆の基本的関心を反映し、勤労者の自由のための闘争の武器となり、それぞれの時代のもっとも完全な、首尾一貫した表現における先進的な思想を発展させる芸術の能力」である。人民性を備えた作品は人民の「終局的な解放への道における社会の進歩を促進するような芸術」（ソ連科学アカデミー研究所編、山村房次訳編『マルクス・レーニン主義美学の基礎』第二分冊、啓隆閣、一九七五、五七五頁）とみなされた。

この状況は中国にも影響した。ソ連のシェイクスピア研究が次々に紹介された。一九五三年にはモローゾフ『ソヴィエトの舞台におけるシェイクスピア』が同時に翻訳出版され[20]、一九五七年にはアーニクスト『シェイクスピアの演劇』が出版された。このほか、ソ連のその他の学者の論文が中国の雑誌で翻訳紹介された。

この状況を受けて、中国人研究者によってもかなり多くのシェイクスピア研究論文が書かれることになった。中国のシェイクスピア研究者李偉民の調査では、「十七年」の時期に中国で書かれたシェイクスピア研究論文は百三十編近くに達した[21]。これは民国期よりもずっと多い。孟憲強は、『中国莎学簡史』[22]の中で「十七年」の時期の中国でのシェイクスピア研究の特徴を次のように概括している。『中国莎学簡史』は、名称とは逆に清末から一九九〇年代初頭までの中国シェイクスピア受容の最も体系的で浩瀚な研究である。

これらの論文は、努めてマルクス主義の基本観点を用いてシェイクスピア劇（シェイクスピアの詩を含む）を分析した。これらのシェイクスピア評論は社会学の批評方法をかなり多く用い、シェイクスピア演劇が生まれた歴史背景を重点的に研究した。反映している社会矛盾と階級関係については、シェイクスピア劇の封建勢力およびブルジョア階級の暴露と批判およびシェイクスピア劇に体現されている政治観・歴史観・社会観・倫理観などの思想内容を重点的に提示した。いくつかの問題についても、小規模な討論が行われた。たとえばシェイクスピア劇中の幽霊の迷信をどうみるか、などである。これらのシェイクスピア評論は、基本的にシェイクスピアをリアリズムの傑作とみなして研究し、その中に体現されているヒューマニズム思想を十分に肯定し、同時にその階級的限界を指摘した。（『中国莎学簡史』、三二頁）

たとえば、この時期の代表的シェイクスピア研究者である卞之琳《べんしりん》（一九一〇—二〇〇〇）は一九六四年に次のように『ハムレット』を評している。

『ハムレット』が描いている醜悪な現実は、実際にはイギリス資本主義原始的蓄積の時期の封建関係と資本関係が新陳代謝し〝新〟と旧が合流した社会局面である。この局面は、まず新しい歴史時期の前奏となり、後に古い歴史時期のエピローグとなった。この現実の趨勢は、歴史劇、喜劇、前期悲劇の中で次第に大きくなり、国や家庭に大きな変化が生じたので、エディンバラ大学から帰ってきたハムレットの面前に集中的に現れ、突然の変化の印象を形作った。彼は突然あらゆるものはもともとの理想と合致せず、あらゆるものはすべての理想を敵視していると思った。彼は世界を転換させようとした。実際には、当時実際的価値があった反封建主義と当時は空想的価値しかなかった反資本主義の二つの任務を

担うことにほかならなかった。当然、力は思いに及ばなかった。（卞之琳「シェイクスピア演劇創作の発展」）〔23〕

民国期のシェイクスピア研究に対する批判も進んだ。一九五五年に代表的な演劇雑誌『戯劇報』に発表された徐述綸《じょじゅつりん》「シェイクスピア紹介の中でのブルジョア階級思想を取り除こう」〔24〕という論文は、「俗物文人梁実秋」らは「シェイクスピアの芸術から巨大な社会内容・時代の精神・人民の理想と願望・ルネサンス期イギリスのヒューマニズム精神を抜き取り、シェイクスピア芸術の中のリアリズムを抹殺し、シェイクスピアは〝純芸術〟の代表であり、〝ロマン主義の作家〟〝絶対的天才〟〝永遠の人間性論者〟などとでたらめを言った」と批判し、「新中国成立以後、欧米ブルジョア階級シェイクスピア研究者の観点と『学説』は、一般の大学文学教育とシェイクスピア研究紹介の中でまだ無視できない影響を持っている」と指摘しそれへの批判を呼びかけている。

シェイクスピア作品の翻訳出版も進んだ。上述の『シェイクスピア戯劇集』のほかに二十二の単行本が発行され計三十四種のシェイクスピア作品が刊行された。卞之琳、方平《ほうへい》（一九二二—二〇〇八）、孫大雨《そんだいう》（一九〇五—一九九七）らが新訳を発表した。これは、英語圏作家としては最多の訳出数であったという。これも民国期よりも多い。

研究とは逆に、「十七年」の時期シェイクスピアは数えるほどしか上演されていない。一九四二年の毛沢東「文芸講話」（「延安文芸座談会での講話」）以来、中国では現実の問題を直接作品の中で描くリアリズム（中国語では「現実主義」）が奨励されてきた。演劇においても、「階級闘争」と社会主義建設の現実を描く創作劇上演が奨励され、当面の中国の現実と直接には関わらないシェイクスピア上演には関心が余り寄せられなかった。「十七年」の時期のシェイクスピア上演は、次のものしかない。

中央戯劇学院『ロミオとジュリエット』（一九五六）
上海戯劇学院『空騒ぎ』（一九五七）
北京電影学院『十二夜』（一九五七）
中央戯劇学院『ロミオとジュリエット』（一九六一）
上海電影劇団『十二夜』（一九五九）
上海青年話劇団『空騒ぎ』（一九六一）
上海電影専科学校『十二夜』（一九六二）

中央戯劇学院『ハムレット』(1961)

中華人民共和国建国後の中国話劇（現代演劇）は、各省に最低一つの国立劇団が設置されるなど量の面では民国期をはるかに上回る普及ぶりであった。それだけに、上演面でのシェイクスピア上演は、研究面ではかなり活発な成果発表があったことと相まって、その冷遇ぶりが際立って感じられる。『ハムレット』すら上演されていないのである。

「十七年」の時期のシェイクスピア上演主体も、中央戯劇学院（『ロミオとジュリエット』）、上海戯劇学院（『空騒ぎ』）、北京電影学院（『十二夜』）、上海電影専科学校（『十二夜』）など演劇・映画教育機関が主であった。これらのシェイクスピア上演の初めの三公演は、ソ連の援助で設置されたスタニスラフスキー・システム集中訓練班終了公演としてソ連専門家が演出したものである。当然、舞台はスタニスラフスキー・システムに基づくものとなった。上海電影劇団、上海青年話劇団の公演は、集中訓練班の評判を聞いて上演したものであろう。一九六一年中央戯劇学院『ロミオとジュリエット』は、ソ連留学から帰国したばかりの張奇虹《ちょうきこう》が中央戯劇学院に教員として配属され、表演系学生卒業公演を演出した。中国人によるシェイクスピア作品演出が可能になったのである。この上演では、今日では演出家として知られる林兆華《りんちょうか》がロミオを（今日では周恩来俳優として知られる王鉄成とのダブルキャスト）、後に林兆華夫人となる何炳珠《かへいじゅ》（元中央戯劇学院副院長）が乳母を演じていた。一九六二年の上海電影専科学校『十二夜』が、「十七年」の時期の最後のシェイクスピア上演となった。なお、以上のシェイクスピア上演はいずれも朱生豪訳を上演台本に用いていた。

特徴的であるのは、北京人民芸術劇院、中国青年芸術劇院、上海人民芸術劇院など著名な一般劇団は、「十七年」の期間にシェイクスピアをまったく上演していないことである。一般劇団では、上海青年話劇団が一九六一年に『空騒ぎ』を、上海電影劇団が一九五九年に『十二夜』を上演したのが目立っているが、この二つの劇団は、上海青年話劇団が、上海戯劇学院附属劇団から独立し、上海電影劇団が上海電影制片廠の附属劇団であり、軍隊などの文工団から発展した一般劇団とは形成のされ方が異なる劇団であった。

「十七年」の時期のシェイクスピア受容で、ここで述べておかねばならないのは、一九五八年にローレンス・オリビエ制作・監督・主演のイギリス映画『ハムレット』（一九四八）が上海訳片廠により『王子復仇記』の訳名で中国語吹き替え版が作られ、全国で上映されたことである。中国の代表的映画雑誌『大衆電影』一九五八年一六期（八月二十五日発行）に卞之琳の映画評「イギリス映画『王子復仇記』を評す」[25]が掲載されている。これまで述べてきた社会主義文芸理論に基づき批評したものである。

イギリスの映画スター、ローレンス・オリビエは映画の方式でこの大作を監督し出演した。〝壮挙〟とすべきである。ブルジョア唯心主義の観点により、結果は成功失敗が半ばしている。なかなか得がたい貴重なことだというべきであろう。

時代は大躍進のまっただなかで、『大衆電影』にも関係記事があふれていた。その中でオリビエ版『ハムレット』を全面否定しなかったことが注目される。『王子復仇記』は文革終結直後の一九七九年にも再上映された。後にみるように、伝統演劇での『ハムレット』上演に『王子復仇記』の題名を使ったものがいくつかある。この映画の影響力がわかるであろう。

ハムレットを演じるローレンス・オリビエ銅像（筆者撮影）

一九六四年はシェイクスピア生誕四百年であった。しかし、前年の一九六三年には中ソ論争が公然化して中国共産党はソ連共産党を修正主義と名指しし、毛沢東は繰り返し談話や指示を発表して階級闘争を強調していた。もともとシェイクスピア生誕四百年に合わせて朱生豪訳を基礎に完全な中国語版『シェイクスピア全集』を出版する計画が進められ編集は終わっていた。しかし、時代の状況はシェイクスピア作品の出版を許すものでは到底なかった。劇団の中にはシェイクスピア上演を企画するところもあったが、やはり実現できなかった。中国文芸・学術界さらには中国全体が文化大革命に近づいていった。

革命現代京劇『智取威虎山』

6

一九六六年から始まる文化大革命は、「十七年」の思想傾向の帰結であると同時に、それをより新しい段階に押し上げるものでもあった。文革は「資本主義の復活を防ぐ」ために文化面での〝階級闘争〟を重視し封建的・資本主義的要素を厳しく批判したため、シェイクスピアも批判の対象となった。否定的にであってもシェイクスピアを取りあげること自体が、批判を受けかねなかった。だからシェイクスピアを主題とする論文は、文革期には存在しない。ましてシェイクスピア上演は考えることもできなかった。シェイクスピアを読むことすら、激しい批判を覚悟しなければならなかったのである。

文化大革命は、ソ連ではすでに資本主義が復活したと断定しソ連共産党の理論をも修正主義と批判したので、「十七年」の時期にもてはやされたソ連文芸理論の観点も、同時に強く批判された。

一九六九年十一月七日付『人民日報』に、辛午「英雄の胸には朝の光がある——光り輝くプロレタリア階級英雄の典型楊子栄を讃える」[26]という評論が掲載されている。革命現代京劇『智取威虎山《ちしゅいこざん》』の主人公楊子栄を賛美する評論だが、そこに『ハムレット』に触れた部分がある。文革期のシェイクスピア観が伺われるので、その部分を訳出しておこう。文中の現代修正主義とは、ソ連の文芸学術思想を指す。

みんなはイギリス〝ルネサンス〟期に有名な劇作家シェイクスピアがいたことを知っている。彼は多くの戯曲を書いた。その中に『ハムレット』という作品がある。この劇が書いているのは、デンマークの王子ハムレットが仇討ちをする話である。主人公は、全身に搾取階級の世界観が染み通った王子である。しかし、現代修正主義の文芸評論家たちは、この王子を超階級の〝人道主義者〟〝人民の思想感情の代弁者〟と持ちあげ、彼は〝あらゆる生活の中の不正義の行為に反対した〟と言い、〝正義のために戦う方法と手段を探し求めた〟などと言う。これは本当に外国の奇怪な言論だ！〝階級社会の中では、あらゆる人は一定の階級地位の中で生活している。各種の思想には階級の烙印を押されていないものはない。〟どこに階級を超越した人道主義などがあるというのか！王子という搾取階級の地位にいるハムレットは、なんと〝正義のために闘争する〟〝人民の思想感情の代弁者〟になることができるのだ。ほんとうに荒唐無稽だ。実際には、『ハムレット』の中で思う存分に描かれているのは、この王子が復讐する過程での搾取階級の変態心理にすぎない。わずかな〝人民の思想感情〟もありはしない！現代修正主義の鼓吹者たちがこのようにするのは、対立する階級間の階級境界を抹消し、労働人民の魂を麻酔し害するためなのだ。実際には、これらの現代修正主義者たち自身のブルジョア党派性は頑強なのだ。いわゆる〝無党派性論〟は、彼らがプロレタリア階級に攻め進む武器とスローガンにすぎないのである。

「十七年」の時期には肯定されていた『ハムレット』は、ここでは全面的に否定されている。この評価基準は、当然他のシェイクスピア作品にもおよぶものであった。

文革終結直後の一九七八年一月七日付『人民日報』に、北京図書館（現、中国国家図書館）が最近大量の内

外の図書閲覧を解禁し歓迎されているという記事[27]があり、『シェイクスピア戯劇集』も解禁図書に含まれている。この記事は、文革中はシェイクスピア作品を図書館で閲覧することすら不可能であったことを示している。

1978年版『シェイクスピア全集』

7

文革は一九七六年十月に終結し、まもなく極度の抑圧に対する反省から思想の解放が強調され、中国でのシェイクスピア紹介も再び開始された。一九七七年十二月には、朱生豪訳『ハムレット』の単行本が人民文学出版社から刊行され、一九七八年には、上述したように『シェイクスピア全集』が出版された。この全集は十一巻本で、朱生豪訳に欠けていた六本の歴史劇を補ったほか、長詩やソネットも含む完全な中国語訳全集であった。この全集は文革以前に紙型が出来上がっていたが、一九七八年にようやく出版が可能になったのである。第一刷の発行部数は三万近かった。続いて、『シェイクスピア喜劇五種』(方平訳)や各種単行本など新訳によるシェイクスピア作品の刊行も始まった。中央戯劇学院にシェイクスピア研究センターが、上海戯劇学院に中国シェイクスピア研究会が置かれるなど、専門的シェイクスピア研究の体制も整備され始めた。一九八四年十二月にはシェイクスピア研究団体として、中国シェイクスピア研究会が創立大会を上海で開催し、成立した。曹禺が初代会長に、江俊峰(上海戯劇学院副院長)が秘書長に選ばれた。

中国でシェイクスピアが文革終結からまもなく蘇ったのは、「十七年」の時期の蓄積があったからであった。これは同時に、文革直後には「十七年」の時期のシェイクスピア理解がまず復活したことを意味してもいる。それをよく物語るのは一九七八年版『全集』の「前書き」[28]である。十五頁にわたるこの「前書き」は冒頭でマルクス・エンゲルスを引いてシェイクスピアを「リアリズム創作方法の傑出した成果」と指摘し、シェイクスピアの生涯と作品を概観した後、シェイクスピア作品の特徴を以下のように概括している。

欧州ルネサンスの時期、新興のブルジョア階級はまだ成長を続けている革命階級であり、封建的宗教的な暗黒勢力と戦う革命の気概があった。この階級の思想家、代弁者のヒューマニストとして、人道主義の思想の武器を運用して封建的宗教的世界観を攻撃することは、ブルジョア階級のために直接に世論を形成しただけではなく、広大な人民の願いと利益に合致し、歴史上大きな進歩的役割を果したのである。

シェイクスピアの大部分の演劇は、古い戯曲、年代記、小説をもとに書き改めたものだが、改作の過程の中で、作者は自己の先進的理想を注ぎ込み、古い題材に豊かで深い思想内容を与え、それらに新しい生命を付与した。（中略）

シェイクスピアの演劇は主題から人物の形成と細部の描写まで、ヒューマニストの反封建、反宗教の強烈な思想の光芒を放っている。喜劇の中では、中世期禁欲主義の束縛と鋭く対立し、女性を尊重し、愛情を賛美し、一連の理想化されたブルジョア階級新女性の愛すべき形象を作り出した。歴史劇と悲劇では、一連の封建暴君の形象を描き出し、情け容赦なく封建暴政を暴露し批判した。

露骨な階級闘争の強調こそ影を潜めたものの、ここから「十七年」の時期と共通するシェイクスピア理解をみることができよう。このシェイクスピアは進歩勢力の代表であり、その作品には反封建のメッセージ性

上海戯劇学院チベット族班
『ロミオとジュリエット』(1980)

があるととらえるシェイクスピア観は、文革後もかなりの間中国シェイクスピア理解の主流であったと、中国の研究者は指摘している[29]。

シェイクスピア上演に目を向けてみよう。文革後一九八〇年代の特長は、シェイクスピア上演が一挙に増加したことである。文革直後の中国は、政治的にはソ連とまだ対立が続き、もっぱら西側諸国に向かって門戸を開いたので、西側諸国でも名作の頂点と認められているシェイクスピアを上演することは、問題ないことであった。

文革後初のシェイクスピア上演は、一九七九年一月の上海青年話劇団『空騒ぎ』である。上海青年話劇団は「十七年」の時期に『空騒ぎ』を上演した経験があった。これを皮切りに、さまざまな作品が続々と上演されるようになった。引き続き中央戯劇学院『マクベス』（一九八〇）、上海戯劇学院『ロミオとジュリエット』（一九八〇）が上演された。上海戯劇学院の『ロミオとジュリエット』はチベット族の学生によるもので話題になり（上演は中国語）、北京にも招かれ中南海で国家指導者向け上演もおこなわれた。このような戯劇学院（演劇大学）だけでなく中国青年芸術劇院『ヴェニスの商人』（一九八〇）、上海人民芸術劇院『ロミオとジュリエット』（一九八〇）、北京人民芸術劇院『尺には尺を』（一九八一）など一般劇団もシェイクスピアを積極的に取り上げるようになった。このように、一九八〇年代に入って中国ではシェイクスピアが様々に演じられるようになったが、話劇での上演は西洋の衣装を着け額縁舞台で演じられる「伝統的」なものがほとんどで実験性は弱かった。上演の意図も、シェイクスピアを世界文化偉人とし「世界名作」を中国の観客に紹介するという姿勢が強く感じられるものが大半であった。

一九八〇年初演の中国青年芸術劇院『ヴェニスの商人』（張奇虹演出）は二百回近く上演され、一九八六年シェイクスピア演劇祭でも再演されており、文革終結直後のシェイクスピア上演を代表するものといってよいであろう。この舞台はVCDも市販されている。張奇虹は文革終結後、中央戯劇学院から中国青年芸術劇院に転属していた。張奇虹は、その演出意図を次のように述べている。

観客がこの劇を愛するのは、劇中の〝肉一ポンド〟、〝箱選び〟〝女性の男装〟などの人を動かす筋だけでなく、仁慈、善良を謳歌し、真摯な友情、純真な愛情を賛美し、暴虐、醜悪を鞭打つという主題と私たちの思想感情がお互いに通じあうからである。（中略）ヒューマニズム思想は莎翁が賦与したこの劇の精華である。（中略）私たちは宗教上の矛盾や民族の矛盾は決して『ヴェニス』の実質的な矛盾ではなく、シェイクスピアがこの劇作の中で表現しようとした主要な精神ではないと考えた[30]。

なお、文革後初の外国劇団シェイクスピア上演は、イギリスのオールドウェイカー劇団が一九七九年十月三十一日から上海・北京で『ハムレット』を九ステージ上演したものである。北京人芸の俳優が担当した同時通訳の台本には、卞之琳訳が使われた。

一九八六年四月十日から二十三日まで北京・上海で約二週間にわたって行われた（第一回）シェイクスピア演劇祭は、このような一九八〇年代中国シェイクスピア受容のクライマックスであった。上海戯劇学院、中央戯劇学院、中国話劇芸術研究会、中国シェイクスピア研究会の共同主催である。中国で翻訳劇の演劇祭が開催されるのはこれが最初であった。その全貌を理解するために、シェイクスピア演劇祭上演演目を記しておくことにしよう。

上海では、十三の上演団体によって左記の十四の演目が上演された。

上海青年話劇団　『アントニーとクレオパトラ』(『安東尼与克莉奥佩特拉』)
陝西人民芸術劇院　『じゃじゃ馬ならし』(『馴悍記』)
上海人民芸術劇院　『じゃじゃ馬ならし』
遼寧人民芸術劇院　『リア王』(『李爾王』)
上海戯劇学院　『タイタス・アンドロニカス』(『泰特斯・安特洛尼克斯』)
西安話劇院　『終わりよければすべてよし』(『終成眷属』)
中国青年芸術劇院　『ヴェニスの商人』(『威尼斯商人』)
江蘇省話劇院　『愛の徒労』(『愛的徒労』)
武漢話劇院　『ウィンザーの陽気な女房たち』(『温莎的風流娘児們』)
上海戯劇学院　『オセロー』(『奥賽羅』)
安徽省黄梅戯劇団　『空騒ぎ』(『無事生非』)
杭州越劇院一団　『冬物語』(『冬天的故事』)
上海昆劇団　『血手記』(『マクベスの翻案』)
上海越劇院三団　『十二夜』(『第十二夜』)

中国青年芸術劇院『ヴェニスの商人』(1980)

張奇虹

上海青年話劇団『アントニーとクレオパトラ』(1984)

北京では、十一の上演団体によって十二の演目が上演された。

中央実験話劇院　『ウィンザーの陽気な女房たち』
中国鉄路文工団話劇団　『オセロー』
中国煤鉱文工団話劇団　『真夏の夜の夢』（『仲夏夜之夢』）
中国児童芸術劇院　『リチャード三世』（『理査三世』）
中央戯劇学院　『リア王』
中国青年芸術劇院　『ヴェニスの商人』
北京師範大学北国劇社　『十二夜』
北京師範大学北国劇社　『アテネのタイモン』（『雅典的泰門』）
解放軍芸術劇院　『ヴェニスの商人』（英語上演）
北京第二外国語学院　『アテネのタイモン』（英語上演）
天津人民芸術劇院　『リア王』
北京実験京劇団　『オセロー』

中国青年芸術劇院『ヴェニスの商人』は上海・北京両地区に参加しているので、参加団体、演目の合計は二十三団体、二十五演目になる。これだけ大量のシェイクスピア作品が一度に上演されるのは、中国では画期的でありその後も例がない。演劇祭では、このほかに学術討論や演目に関する合評会もあった。中国シェイクスピア研究会編『中国のシェイクスピア』は、その論文集である[31]。

上海昆劇団『血手記』(1986、上海昆劇団提供)

8

シェイクスピア演劇祭・上海地区の参加演目の中には、注目すべきものがあった。上海昆劇団『血手記』（『マクベス』の脚色）、上海越劇院『十二夜』、杭州越劇院『冬物語』、安徽省黄梅戯劇団『空騒ぎ』のように、伝統演劇の劇団がシェイクスピア作品を演じていたのである。伝統演劇がシェイクスピアを演じるのは第七章で簡単に触れたように人民共和国建国以前にも例はあったが、本格的になるのは文革後の一九八〇年代からである。その最初は、一九八三年の北京実験京劇団『オセロー』とされている。中国伝統演劇は基本的にバロック演劇であり、シェイクスピアの作品を演じやすい筈であるが、これまでは例外的でしかなかった。伝統演劇の観客層である中国庶民は、伝統演劇が外国の物語を上演するのに馴染めなかったのである。それが八〇年代に入ってかなり盛んにシェイクスピアを演じ始めたのは、中国人の西洋受容が進み伝統演劇が演じるシェイクスピアに違和感がなくなってきたからであろう。シェイクスピア演劇祭参加の伝統演劇形式の上演の中では、上海越劇院『十二夜』が最も高い評価を受けた。このほか、上海昆劇団『血手記』も注目された。『十二夜』は西洋の衣装を用いた、『血手記』は中国の伝統的衣装による上演である。

一方で、伝統演劇によるシェイクスピア上演は、「演劇の危機」と呼ばれるほど観客減少が進む伝統演劇が、その生き残りをかけた試行錯誤の面もあった。中国伝統演劇がシェイクスピアを演じるには何が必要か十分に検討されたとはいえない面もあった。それをよく物語るのは、一九八六年シェイクスピア演劇祭での伝統演劇シェイクスピア上演はすべて話劇の演出家を招いて上演したことである。詳細は、第七章をみていただきたい。

III　第三段階

9

中国では一九八〇年代後半から「演劇の危機」が深刻化し公演自体が減少した。改革の矛盾も蓄積され、一九八九年六月四日の六四天安門事件となって爆発した。民主化運動を力で押さえ込んだ中国政府は、芸術界全体に引き締めをおこない、天安門事件後の演劇の舞台では一九七〇年代に逆戻りしたかのような作品があふれた。

しかし、このような逆風の中でこれまでとまったく異なるシェイクスピア上演が行われていた。林兆華戯劇工作室『ハムレット』(一九八〇)がそれである。林兆華は、一九八二年高行健ほか『絶対信号』で小劇場演劇を試みて以来、中国実験演劇の先頭を走ってきた人である。

林兆華『ハムレット』の特長は、戯曲の骨格は残しつつもかなり自由に再構成し、ハムレットとクロー

林兆華演出『ハムレット』(1990)

中央戯劇学院『十二夜』(1993)

ディアスを演じる俳優が劇の途中で何度も交替するという様式をとっていたことである。天安門事件を経て絶対的価値観が崩壊した中国の社会層、特に知識階層の精神形態を反映していた。演劇評論家の林克歓はこの舞台をこう評している。

> 非常に興味深いのは、ハムレットを現代人とするか、もしくはハムレットに現代人を演じさせるかについて、少なくともまったく異なった、さらには完全に対立する二つの様相がある、ということである。アーニクストはハムレットを罪悪と妥協しない英雄としただけではなく、人類の解放に献身する闘士とした。林兆華はハムレットに、ピエロの白粉を塗った。アーニクストはハムレットの死の意義を高く持ち上げ、林兆華はハムレットの死の意義を否定した。『ハムレット』の末尾は大殺戮の場面であり、復讐者と仇敵が共に倒れる惨劇である。アーニクストはその中から未来の曙光を見、林兆華は世界の必然的な帰結を見た[32]。

「十七年」の時期とまったく異なる『ハムレット』理解がなされていることを知ることができよう。この公演は、まもなく北京人芸の正式公演として再演され、一九九五年には短期ではあったが東京でも上演された。この林兆華『ハムレット』については、第八章で詳述している。

　中国では一九九二年の鄧小平南巡講話で再び改革開放が強調され、同年秋の中国共産党十四回大会では社会主義市場経済が提起され、中国は一九五〇年代以来の計画経済体制と別れを告げることになった。演劇の分野でも、それまでの話劇とは異なる実験演劇が少しずつ盛んになり始めた。一九九三年の中央戯劇学院『十二夜』（何炳珠他演出）も、遊戯的かつ色彩感にあふれた小劇場形式のシェイクスピア上演として注目された。

　一九九四年には、九四上海国際シェイクスピア演劇祭がおこなわれた。参加演目は次の通りである。

上海人民芸術劇院　『オセロー』
上海戯劇学院　『ヘンリー四世』
上海児童芸術劇院　『ヴェニスの商人』
上海越劇院名月劇団　『王子復仇記』
ハルビン歌劇院　『トロイロスとカルイシダー』
台湾屏風表演班・上海現代人劇社　『シャムレット』（『莎姆莱特』）
イギリス・ソールズベリー劇団・エディンバラロイヤル劇団　『十二夜』
イギリス・リーズ大学　『マクベス』
ドイツ・ニュルンベルク青年劇団　『ロミオとジュリエット』

　この演劇祭で最も話題になった舞台は、趙志剛が越劇でハムレットを演じた上海越劇院名月劇団『王子復仇記』であった。台湾屏風表演班・上海現代人劇社『シャムレット』は『ハムレット』などシェイクスピア作品に取材した創作劇で、シェイクスピア作品そのものの上演ではない。
その後、シェイクスピアについての学術シンポジウムはあるが、シェイクスピア演劇祭はこれ以後開かれていない。
中国では、一九九〇年代末頃から経済成長によって生まれた都市の富裕層が自己の好みに合う芸術として演劇を再発見し、北京・上海など大都市部では一九八〇年代中期から一九九〇年代にかけての危機を脱したが、シェイクスピア作品の上演はそれほど多くない。
二十一世紀以降の主要なシェイクスピアあるいはシェイクスピア関連上演には、次のものがある。

二〇〇一年　林兆華戯劇工作室『リチャード三世』（林兆華演出）

二〇〇八年　中国国家話劇院『明—明朝のいくつかの事』（田沁鑫演出）、この作品は、『リア王』の内容を明代に置き換えた脚色である。

二〇〇七年　北京人民芸術劇院『大将軍寇流蘭』（林兆華、易立明演出）、この作品は『コリオレーナス』の脚色で二〇一三年再演、エディンバラ演劇祭に参加した。

二〇〇八年　北京人民芸術劇院『ハムレット』（浅利慶太演出）

二〇一二年　中国国家話劇院『リチャード三世』（王暁鷹演出）、この『リチャード三世』は、ロンドンオリンピックの芸術展示で三十七カ国にシェイクスピア三十七作品を一つずつ割り当てて上演するという企画に参加したもので、中国は『リチャード三世』担当になった。王暁鷹演出は、大胆に伝統演劇の技法を取り入れたもので、好評を博し、中国国内でも再演された。王暁鷹演出のポイントは、伝統演劇でシェイクスピアを演じるのでは無く、伝統演劇の技法を取り入れつつもその本質はあくまで話劇であることにある。

二〇一四年　中国国家話劇院『ロミオとジュリエット』（田沁鑫演出）、上海話劇芸術センター『じゃじゃ馬ならし』（ポール・スタービン）、二〇一五年再演。

二〇一五年　浙江伝媒学院『スケッチマクベス』（『速写麦克白』）

このほか、中国の国際交流活発化、富裕化に伴って外国劇団の訪中シェイクスピア公演も増加している。また、英語系学生によるシェイクスピア作品の原語演出もあり、それ専門のコンクールも開かれている。

改革開放政策の進展と中国の経済力向上により、中国の研究者演劇人の欧米視察は容易になり、欧米シェイクスピア研究上演情報も大量に中国に伝えられ、中国のシェイクスピア理解にも変化が生じた。一九八九年から九一年のソ連東欧社会主義崩壊も、シェイクスピア観の変化を促すものであった。

『ハムレット』は中国政府教育部「普通高中語文課程標準」（日本の普通高校国語学習指導要領に相当）推薦書目となり、人民文学出版社から推薦書目シリーズの一冊として単行本が発行されたが、二〇〇〇年第二版の「導読」（解説の意、人民文学出版社編集部署名）はこう述べている。

王暁鷹

中国国家話劇院『リチャード三世』
（2012、中国国家話劇院提供）

ハムレットの存在には、人間の脆弱性と環境（古代ギリシャ人）の暴虐性がこのように相反すると共に相通じあい、この独特な性格の内側の緻密さと重厚さを示し、外側でも大きさ深さを示している。まさにこのためにある専門家は、ハムレットは決して客観的な過ぎ去った役柄ではなく、私たちすべて自身なのだと述べている。すなわちこういうことである。自分あるいは他人の災難に思考し憂える人、トゲが背中にささったような邪悪を目にし、骨にまで達した腫れ物のような憂慮を引き受ける人、思考するだけで行動せず、思考が精緻になればなるほど行動がますますおろそかになり、わずかな行動の力も思想に飲み込まれてしまう人、濃霧に覆われ自己の胸にまきおこった懐疑が白昼の太陽に照らされると前方にはただ茫茫たる一辺が残されているだけなのを見る人、宇宙の無限さと個人の小ささ空虚さを痛感し、最後に世の中に向かって自分自身を孤独な闘いに挑むようにさせる人——彼らは真のハムレットなのである[33]。

この導読はハムレットの解釈の多様性を肯定しており、階級闘争史観は影を潜め、「十七年」の時期のハムレット解釈とは全く異なる理解が示されているのを知ることができよう。

大学の新設、学院（学部）学科増設などでシェイクスピア研究者の数も増加し、研究面ではかなり活発な状態が続いている。中国シェイクスピア研究会は一九九〇年代以来実質的に活動停止状態にあり、二〇〇三年には民生部から学会登録を取り消されたが、二〇一三年四月、中国外国文学学会の下部学会として再建された。会長は辜正坤《こせいこん》（北京大学教授）である。シェイクスピアに関するかなり大規模なシンポジウムも、二〇〇四年、二〇〇八年、二〇一三年、二〇一四年に開催されている。

シェイクスピア研究書も、かなりの数が出版されている。中国シェイクスピア受容史にもまとまった研究が現れた。本章で引用してきた孟建強『中国莎学簡史』（一九九四）、李偉民『中国シェイクスピア批評史』（二〇〇〇）、曹樹鈞《そうじゅきん》『中国でのシェイクスピアの春』（二〇〇二）、李偉民『中国シェイクスピア研究　莎学知音思想探折と理論建設』（二〇一二）[34]などである。

シェイクスピア作品の新訳も現れた。注目されるのは、方平主編の『シェイクスピア全集』（河北教育出版社、十二巻、二〇〇〇／上海訳文出版社、十巻、二〇一四）である。方平主編のこの全集は、詩体で訳出しているところに特色があった。また、簫運初《しょううんしょ》・蒋堅《しょうけん》らの『シェイクスピア全集』（新世紀出版社、一九九七／時代文芸出版社、六巻、二〇一〇）もある。二〇〇二年に中央広播電視出版社が英語対照で梁実秋訳『シェイクスピア全集』四十巻を刊行したことも記しておいてよい。人民文学出版社が一九七八年版全集を何度か再編集して出版している。朱生豪訳を用いたシェイクスピア作品集もさまざまな出版社から刊行されている。二〇一五年には、辜正坤主編による中英対照の新しい『シェイクスピア全集』も外語教学与研究出版社から刊行された。『ハムレット』など人気作品は、単行本による新訳刊行も多い。

中国では、二十一世紀に入って演劇復活のきざしも現れ、純粋な民間劇団も出現しているが、そこでシェイクスピアあるいはシェイクスピア系統の作品が上演されることは少ない。中国にまだ根強い「世界名作」というシェイクスピアの位置が、若者劇団が自由にシェイクスピアに取り組む気風を育てていないのかもしれない。中国のシェイクスピア受容史を総覧して感じられるのは、日本などと比較して第二段階にあたる部分、すなわち西洋シェイクスピアの忠実な紹介・受容が弱い、ということである。これは、シェイクスピアの研究書や翻訳書の数量、上演の数量の双方から言えることである。しかし、二十世紀末からのシェイクスピア作品出版や新訳の多さは、この弱点を補いつつある。中国のシェイクスピア受容は二十一世紀の今日、すでに第三段階すなわちシェイクスピアを自由に解釈する段階に突入したと同時に、第二段階の課題も依然として存在し、その課題に沿った取り組みも進行中であると言える。

10

本節では、台湾と香港のシェイクスピア受容を上演を中心に紹介したい。

台湾が現在の状態になったのは、一九四五年日本の第二次世界大戦敗北からである。周知のように一九八〇年代後半以降、台湾は中国の一部かどうかを巡って政治上でも文化上でも激しい論争が繰り広げられている。しかし、台湾が中国語文化圏に属するのは間違いの無いことで、台湾のシェイクスピア受容について日本ではほとんど紹介されたことがないこともあり、ここで取りあげる次第である[35]。

台湾では日本植民地時代にも学校教育その他でシェイクスピアが紹介されていた筈だが、それは恐らくほとんどが日本語あるいは英語によっていたと思われるので、ここでは取りあげない。本書で言う第一段階の上演、すなわち歌仔戯のような土着演劇でシェイクスピア関連上演があったかどうかも、今は明らかではない。

台湾でのシェイクスピアあるいはシェイクスピア関連作品上演の最初とされる舞台は、『オセロー』を翻案した陳大禹《ちんだいう》『疑雲』（一九四九年二月二十八日）である。陳大禹はかつて一九四七年に二二八事件に触れた『バナナは香る』（『香蕉香』）を上演したが、即刻禁止された。二二八事件とは、一九四七年二月二十七日に国民党政府の警官がタバコ零細密売の老婆をなぐったことから翌日の二十八日より起きた民衆抗議活動を、国民党政府が大陸から軍隊を動員して徹底鎮圧し、その過程で一万八千人とも二万八千人とも言われる大量の土着中国人（本省人）が虐殺された事件である。陳大禹はオセローとデズデモーナという肌の色の違う夫婦の悲劇を通して、戦後台湾の悲劇性と民族協調への渇望を表現したとされる。上演日時も、二二八事件二周年であった。陳大禹はまもなく大陸に逃れ、そこで逝去した。

しかし、この後台湾では朝鮮戦争による台湾の地位固定化と冷戦構造により厳しい政治思想統制が敷かれ、演劇分野では反共抗俄劇と呼ばれる政治演劇が舞台を支配した。この間すでに述べたように、一九五七年には台湾世界書局から朱生豪訳を主とし虞爾昌が未訳作品を補った『シェイクスピア戯劇全集』が刊行されている。一九六八年には梁実秋が全訳したシェイクスピア全集が遠東図書公司から出版されている。また、一九六四年にはシェイクスピア生誕四百年を記念して梁実秋主編の論文集『シェイクスピア生誕四百年記念集』が刊行された。

台湾で翻訳劇としてシェイクスピアが上演されたのは、やはり一九六四年に政工幹校（現国防大学政治作戦学院）戯劇系が上演した『王子復仇記』（『ハムレット』）である。政工幹校という軍事学院が台湾最初のシェイクスピア上演団体となったのは、反共抗俄劇が振るわないため軍が文化宣伝人材を養成する必要があったからだという。『王子復仇記』は、政工幹校戯劇系の最初の上演作品でもあった。これ以後、中国文化学院（現中国文化大学）戯劇系が一九六六年『真夏の夜の夢』から卒業公演などで毎年のようにシェイクスピア作品を上演していく。これは十数年続き、シェイクスピアの主要作品はほぼすべて上演されている。一九八〇年代中期までの台湾シェイクスピア上演の主要団体は、主に学校（演劇教育機関）であった。この一連のシェイクスピア上演は、舞台写真などをみる限り、本書で言う中国・日本の第二段階に相当する「世界名作」紹介を主目的とし欧米の上演を模範とした舞台であった。

なぜ一九六〇年代中期から戒厳令解除までの約二十年間にシェイクスピア作品がある程度系統的に上演されたかについて、雷碧琦《らいへきき》（台湾大学副教授、台湾シェイクスピア学会理事長）は次のように述べている。

第一に当時の冷戦構造下でシェイクスピア上演に従事することは、台湾は自由を防衛しイギリス・アメリカの同調者でありソ連とは異なることを証明できた。第二に、シェイクスピア劇はあの時代に、政府の政策によって、中華文化復興運動の代弁者となった。たとえば『ハムレット』は、執政者のために「忠」「孝」を宣伝する優秀な文化宣伝品となったのである[36]。

台湾のシェイクスピア受容史で、本書で言う第三段階を告げる作品は、一九八六年上演の『マクベス』を翻案した当代伝奇劇場『欲望城国』である。当代伝奇劇場は呉興国《ごこうこく》（一九五三―）を中心に若い伝統演劇俳優によって同年創立された劇団で、『欲望城国』は京劇に現代演劇、映像、モダンダンスなどを取り入れた舞台として上演されていた。『欲望城国』は当代伝奇劇場の旗揚げ演目で講演は成功し、台湾で繰り返し再演されたほか、イギリス、フランス、ドイツなど海外公演もおこなわれた。日本では一九九三年に『京劇マクベス』のタイトルで上演されている。雷碧琦は、「『欲』劇によって既成観念が打破された後、台湾演劇は解放されたかのようであった。これより、なにをしてもよい時代へと進んでいったのである」と指摘している。『欲望城国』は台湾シェイクスピア受容だけでなく台湾演劇全体に影響を与える作品となったのである。当代伝奇劇場は二〇一〇年代の今日まで存続し、『王子復仇記』（一九九〇）、『リアはここにいる』（『李爾在此』二〇〇一）、『暴風雨』（二〇〇四）、『ロミオとジュリエット』（二〇〇四）などのシェイクスピア改作作品を上演するほか、ギリシャ悲劇、現代演劇および京劇の伝統演目などさまざまな作品を上演し続けている。『ロミオとジュリエット』は歌仔戯で演じられている。

一九八七年に戒厳令が撤回され台湾に自由が訪れた後、台湾では毎年シェイクスピア作品が上演され、今日に至っている。これは中国でのシェイクスピア上演よりも量的に多い。日本と同様に、本土化（台湾化）、ミュージカル化、創作化などさまざまなシェイクスピアおよびシェイクスピア関連作品が上演されている。

二〇〇七年に台北芸術大学が楊世彭《ようせいほう》を招いて上演した『ロミオとジュリエット』は、「二十一世紀に希な『原著に忠実な』上演」と評された。日本と同様に、この台湾のさまざまなシェイクスピア上演の動態を手短に概括するのは困難であり、今後の課題としておきたい。インターネット上の台湾シェイクスピアデータベース（台湾莎士比亜資料庫）[37]には、一九六〇年代以来の重要な六十五本のシェイクスピア上演資料（英語上演を含む）が収録されており、近年の上演には映像資料が附されているものも多い。今後の台湾シェイクスピア上演に関する重要な資料庫である。

筆者が二〇一二年に台北を訪問し幾つかの大型書店を覗いた限りでは、一般書店で販売されているシェイクスピア作品の大半は梁実秋訳であった。研究面では、二〇一三年に台湾シェイクスピア学会が創立されたことが特記される。上述の雷碧琦が理事長である。

香港では[38]、イギリスに植民地化された十九世紀中葉以降、学校の英語教科書にシェイクスピアの物語や戯曲の抜粋が現れたり、イギリスの職業劇団や香港現地のイギリス人アマチュア劇団がシェイクスピア作品をしばしば上演していたという。しかしこれらはみな英語による上演で、観客も香港在住の英米人であった。一九一五年五月に香港の人我鏡劇社がマカオの清平戯院で『ヴェニスの商人』を翻案した『金殺人』を上演したという。また、一九六四年には連合書院が広東語で『ヴェニスの商人』抜粋を上演したという。しかし、元香港話劇団芸術監督・シェイクスピア研究家の楊世彭によれば、香港での中国語による完全なシェイクスピア作品上演は、一九七七年に香港話劇団が成立して以降であるという。香港話劇団は、香港市政局所属の職業劇団であったが、二〇〇一年に会社化した。しかし香港政府の資金援助を受ける職業劇団という立場は変わらない。

香港話劇団最初のシェイクスピア上演は、一九七七年十二月初演の『王子復仇記』（何文匯演出）であった。

『ハムレット』の物語を五代十国（十世紀）の南漢に当てはめた翻案劇だったという。これ以後、香港話劇団は一九九八年までの二十一年間に十一のシェイクスピア作品を上演する。二年に一本の割合である。楊世彭によれば、一九九〇年代に至って、香港話劇団のシェイクスピア上演は国際水準に達したという。楊世彭は台湾出身でアメリカの大学で演劇を学び、香港話劇団芸術監督就任以前は主にアメリカで活動していた。楊世彭は一九八三年から一九八五年と一九九〇年から二〇〇一年に香港話劇団芸術監督を勤め、香港シェイクスピア上演に与えた影響は大きい。

一九八六年に別の職業劇団である中英劇団が『十二夜』を陳鈞潤《ちんきんじゅん》の脚色で中国唐代広州での元宵節に置き換えた『元宵』を上演した。翌年さらに陳鈞潤が『真夏の夜の夢』をブラックユーモア化した『真夏の夜の厭《えん》』を上演した。これらの上演は成功し、香港シェイクスピア上演が本土化（香港化）に向かう転換点になったという。

梁燕麗の研究〔38〕によれば、香港のシェイクスピア上演はグローバル化と本土化に大きく分かれる。グローバル化とは、シェイクスピアを忠実に上演することである。香港大学など大学英文科出身者が中心である。楊世彭のシェイクスピア演出も、この傾向に属する。

もう一つの本土化は、シェイクスピア作品を中国または香港の物語に脚色して上演することである。先の中英劇団『元宵』は、台詞に香港式広東語すなわち香港人の日常口語をふんだんに盛り込んでいたという。香港でのシェイクスピア上演では、地元の伝統演劇である粤劇の脚色上演も無視できない。

註

1――孟憲強は、《中国莎学簡史》で、中国シェイクスピア受容史を1 発軔期（一八五六―一九二〇）、2 探索期（一九二一―一九三六）、3 苦闘期（一九三六―一九四八）、4 繁栄期（一九四九―一九六五）、5 崛起期（一九七八―一九八八）、6 過渡期（一九八九―）の六段階に分けている。

2――文明戯の詳細は、瀬戸宏『中国話劇成立史研究』（東方書店、二〇〇五）などを参照されたい。

3――胡適《建設的文学論》

4――《哈孟雷特》

5――朝鮮での最初のシェイクスピア翻訳である玄哲『ハムレット』（一九二三）も坪内逍遙訳からの重訳という。荒井良雄・大場健治・川崎淳之助編集主幹『シェイクスピア大事典』（日本図書センター、二〇〇二、五一五頁）。

6――《羅蜜欧与朱麗葉》

7――《莎士比亜之偉大》（《北平晨報、文芸》第十一期、一九三七年三月二十二日）、《梁実秋文集》第八巻、（鷺路出版社、二〇〇二）収録。

8――《関於莎士比亜》（《自由評論》第九期、一九三五年）、《梁実秋文集》（第八巻、二〇〇二）収録。

9――《羅米欧与朱麗葉》（《新月》第四巻一期、志摩紀念号）。この号は徐志摩の追悼号である。

10――中英対照《莎士比亜全集》全四十巻、中国広播電視出版社、二〇〇一年七月

11――このあとの朱生豪の伝記は主に朱尚剛《詩侶莎魂　我的父母朱生豪、宋清如》（華東師範大学出版社、一九九九）による。

12――《莎士比亜戯劇全集》第一輯、世界書局、一九四七

13――朱尚剛《詩侶莎魂　我的父母朱生豪、宋清如》

14――朱尚剛《詩侶莎魂　我的父母朱生豪、宋清如》

15――《莎士比亜全集》《前言》、人民文学出版社、一九七八

16 朱尚剛審訂《莎士比亜戯劇朱生豪原訳本全集》中国青年出版社、二〇一三年三月

17 『ハムレット』公演は、江安での国立劇専卒業公演と重慶公演の間に半年の間があり、俳優も入れ替わっており、別の公演とみなすこともできる。『ハムレット』を二回公演と考えれば、国立劇専のシェイクスピア上演は五回となる。

18 引用部分の訳文は瀬戸宏訳。底本は《沫若劇作選》（人民文学出版社、一九七八、一六九頁）。

19 モローゾフ、中本信幸訳『シェイクスピア研究』（未来社、一九六一）収録「ソヴェトの舞台におけるシェイクスピア」に詳しい。

20 莫羅索夫、巫寧坤訳《莎士比亜在蘇聯》（平明出版社、一九五三）、莫羅索夫、呉怡山訳《莎士比亜在蘇聯舞台上》（上雑出版社、一九五三）。

21 李偉民《中国莎士比亜研究　莎学知音思想探析与理想建設》重慶出版社、二〇一二

22 孟憲強《中国莎学簡史》（東北師範大学出版社、一九九四）は題名とは逆に、現在まで最も体系的な中国シェイクスピア受容史研究である。

23 卞之琳《莎士比亜戯劇創作的発展》（《文学評論》四期、一九六四）

24 徐述綸《清除莎士比亜介紹中的資産階級思想》（《戯劇報》四期、一九五五）

25 卞之琳《評英国電影〈王子復仇記〉》（《大衆電影》一六期、一九五八）

26 辛午《英雄胸中有朝陽光—賛光輝的無産階級英雄典型楊子栄》（《人民日報》一九六九年一一月九日）

27 《狠批〝四人幇〟文化専政主義，〝文芸黒線専政〟論　北京図書館開放多批中外図書》（《人民日報》一九七八年一月七日）

28 無徐馨《文学翻訳現状亟待改観》（《人民日報》二〇〇四年十一月十二日）によれば、初版は無署名、再版より施咸栄署名。施咸栄は人民文学出版社の編集者、翻訳家。訳書に『ゴドーを待ちながら』など。

29 李偉民《中国莎士比亜研究　莎学知音思想探析与理想建設》

30 張奇虹《奇虹舞台芸術》文化芸術出版社、二〇一三、二六六—二六七頁

31 中国莎士比亜研究会編《莎士比亜在中国》上海文芸出版社、一九八七

32――林克歓編《林兆華導演芸術》（北方文芸出版社、一九九二）収録の林克歓《人人都是哈姆莱特》。

33――朱生豪訳《哈姆莱特》（人民文学出版社、第一版一九九七年十二月、第二版二〇〇〇年、三一四頁）

34――原題はそれぞれ孟憲強《中国莎学簡史》（東北師範大学出版社、一九九四）、李偉民《中国莎士比亜批評史》（中国戯劇出版社、二〇〇六）、曹樹鈞《莎士比亜的春天在中国》（天馬図書有限公司、二〇〇二）、李偉民《中国莎士比亜研究　莎学知音思想探析与理想建設》（重慶出版社、二〇一二）。

35――台湾の部分は、邱坤良《漂流萬里：陳大禹》（行政院文化建設委員会、二〇〇六）、邱懋景《〈莎士比亜戯劇在臺灣〉――専訪雷碧琦教授》http://ts.ntu.edu.tw/e_paper/e_paper_c.php?SID=63（二〇一六年二月四日最終閲覧）および李偉民《台湾莎学研究情況総述》（《西華大学学報》（哲学社会科学版）一期、二〇〇六）などによる。

36――《〈莎士比亜戯劇在臺灣〉――専訪雷碧琦教授》

37――http://shakespeare.digital.ntu.edu.tw/shakespeare/home.php?Language=ch（二〇一六年二月四日最終閲覧）。

38――香港のシェイクスピア受容記述は、楊世彭《香港話劇団的莎劇演出》（《戯劇芸術》二期、一九九九）、梁燕麗《全球化和本土化：莎士比亜戯劇的香港演繹》（《文学評論》一期、二〇一三）などによる。

39――梁燕麗《全球化和本土化：莎士比亜戯劇的香港演繹》。梁燕麗は復旦大学中国語言文学系副教授。著書に《香港戯劇史1907-2007》（復旦大学出版社、二〇一五）がある。

第一章

中国シェイクスピア受容の黎明

シェイクスピア作品が世界の演劇史、文学史に占める位置はいうまでもない。そして彼の作品はイギリス以外の世界各国の演劇、文学にも大きな影響を与えた。中国もその例外ではない。中国でシェイクスピアが本格的に紹介されるのは、言葉を換えれば完全な形での作品翻訳が現れるのは、五四新文化運動を経た一九二〇年代以降である。

もちろん、中国でシェイクスピアは一九二〇年代に突然中国に紹介されたのではない。それに先立つ前史がある。ここでは中国シェイクスピア受容の黎明ともいうべき、新文化運動以前のシェイクスピア受容の経過をたどり、そこに潜む問題を探ることとしたい。

I

中国に最初にシェイクスピアの名が伝わったのはいつのことなのだろうか[1]。
中国シェイクスピア受容史の代表的研究書である孟憲強『中国莎学簡史』に拠れば、中国に最初にシェイクスピアの名を伝えたのは、一八五六年に上海で刊行されたイギリス人宣教師ウィリアム・ミュアヘッド（William Muirhead 慕維廉）訳・トーマス・ミルナー（T.Milner 托馬斯米爾納）『大英国志』であった。そこではシェイクスピアは、舌克斯畢の表記で紹介されていた。これが中国での通説となっている。筆者自身も、通説に依拠して何度かそう書いたことがある[2]。

しかし、今日ではそれ以前にシェイクスピアの名が中国に伝わっていたことが明らかにされている。李長林・杜平「中国のシェイクスピアに対する理解と研究――『中国莎学簡史』補遺」[3]。によれば、一八四四年に刊行された魏源編『海国図志』に、沙士比阿の表記で紹介がある。これは、シェイクスピアをイギリスの著名な詩人として、ミルトン、スペンサー、ドライデンと並べて記述したものであった。岩田高明「士達薩、Who are you?」（『安田女子大学図書館報・図書独娯』創刊号、二〇〇三）にも同様の指摘がある[4]。この記述の材源が、一八三四年に刊行されたヒュー・マレー『地理学百科事典』[5]であることは、岩田高明によって明らかにされている。

しかし、『海国図志』のシェイクスピアに関する記述は、中国では長い間忘れられていた。『海国図志』は、出版時の中国で一定の注目は集めたものの、それほど大きな影響は与えなかった。『海国図志』の原型である『四洲志』[6]について、翻訳者の語学力と欧米理解の不十分さから、不的確な訳が多いことが指摘されている。「中国人の訳した『四洲志』よりも外人宣教師が漢文で著した図書の方が中国人にも理解しやすかった」[7]のである。『海国図志』は一八五一年日本に輸入されてからは、中国とは逆に大きな影響を幕末の知識人に与えるのであるが、それは本論の目的と外れるのでこれ以上述べない。

恐らくこのような理由から、『大英国志』が中国におけるシェイクスピア紹介の最初として中国人の間で記憶されてきたのであろう。『大英国志』のシェイクスピア紹介の部分を引用しておく。

エリザベス時代には、そこで書かれた詩文は、美しさと質の高さがともに備わり、現在に至るまでそれを上回ることがない。学者・文人には、たとえばシドニー、スペンサー、リリー、シェイクスピア、ベーコン、フォードなどがおり、皆よく知られた人々である[8]。

いずれにせよ、中国にシェイクスピアの名が伝わったのは、アヘン戦争による強制開国の後のことであった。

一方、日本語の文献に最初にシェイクスピアの名が現れるのは、一八四一(天保十二)年頃とされる。江戸幕府の天文方の渋川六蔵がリンドレー・マレー著の英文典をオランダ語から重訳した『英文典』の中に、シャーケスピールの表記で現れたのが最初という[9]。『海国図志』と比べても、日本の方が早い。ペリーの黒船が一八五三(嘉永六)年に来航するまで日本は鎖国中だったが、開国以前にシェイクスピアの名はすでに伝えられていたのである。アヘン戦争以前の中国は、精神的には日本よりも閉鎖的だったといえよう。

ただし、『大英国志』の影響は意外なところに現れている。『大英国志』はまもなく日本に伝わり『英国志』として復刻され、日本人の間で広く読まれた。一八七一（明治四）年刊行のサミュエル・マイルズ、中村正直訳『西国立志編』は、西洋の価値観を伝え明治維新直後のベストセラーであった。この中にシェイクスピアにも一節が割かれていて日本最初の具体的なシェイクスピア紹介となったこともよく知られている。この『西国立志編』のシェイクスピア表記が舌克斯畢なのである。この事実は、当時の中国と日本の間には漢字を媒介とした交流、現在風に言えば知のネットワークがあったことを示している。

その後も、欧米人のキリスト教関係者が中国で出版した著述の中に、シェイクスピアの名が断続的に現れている。しかし、キリスト教関係者による紹介は、閉鎖的な中国文化風土にあっては、ほとんど影響力を持ちえなかった。中国人の精神世界に影響を与えるシェイクスピア紹介は、やはり中国人自身の手で行なわれなければならなかった。

『海国図志』を別にすれば、中国人が最初にシェイクスピアについて記したのは、郭嵩燾《かくすうとう》（一八一八―一八九一）とされている。郭嵩燾は清末の外交官で、一八七六年に駐英公使に、七八年には兼任で駐仏公使にも任ぜられた。郭嵩燾の滞英中の日記には、一八七七年から七九年にかけて三回にわたってシェイクスピア（舍克斯畢爾）が現れる。郭嵩燾と同時期に英仏に派遣された曽紀沢《そうきたく》（一八三九―一八九〇、曽国藩の子）も一八七九年三月七日の日記にでシェイクスピアについて触れている。ここではシェイクスピアの名は現れないが、記されている劇は明らかに『ハムレット』である。

しかし、これらは断片的にシェイクスピアに触れたもので、しかも彼らの日記上であった。具体的な内容をもったシェイクスピア紹介が開始されるのは、一八九四年から九五年の日清戦争（中国側の呼称は甲午戦争）以後のことである。それまで東海の夷狄と思っていた小国の日本に敗れたことは、中国の知識階層に衝撃を与えた。外国の思想・文化を学び中国を改革する必要性を主張する人々が層として出現したのである。

厳復『天演論』はT・H・ハックスレー『進化と倫理』（一八九三）の翻訳で、一八九八年に刊行され、進化論に基づく優勝劣敗の法則を説き、同時代の青年たちに大きな影響を与えた本である。そこでシェイクスピアは狭斯丕爾の表記で紹介されている。魯迅も『天演論』に影響を受けた一人で、日本留学中の無名時代の一九〇八年に相次いで発表した『科学史教篇』『摩羅詩力説』『文化偏至論』の中で、いずれもシェイクスピアについて言及しているが、その表記は厳復『天演論』と同じ狭斯丕爾で、魯迅が受けた影響の大きさを示している。

これら知識人のシェイクスピア言及の中で今日までにおよぶ大きな影響があったのは、梁啓超によるものである。梁啓超は清朝の革新官僚として康有為《こうゆうい》、譚嗣同《たんしどう》らとともに、具体的に運動を進めたが、変法運動は西太后ら保守派の容認するところとならず、一八九八年に戊戌の政変と呼ばれるクーデターをおこされ、運動は挫折した。譚嗣同は処刑され、康有為、梁啓超らは日本・横浜に亡命して運動を継続した。彼らは横浜で『清議報』『新小説』などの雑誌を刊行して論陣を張り、中国新文化運動の先駆けとなったのである。梁啓超『飲冰室詩話』はこの時期広く読まれたエッセイだが、その中で、梁啓超は次のように記している。

ギリシャの詩人ホメロスは古代第一の文豪である。近代の詩人では、たとえばシェイクスピア・ミルトン・テニスンなどは、その詩はまた数万言を数える。偉大ではないか。文の表現はもちろん、その気迫ももとより人の心を奪い取るものである。（初出は『新民叢報』五月号、一九〇二）[10]

ここで梁啓超はシェイクスピアを莎士比亜と記していた。莎士比亜という表記は梁啓超から始まったのである。梁啓超の影響がいかに大きかったか、知ることができよう。
ともあれ、中国では莎士比亜が定着するまで『海国図志』の沙士比阿から始まり、さまざまな表記がおこなわれた。莎士比阿、莎士比亜以外の表記を、列挙してみよう[11]。

舎克斯畢爾（『郭嵩燾日記』、一八七六）
沙斯皮耳（謝衛楼『万国通鑑』、一八八二）
篩斯比爾（艾約瑟『西学啓蒙十六種』、一八八五）
狭斯丕爾（厳復『天演論』、一八九八）
沙基斯庇爾（李提摩太『泰西歴代名人伝』、一九〇三）
索士比亜（『瀛外奇譚』、一九〇三）
夏克思芘爾（李思・倫白・約翰『万国通史』、一九〇四）
索士比爾（『東西洋尚友録』、一九〇三）
希哀苦皮阿（『大陸』、一九〇四）
莎士比（林紓『吟辺燕語』、一九〇四）
葉斯璧（『近世界六十名人伝』、一九〇七）
沙克皮爾（『世界名人伝略』、一九〇八）

などである。

II

しかし、梁啓超らはシェイクスピアを簡単に紹介しただけにすぎなかった。中国でシェイクスピア作品の内容が具体的に伝わったのは、一九〇三年出版の『澥外奇譚』（達文社）[12]からである。『澥外奇譚』（別名『海外奇譚』）は、ラム『シェイクスピア物語』の翻訳で、全二十編の中から十編を選んでいた。表紙は〝澥外奇譚〟だが、目次、本文、奥付は〝海外奇譚〟である。無署名のため訳者は不明である。シェイクスピアは索士比亜となっていた。冒頭につけられた叙例（凡例）によれば、『澥外奇譚』はラム『シェイクスピア物語』から「最もよいもの十章を選んで翻訳した」もので、「書中の人名はすべて意をもって訳し、中国の姓名に似せた」とある。各章には中国章回小説風の題名がつけられ、その内容は次の通りである。

第一章　蒲魯薩貪色背良朋（蒲魯薩は色を貪り良友に背く『ベローナの二紳士』）
第二章　燕敦里借債約割肉（燕敦里は金を借り肉を切ることを約束する『ヴェニスの商人』）
第三章　武歴維錯愛孿生女（武歴維は双子の女を間違って愛する『十二夜』）
第四章　畢楚里馴服悪癖娘（畢楚里は悪癖のある女を飼い慣らす『じゃじゃ馬ならし』）
第五章　錯中錯埃国出奇聞（間違いの中に間違いあり国を出て不思議な話が生まれる『間違いの喜劇』）
第六章　計上計情妻偸戒指（はかりごとを重ね妻は指輪を盗む『終わりよければすべてよし』）

第七章　冒険尋夫終諧伉儷（冒険し夫を捜しついに共にすごす『シンベリン』）
第八章　苦心救弟堅守貞操（苦心して弟を救い貞操を守る『尺には尺を』）
第九章　懐妬心李安徳棄妻（嫉妬の心を抱いて李安徳は妻を捨てる『冬物語』）
第十章　報大仇韓利徳殺叔（大仇に報い韓利徳は叔父を殺す『ハムレット』）

『澥外奇譚』の訳文をみると、意訳部分などはあるが、基本的には英語原文の内容を正しく伝えていることがわかる。しかし、たとえば「報大仇韓利徳殺叔」では、国名は丹麦（デンマーク）と訳しながら人名は韓利徳（ハムレット）、葛洛兆（クローディアス）と中国風にするなどは、やはりおかしな印象を与える。

『澥外奇譚』にはほかにも問題がある。『ロミオとジュリエット』『マクベス』『オセロー』『リア王』など悲劇系の名作の大半が収録されていないのである。四大悲劇の三つやシェイクスピア作品として恐らく『ハムレット』と並んで最も人口に膾炙した『ロミオとジュリエット』を落としたことは、『澥外奇譚』をシェイクスピア紹介としては致命的な弱点を背負ったものにしてしまった。表紙と目次・奥付の書名が異なっているのも、本書が十分な校正もなくあわただしく刊行されたことを示していると思われる。次に述べるように、一年とたたずに『シェイクスピア物語』全訳である『吟辺燕語』が出版されたこともあり、『澥外奇譚』はほとんど影響力を発揮できず忘れられていった。

『澥外奇譚』

ただし、『澥外奇譚』は『吟辺燕語』に比べて非常に優れた

『吟辺燕語』

点がある。叙例で「この本は元は詩体であった。イギリスの学者ラムが散文に改め、『シェイクスピア物語』とした。ここにその最もよいもの十編を選んで翻訳し、現在の題名とした。」[13]と述べ、底本がラム『シェイクスピア物語』であることを明らかにしていたのである。

一九〇四年林紓・魏易『吟辺燕語』が商務印書館から出版された。林紓は莎士比と表記していた。梁啓超の影響が感じられる表記である。『吟辺燕語』出現をもって、中国における実質的なシェイクスピア紹介の始まりとみなすこともできよう。題名の吟辺燕語は、〝詩を吟じる場所での親しげな語らい〟の意味であろう[14]。訳者の林紓（一八五二—一九二四）は、シェイクスピアだけでなく清末の西洋文学小説紹介全体で大きな役割を果たした人物である。第二章で林紓の生涯と翻訳の特徴について記すので、ここではこれ以上述べない。ただ、よく知られているように、林紓は外国語が読めず、彼の翻訳は、彼の協力者が口述したものを中国古文に直すことであったことはここでも記しておきたい。

林訳小説については、中国現代文学で大きな役割を果たした郭沫若も、後に次のように『吟辺燕語』の名を挙げて初読時の印象を語っている。

林訳の小説で、のちのわたしの文学傾向に決定的影響をもたらしたのは、Scott（英、十九世紀の小説家で、多く古代武士生活を描いた）の《Ivanhoe》で、彼はこれを『撒喀遜劫後英雄略』として訳していた。この書を後日、わたしは英文で読んで誤訳や省略箇所を少なからず発見したが、あのロマンチシズムの精神だけは、彼はわれわれに生きいきと示してくれている。……彼について深く研究したわけではないが、幼時に刻み込まれた感銘は、車のわだちについた旧道同様に、なかなか消えないものである。

Lamb（英、十九世紀の文学者）の《Tales from Shakespeare》――林琴南訳では『英国詩人吟辺燕語』（一般には『莎氏楽府』と訳されている）――も、わたしに無上の興味をもたらした。それは無形のうちにわたしに大きな影響を及ぼした。後日さらに《Tempest》《Hamlet》《Romeo and Juliet》など、シェイクスピアの原作を読んだが、どうしても子どもの時に読んだ童話的な訳ほどには親しめなかった。（『わたしの少年時代』）[15]

『吟辺燕語』二十編は、それぞれ中国古典小説風の題名がつけられている。その題名を順にあげておこう。

『肉券』（『ヴェニスの商人』）
『馴悍』（『じゃじゃ馬馴らし』）
『堆誤』（『間違いの悲劇』）
『鋳情』（『ロミオとジュリエット』）
『仇金』（『アテネのタイモン』）
『神合』（『ペリクリーズ』）
『稿征』（『マクベス』）
『医諧』（『終わりよければすべてよし』）

『獄配』（『尺には尺を』）
『鬼詔』（『ハムレット』）
『環証』（『シンベリン』）
『女変』（『リア王』）
『林集』（『お気に召すまま』）
『礼哄』（『から騒ぎ』）
『仙獪』（『真夏の夜の夢』）
『珠還』（『冬物語』）
『黒這』（『オセロー』）
『婚詭』（『十二夜』）
『情惑』（『ベローナの二紳士』）
『颶引』（『あらし』）

『吟辺燕語』など林訳小説が翻訳としては特殊なものであることは、すでに指摘した。その翻訳文体は具体的にはどのようなものなのか。『肉券』の一部を訳文と原文で引用し、さらにラム『シェイクスピア物語』の正確な訳文と対照しておこう。

ポーシャにはベラリオという親戚がおり、法律に精通していた。ポーシャは手紙で意見を求め、またその衣装一式を借りた。手紙はすでに届き、ポーシャはやはり弁護士の姿に変装し、また侍女も書記の姿にさせ、ベニスへと急いだ。その時、公爵はこの獄の尋問にに臨んだばかりであった。ポーシャはベ氏が公爵にあてた手紙を示した。手紙に言う「私はアン君のために疑惑をはらそうと早くから考えていたが、病気のため行くことが出来ない。今、長年の友人バルターザに裁判に臨み、アン氏のために弁護するよう依頼した。」公爵はこれを許した。そして裁判所の人々は弁護士の美貌をみて、長い間驚いていた（中略）。ポーシャは言った。「あなたはアントニーがこの金を出すことができないので、その肉でよいことにしたのか。」言葉がまだ終わらないうたに、バッサニオは三千円を捧げ持って言った。「お金はあります。たとえ数倍の金を求められてもかまいません。弁護士様には、法律からはずれて許し、わが良友をお救いください。」ポーシャは怒って言った。「国が法律を定めたのだ。どうして許すことができようか。」シャイロックは喜んで叫んだ。「ダニエル様がやってきて裁きをつけてくださる。」ダニエルとは、ユダヤ人の名裁判官である。弁護士は年は若いが裁判に臨むとこのように老練なのであった。ポーシャは証文を求め、読み終わって言った。「証文ははっきりしている。法律により、アントニーは心臓の肉を切り取られるべきである。しかし、私は金を受け取りこの証文を破ることにしたいが。」シャイロックはきっぱりと断った[16]。

一方、ラムの原作はどうか。英語原文に忠実な日本語訳文（松本恵子訳『シェイクスピア物語』、新潮文庫）の該当箇所を以下に引用してみよう。（英語原文は省略）

ポーシャは法律顧問をしている親類をもっていました。彼女はベラリオというその紳士に手紙を書き、試験の説明をして彼の意見を求め、彼の忠告とともに弁護士のきる制服を送ってくれるよう頼みました。使者が帰ってきて、ベラリオからどういうふうにことを運ぶかという助言を書いた手紙とともに、彼女の準備に必要なものをすべて持ってきました。

ポーシャは男装し、侍女のネリッサにも男装をさせ、自分は弁護士の制服をまとい、ネリッサを書記として連れていくことにしました。それで二人は直ちに出発したので公判の当日ベニスに到着しました。その事件はちょうど上院の建物の中で、ベニスの大公や上院議員たちの前で審問されるところでした。その時ポーシャはその高等裁判所へ入っていって、ベラリオからの手紙を提出しました。篤学な顧問弁護士は大公にあてて、自分は自身でアントニオの弁護に出廷したいのだが、病気に妨げられたので、自分の代わりに、その道に通じている若いバルタザー博士（彼はポーシャをそう名付けたのです）に弁護させることをお許し願いたいと書いたのでした。大公はそれを許可しましたが、法服と大きなかつらで、巧みに変装をしているものの、その見知らぬ人物がいかにも若々しく見えるので、大そういぶかしがっていました。（中略）

「アントニオは金を支払うことはできないのですか」とポーシャは尋ねました。

するとバッサニオは、ユダヤ人に三千ダカットを幾倍にでも彼の望むだけにして支払うと申し出ました。シャイロックはそれを拒み、なおもアントニオの肉一ポンドを取ることを主張したのでした。バッサニオは学識ある若い弁護士が、アントニオの命を救うために少し法をまげるように骨を折ってくれと頼みました。けれどもポーシャは一度制定された法律は決して変えるべきではないと、きっぱりと答えました。

シャイロックはポーシャが法は変更すべきではないといったのを聞いて、てっきり自分の肩をもってくれているのだと思いこんで、

「ダニエル様が裁判においでくだすった！　おお、賢く若い裁判官様！　わしはあなた様をじつに尊敬いたしますです。あなた様はお顔よりも、ずんと年功をつんでおいでなさる！」といいました。

ポーシャは今度は、シャイロックに証文を見せるように求め、それを読むと、

「この証文の品は没収されるべきである。これによってユダヤ人は、合法的に一ポンドの肉をアントニオの心臓に一番近いところから、切り取る権利がある」と言ってから、シャイロックに向かって

「慈悲をたれてはどうだね、金を受け取って、この証文を私に破らせないか」と言いました。

けれども残忍なシャイロックは慈悲など示すどころか、

「わしはこの魂に誓って申すですが、人間の舌にわしの決心を変えさせる力はござんせん」というのでした[17]。

林訳では随所に省略があること、同時にラムの原文の大意は正しく伝えていることが理解できるであろう。

この林紓訳『吟辺燕語』は、後にみるように二十編の全部が脚色上演されるなど当時の中国で大きな反響を呼んだ。初版出版以後も何回か再版されている。

もう一つ、『吟辺燕語』で指摘しておかなければならないのは、林紓が序文で「私の聞いているところによれば、彼らの名士はシェイクスピアの詩を酷愛し、あらゆる家々が愛唱した。そしてそれにとどまらず、劇界に与えて台本としたという」と述べているように、シェイクスピアはまず詩としてその作品を書き、後にそれが劇界の上演台本となったと認識していたことである。いうまでもなく、実際のシェイクスピア作品の発表過程は、林紓の認識とは逆であった。林紓は小説と戯曲の相違が理解できず、シェイクスピア作品の翻

訳と物語化、小説化されたラム『シェイクスピア物語』の翻訳は別のことであることが認識できなかった。だから、『吟辺燕語』刊行にあたって林紓はただ莎士比亜原著とのみ記し、ラムの名を挙げなかった。

この林紓のシェイクスピア理解が、問題を引き起こした。林紓のシェイクスピア紹介は『吟辺燕語』でいったん中断し、一九一六年になって再び『亨利六世遺事』（『ヘンリー六世』）など『吟辺燕語』に収録されていなかった歴史劇の紹介をおこなった。これはクイラー・クーチ（A.T.Quiller-Couch）『シェイクスピア歴史物語集』（*Historical Tales from Shakespeare*）に基づくものであった。この歴史劇紹介は『吟辺燕語』ほどの反響は呼ばなかったが、林紓はやはりシェイクスピア原作とのみ記したので、後に林紓はシェイクスピア戯曲を小説体に変えて訳した、と誤解されることとなった。ラム『シェイクスピア物語』は著名であったので誤解の生じる余地はなかったが、クイラー・クーチは、当時の中国でほとんど知る人が無かったのである。第二章ではこの問題についても詳述したので、ここでは繰り返さない。

III

中国の舞台においても、シェイクスピア上演は現れた。しかし黎明期の上演は、文字による紹介以上に、シェイクスピア作品そのものとはかけ離れたものであった。シェイクスピア上演というよりもシェイクスピア関連上演、シェイクスピアもの上演といったほうがいい。

黎明期のシェイクスピア上演に大きな役割を果たしたのは、学校演劇である。今日わかっている中国で最も早いシェイクスピア上演は、一八九六年七月十八日セントジョーンズ書院（聖約翰書院）の学生が夏学期終了式で英語で『ヴェニスの商人』法廷の場を演じたものである[18]。セントジョーンズ書院学生の夏学期終了式英語シェイクスピア上演はその後恒例となり、一九一〇年ころまでに『ジュリアス・シーザー』『ハムレット』『お気に召すまま』『ヘンリー四世』『真夏の夜の夢』などの場面を上演したことが記録に残っている。これらのシェイクスピア上演が、シェイクスピアの原文を用いたのか、平易な英語に書き直したものを上演したのか、今日ではわからなくなっている。本書では、これ以後の学校内英語上演は原則としてとりあげないことにする。

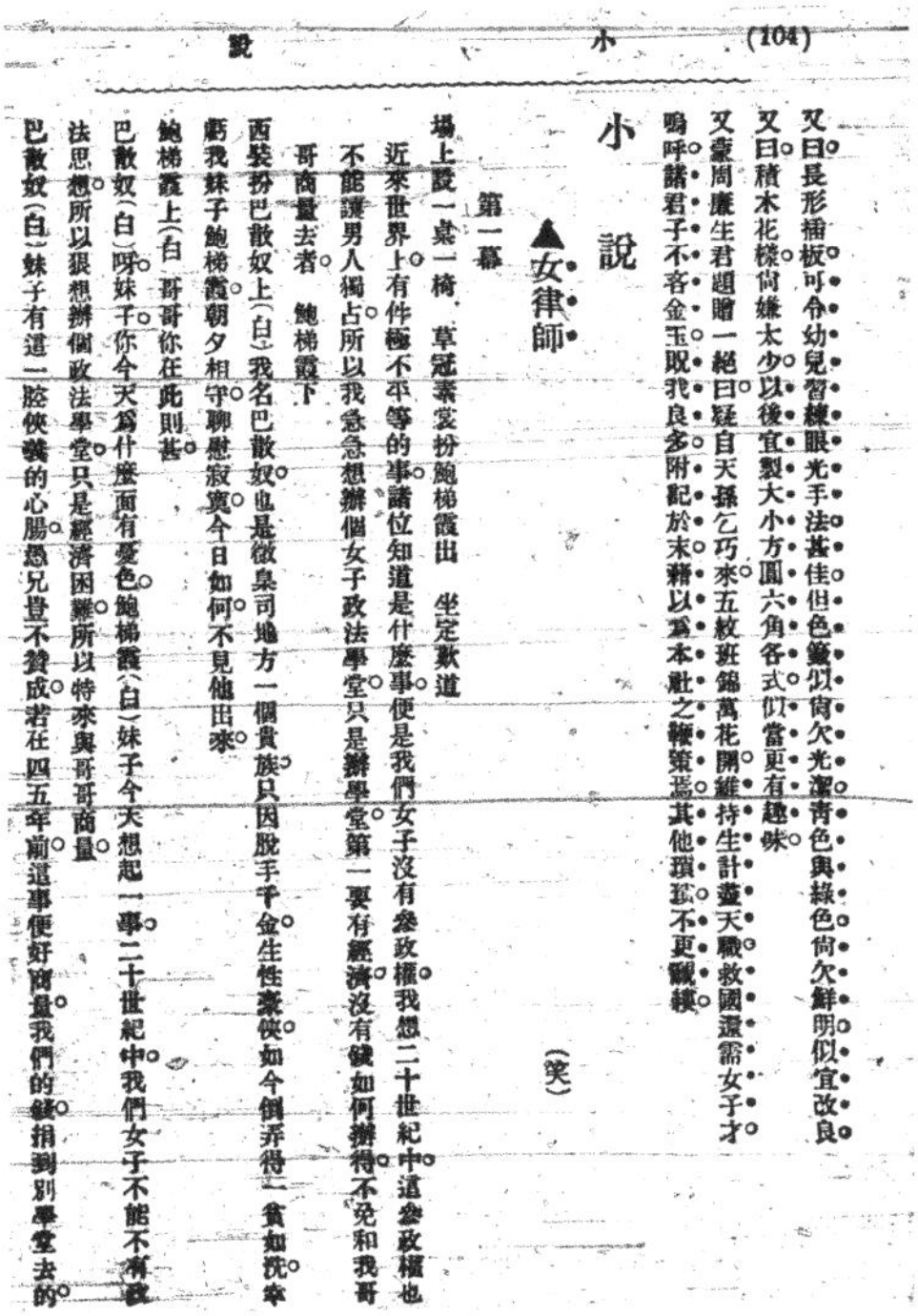
(104)　小　說

又曰長形插板。可令幼兒習練眼光手法。甚佳。但色彩似尚欠光潔。青色與綠色。尚欠鮮明。似宜改良。
又曰積木花樣。尙嫌太少。以後宜製大小方圓六角各式。似當更有趣味。
又壹周靡生君題贈一絕曰。疑自天孫乞巧來。五紋班錦萬花開。維持生計蓋天職。救國還需女子才。
嗚呼。諸君子不吝金玉。既我良多。附記於末。藉以爲本社之鞭策焉。其他瑣瑣不更縷續。

小說

▲女律師　（笑）

第一幕

場上設一桌一椅。草冠素裳扮鮑梯霞出　坐定歎道
近來世界上有件極不平等的事。諸位知道是什麽事。便是我們女子沒有參政權。我想二十世紀中。這參政權也不能讓男人獨占。所以我急急想辦個女子政法學堂。只是辦學堂第一要有經濟。沒有錢如何辦得。不免和我哥哥商量去者。　鮑梯霞下
西裝扮巴散奴上（白）我名巴散奴。也是做梟司地方一個貴族。只因脫手千金。生性豪俠。如今倒弄得一貧如洗。幸虧我妹子鮑梯霞。朝夕相守。聊慰寂寞。今日如何不見他出來。
鮑梯霞上（白）哥哥你在此則甚。
巴散奴（白）呀。妹子。你今天爲什麽面有憂色。鮑梯霞（白）妹子今天想起一事。二十世紀中。我們女子不能不有政法思想。所以狠想辦個政法學堂。只是經濟困難。所以特來與哥哥商量。
巴散奴（白）妹子有這一腔俠義的心腸。愚兄豈不贊成。若在四五年前。這事便好商量。我們的錢。捐到別學堂去的。

包天笑『女律師』

中国語による上演では、一九一一年頃[19]に城東女学が『女律師』を上演している。年末の遊芸会での出し物であった。この劇は『ヴェニスの商人』の筋を借りた脚色劇で、律師は弁護士のことである。上演台本が同校の刊行物『女学生』二期[20]に掲載されており、その内容を知ることができる。〝笑〟という署名があるが、これは当時同校に教員として勤務しており後に著名なジャーナリスト、小説家となる包天笑《ほうてんしょう》（一八七六―一九七三）である。包天笑自身

が後に回想録『釧影楼回憶録』[21]で城東女学学生のために『女律師』を書いたことに触れている。この劇は七ページの短い作品で上演時間は十数分から二十分程度と思われるが、歌唱はなく台詞だけで劇が進み、四幕構成で初歩的ながら話劇の形態を備えていた。名前のある登場人物は、鮑梯霞（ポーシャ）、巴散奴（バサーニオ）、安東尼（アントーニオ）、歇洛克（シャイロック）、微臬司（ヴェニス）侯爵の五人しかいない。

この『女律師』はポーシャなどの人名やヴェニスという地名が『吟辺燕語』中の『肉券』と同じで、林紓訳『肉券』に基づき包天笑が脚色したものであることがわかるが、包天笑『女律師』は『ヴェニスの商人』の忠実な圧縮ではない。劇の冒頭にポーシャが現れ、次のように嘆息する。

今の世界には極めて不平等なことがあります。皆さんは何のことかわかりますか。私たち女性には参政権がないのです。私は、二十世紀にはこの参政権も男性に独占させることはできないと思うのです。ですから私はとり急ぎ女子政法学校を作ろうと思います。ただ、学校を作るにはまず経済が必要です。お金がなくて、どうして作ることができるでしょうか。お兄さんと相談するしかありません。

この冒頭の台詞に、なぜ『女律師』が作られ上演されたか、その理由が集中的に示されている。男女平等の訴えと女性の能力発揮である。演じる者だけでなく観る者も上流知識階層である女学校学生およびその関係者ということもあろうが、辛亥革命前後の民主化と男女平等を求める思想的雰囲気がよく反映されている。

劇は妹から相談を受けたバサーニオが友人の商人のアントーニオに学校を作る金を貸してくれと依頼し、手元にたまたま金がないアントーニオは、自分の商船が戻ればすぐ返せるからとユダヤ人のシャイロックから金を借りる。イギリス人に恨みのあるシャイロックは、期限までに返せなかったら肉一ポンド切り取るという契約でアントーニオに金を貸す。船が難破し金が返せなくなったアントーニオは法廷で肉を切り取られそうになるが、男装したポーシャの弁護で救われる。バサーニオが謝礼にポーシャに贈るはずの金時計を渡し、最後に女性に戻ったポーシャが金時計を示し、バサーニオ、アントーニオは弁護士が実はポーシャであったことを知る。

『ヴェニスの商人』では劇中で夫婦になるポーシャとバサーニオが『女律師』では兄妹になっているなど、『ヴェニス』で重要な位置を占める恋愛要素は一切無い。またヴェニスが舞台なのに、バサーニオ、アントーニオがイギリス人という錯誤もある。しかしシャイロックがユダヤ人でありアントーニオらに民族怨念を抱いていることを示す台詞もごく短いが存在しており、『ヴェニス』の基本内容は踏まえられているといっていい。これは、次節で考察する文明戯の脚色上演とはかなり異なっている。包天笑の理解力の高さを示すものであろう。

包天笑はこの『女律師』上演を「学校演劇で、もちろんそそくさとして荒っぽかったが、活き活きとはしていた」と回想している。この劇は朱双雲『新劇史』に「筋はたいへん良い」と記されており、まもなくヴェニスものを上演する新民社も題名を『女律師』としているなど、上演当時かなり反響を呼んだようである。

これ以降、一九二〇年代に至るまで、上海の女学校ではしばしば『女律師』あるいは『肉券』が上演されたことが、申報などの記事でわかる。しかしその多くは日時、題名と上演学校名程度の簡単なもの

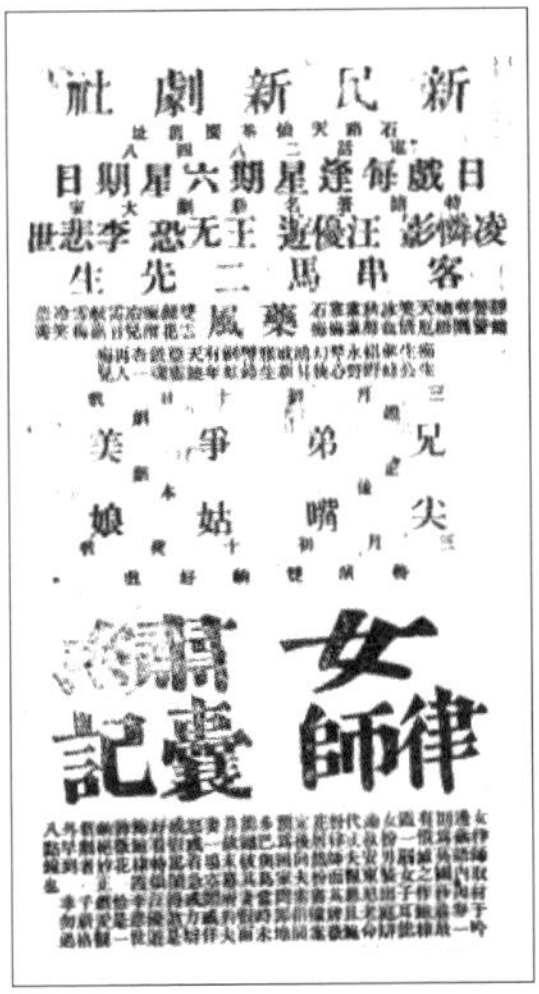

新民社『女律師』上演広告
（『申報』1914年4月5日）

で、その具体内容を知ることは今はできない。

IV

職業演劇でもシェイクスピアもの上演はおこなわれた。この時期にシェイクスピアもの上演をおこなったのは、文明戯と呼ばれる演劇である。文明戯は中国早期話劇という別名からも理解できるように、日本の新派にも似た、伝統演劇と純粋な近代劇である話劇との中間的演劇形態である。

文明戯で上演広告など確かな証拠のある最初のシェイクスピア関連上演は、一九一四年四月五日夜に行われた新民社『女律師』であろう。申報掲載の上演広告には、「『女律師』は『吟辺燕語』中の『肉券』に取材し、英国莎翁の最も価値ある作品である」[22]とある。

なお、新民社は一九一三年十月十五日夜ほか何回か『馴悍記』を上演している。『吟辺燕語』中の『馴悍』(『じゃじゃ馬ならし』)との関連が考えられるが、上演広告には『吟辺燕語』やシェイクスピアへの言及はなく、「およそ中国のこれまでの家庭社会の習慣を描写して残すところなし」とあるので、シェイクスピアとは無関係であろう。

この新民社『女律師』公演は好評であったのか、五月五日に行われた六大劇団連合上演では、『吟辺燕語』と同じ訳名である『肉券』の上演がおこなわれた[23]。これは、この時期の文明戯主要六劇団が合同公演をおこなったもので、文明戯が最盛期にあることを示すものであった。六大劇団とは、民鳴、新民、春柳、啓民、開明、文明の各劇団である。

この『肉券』上演は、『新劇考』という一九一四年発行の幕表集に詳細な梗概が残されており、かなり詳しくその内容を知ることができる。『肉券』は『ヴェニスの商人』を直接上演したのではなく、『吟辺燕語』の一編を脚色したものである。文明戯には、重要な特徴があった。しっかりした戯曲がなく、幕表とよばれる粗筋をもとに、なかば即興で上演していたのである。一九一九年に発行された文明戯の梗概集『新劇考証』（鄭正秋編）をみると、『吟辺燕語』の二十編はすべて上演されている。中国の観客は、『吟辺燕語』の脚色でまずシェイクスピアを知ったのである。このうち最も歓迎されたのは『肉券』であったようである。

申報掲載広告によれば、「六大劇団連合演劇」の際の主なキャストは次の通りであった。

巴山奴（バサーニオ）――新民薬風
安東尼（アントーニオ）――新民無恐
鮑栖霞（ポーシャ）――新民優游
梨紗（ネリッサ）――民鳴孤雁
薛禄克（シャイロック）――民鳴笑吾
貝乃良（ベラーリオ）――新民双雲

この人物表は『新劇考』のものと字の綴りなどがほぼ一致するから、『新劇考』収録の幕表によって、六大劇団連合演劇の舞台内容を知ることができると考えてよいであろう。

文明戯『肉券』はその幕表の冒頭に「是劇出自英国文豪莎士比亜所著」とあるように、シェイクスピアから出た作品であるという自覚をもっている。しかし、すでにみたように、この『肉券』は『ヴェニスの

六大劇団連合上演広告（『申報』1914年5月5日）

商人』をそのまま翻訳したものではない。すなわち、シェイクスピアの原作『ヴェニス』をまずラムが整理した『シェイクスピア物語』があり、次に林紓がそれを『吟辺燕語』として翻訳し、それをもとに脚色上演したという三段階を経ているのである。だから、文明戯『肉券』は『ヴェニス』のあらすじは伝えているが、細部はたいへん異なったものになった。『新劇考』によれば、この『肉券』は六幕であった。いうまでもなく、シェイクスピア『ヴェニス』は五幕である。幕数のほかにも、原作とは様々な点で相違があった。

最も大きな違いは、ポーシャの居住地および全体の舞台が、「倫敦女子鮑栖霞」とあるように、ヴェニスなどではなくロンドンになっていることである。林紓訳『肉券』では、ポーシャの居住地は「鮑梯霞、貝而孟徳人也」と原作と同様はっきりベルモントと指定していた。全体の舞台であるヴェニスも同様に林紓訳では明記されている。おそらく文明戯『肉券』の脚色者は、ベルモントやヴェニスというなじみのない町より、〝英国文豪〟シェイクスピアの劇だからロンドンの方がよいと単純に考えて改めたのだろう。そうとしか考えようがないのである。脚色者がシェイクスピア『ヴェニスの商人』を知らず、観客もまた同様であったことは間違いない。

次の大きな違いは、シャイロックがユダヤ人であることが、明記されていないことである。シャイロックについても、林紓訳『肉券』はすでにみたようにユダヤ人であると明記している。これも、同様にそれほど深く考えずに行った事と思われる。一九一〇年代の上海市民は、おそらくユダヤ人に関する知識を持っていなかったのだろう。ただし『新劇考証』収録の『肉券』ではシャイロックをユダヤ人と明記しており、実際の舞台には、ユダヤ人に関するセリフがあったのかもしれない。しかし『新劇考』の幕表にそれが記されていないことは、『新劇考』の執筆者すなわち観客の代表が、これにさして関心をもっていなかったことを示している。

文明戯『肉券』

また裁判に敗れたシャイロックは原作『ヴェニスの商人』では、キリスト教への改宗と娘への財産譲渡を約束させられるが、文明戯『肉券』では〝四等有期徒刑・三百元以下之罰金〟に処せられる。四等有期徒刑の内容は不明であるが、おそらく当時の刑罰の一種であろう。

このほか、ポーシャが始めからバサーニオの婚約者になっていること、シャイロックの娘ジェシカについての記述をまったく欠いていることも原作と違っている。

また、モロッコ王・アラゴン王の箱選びのくだりがないこと（この点は、ラム『シェイクスピア物語』の段階ですでに削られている）や、裁判勝利後、バサーニオとアントニーがベラーリオを訪問するというような改変もみられる。

しかし、これらの改変が、文明戯『肉券』を『ヴェニスの商人』とも林紓訳『肉券』とすらもまったく異なったものにしてしまったことは明らかであろう。舞台がヴェニスではなく、ユダヤ人が登場しない『ヴェニス』など、考えることができるであろうか。同時にこれらは、文明戯『肉券』が、かなり杜撰な手続きで作られたことを示している。前節で考察した城東女学『女律師』と比べて、そのヨーロッパ理解はむしろ後退している。

結局、文明戯『肉券』は、端的に言えば、あらすじと人名はシェイクスピアから借りているが、内容は実質的に中国の劇なのである。当時の文明戯は革命運動と共に発展した来た名残で〝社会教育〟を標榜していた。『肉券』は、吝嗇の戒めや女性の能力を評価するというような〝社会教育〟の効果をもった劇とみなされていたのかもしれない。また、『ヴェニスの商人』から一貫して存在している、裁判終了後のポーシャの指輪をめぐる滑稽は、滑稽を身上とする文明戯のこととてその独自の演技と結びついて、観客を大いに楽しませたことであろう。

しかし、当時の中国人は『肉券』をやはり外国劇とみなしていたらしい。広告中の〝泰西名劇〟という言葉がこのことをはっきり物語っている。また『新劇考証』には、『肉券』は西洋新劇の項に収録されているのである。当時の文明戯の観客には、外国風の発音をする人名をもった人間が登場し、舞台が外国風の装置衣装で飾られていれば、それで充分だったのであろう。一九一〇年代の中国におけるヨーロッパ理解は、まだ表面的なものにとどまっていたのである。文明戯は台詞劇ではあるが、写実の演劇としては不徹底であったことは、『肉券』からも伺えるのである。

この時期の文明戯を代表する劇団である新民社、民鳴社、春柳社の上演演目をみると、新民社は一九一四年五月十三日夜、五月二十九日夜（『女律師』）、六月十四日昼、七月十五日夜（『女律師』）、十一月七日昼（『女律師』）、十一月三十日夜（『女律師』）と、四月五日と合わせ計七回上演している。民鳴社は一九一五年一月二十九日夜に『女律師』を上演しているが、これは新民社を吸収した後の上演で、実質的には新民社の上演である。春柳社では、『肉券』『女律師』とも上演はない。

新民社が一年半の存続期間の間に七回上演したのは、少ないとは言えないが、多いとも言えない。新民社上演回数第十位の『情天恨』（『恨海』）は、上演回数十一回である。『馴悍記』については、上述の一九一三年十月十五日のほか、一九一四年七月十四日夜、十一月十日夜の計三回上演している。その他の『吟辺燕語』訳名による公演は、新民社にはない。民鳴社は、上述の『女律師』のほかはシェイクスピアもの上演はない。春柳社も同様である。

このように、文明戯最盛期の一九一四年前後には、シェイクスピア関連上演は決して多くは無かった。坪内逍遙に師事し文芸協会『ハムレット』にも出演歴がある陸鏡若をリーダーとする春柳社が『吟辺燕語』脚色作品を上演していないのは、陸鏡若はシェイクスピア戯曲に拠る上演を直接体験していただけに、一種のまがい物上演には耐えられなかったのかも知れない。

ただし春柳社は陸鏡若が自ら『オセロー』を脚色した『春夢』を一九一五年四月三日に上演している。次のような上演広告が掲載されている。

春夢はイギリス・シェイクスピアの名著で、原名をオセローと言う。劇中の哀感は頑なに艶やかで、曲折して人を立ち止まらせない。名人の名作は、名が無駄には伝わっていない。ここに陸君鏡若の訳・脚色を経て、名を『春夢』という。その叙述はぼんやりと、春の花が咲き乱れ、夢幻のようにぼんやりとしているからである。これを観るのは、直接体験するのが一番である。その脚色の美しさ、珍しさは、人に不思議な思いを感じさせるのである[24]。

残念ながら公演は成功しなかったようで再演は無く、ここではこれ以上述べることはできない。

文明戯が盛んにシェイクスピアものを上演するのは、最盛期を過ぎた後文明戯を支えた笑舞台においてである。笑舞台は、一九一五年二月十四日に沐塵舞台の名で創立された劇場が、何回か名称を変えた後一九一六年二月六日頃から笑舞台としたものである。民鳴社が一九一七年一月に解散した後、文明戯上演の中心となった。笑舞台は一九二九年頃まで存続し、『女律師』『黒将軍』『金環鉄証』(『シンベリン』)などの劇を上演したことが指摘されている[25]。笑舞台についてはまだ研究が進んでいないため、そのシェイクスピアもの上演についても別の機会に考察することとしたい。

いずれにせよ、中国でシェイクスピアの完全な形での翻訳が出現するのは一九二〇年代に入ってからであり、完全な形での上演は一九三〇年以降である。中国の西洋理解が本質に達し、しかもそれが一定の社会的広がりをもつには、やはり『新青年』の出現と五四運動を待たねばならなかったのである。

註

1——第一節は、孟憲強《中国莎学簡史》(東北師範大学出版社、一九九四)に依拠した部分が多い。

2——瀬戸宏「中国のシェイクスピア受容略史」(『シアターアーツ』十一号、二〇〇〇)、林紓のシェイクスピア観」(「演劇映像の国際的教育研究拠点」『演劇博物館グローバルCOE紀要 演劇映像学二〇〇八』第一集、早稲田大学演劇博物館グローバルCOEプログラム、二〇〇九)ほか。

3 —— 《中国対莎士比亜的了解与研究—〈中国莎学簡史〉補遺》《中国比較文学》第四期、一九九七

4 —— 「有沙士比阿、弥而頓、士達薩、特弥頓四人工詩文、富著述」（《海国図志》四、台湾・成文出版社、民国五六年、一八一二頁）。なお岩田高明によれば、士達薩は士辺薩の誤記。

5 —— *Hugh Murray, An Encyclopedia of Geography*『地理学大全』などとも訳される。

6 —— 佐々木正哉「『海国図志』余談」（『近代中国』第十七巻、一九八五）などによれば、《海国図志》が刊行される以前、《四洲志》が単独で出版されることはなく、《海国図志》刊行が《四洲志》刊行でもあった。

7 —— 佐々木正哉「近代中国における対外認識と立憲思想の展開（二）」『近代中国』第十七巻、一九八五

8 —— 「当以利沙伯時、所著詩文、美善倶尽、至今無以過之也。儒林中如錫的尼、斯本色、拉勒、舌克斯畢、倍根、呼格等，皆知名之士。」

9 —— 河竹登志夫『日本のハムレット』南窓社、一九七二

10 —— 希臘詩人荷馬、古代第一文豪也。近代詩家、如莎士比亜弥爾頓田尼遜等、其詩動亦数万言、偉哉！勿論文藻、即其気魄、固已奪人矣。

11 —— このリストは、孟憲強《中国莎学簡史》を参考に、瀬戸が補ったものである。

12 —— 中国北京・国家図書館に所蔵されている。叙例および武歴維錯愛攣生女（十二夜）、畢楚里馴服悪癖娘（じゃじゃ馬ならし）の二編は、施蟄存主編《中国近代文学大系・翻訳文学集3》（上海書店、一九九一）に収録されている。

13 —— 是書原係詩體。經英儒蘭卜行以散文，定名曰 Tales From Shakespere 茲選譯其最佳者十章。名以今名。

14 —— 第二章参照。李慶国「吟辺燕語留余韻——林訳小説書・篇名一瞥」（『清末小説』第三十三号、二〇一〇）は「〝吟辺〟一詞意為〝詩中〟或〝作詩〟」と述べる。

15 —— 郭沫若《郭沫若選集》第一巻、四川人民出版社、一九八二

16 —— 鮑梯霞有戚畹貝拉略，精於刑律者也，鮑梯霞以書請托名以往，且假其衣飾一行。書既報聞，鮑梯霞果変服為律師，並飾其侍児為書記状，馳至微臬司。時公爵方臨鞫此獄，鮑梯霞出貝氏上公爵書，書云〝吾夙計自来為安君平反獄事，顧病莫至，今請以忘年友貝而莎臨鞫，為安氏弁曲直。〟公爵允之。然堂

之上下見律師貌美，恒奇駭。（中略）鮑梯霞曰〝君以為安東尼不能出此金，故甘其肉乎？〟語未竟，巴散奴捧三千圜上，且曰：〝金固有，即多索子金至数倍者，当不敢較，並乞律師於法外行恕，拯吾良友。〟鮑梯霞怒曰〝国家定律，安可恕者。〟歇洛克楽而呼曰：〝但尼而来平亭讞矣。〟但尼而者，犹太良有司也，律師妙年鞫讞，乃老練至此。鮑梯霞趣取約，読竟曰：〝約甚明審，抛律安東尼当剜却心頭肉矣，然以吾決之，得金為優，曷砕此約！〟歇洛克堅勿承。

17　チャールズ・ラム著、松本恵子訳『シェイクスピア物語』新潮文庫、一九五二

18　鐘欣志《走向現代　晩清中国劇場新変》台北芸術大学博士論文、二〇一二

19　《申報》には、城東女学《女律師》上演関連記事はない。朱双雲《新劇史》（上海小説新劇社、一九一四）には一九一二年上演とある。

20　樽本照雄編『清末民初小説目録X』（清末小説研究会、二〇一五）、二九九一頁に紹介がある。《女学生》は上海図書館所蔵。

21　包天笑《釧影楼回憶録》中国大百科全書出版社、二〇〇九

22　女律師取材於吟辺燕語内肉券一則為英国莎翁最有価値之作。

23　『肉券』上演に関する記述は、瀬戸宏『中国話劇成立史研究』（東方書店、二〇〇五）と内容が一部重複する部分がある。

24　春夢為英国沙士比亜名著，原名倭塞羅。劇中哀感頑艶，廻不猶人。名人名作名下無虚，茲経陸君鏡若訳編署，其名曰春夢。蓋其中鋪叙恍若，春花燦爛，夢幻迷離，観之不等身親歴，而転綴之妙，転折之奇，尤属令人不可思議。

25　笑舞台については、黄愛華《上海笑舞台的変遷及演劇活動考論》（袁国興編《清末民初新潮演劇研究》広東人民出版社、二〇一一）がある。同論文ではシェイクスピアについては触れられていないが、黄愛華《笑舞台与文明新戯後期劇壇》（早稲田大学演劇博物館講演原稿、二〇一一年十月十五日）では、シェイクスピアについても触れられている。

第二章

林紓のシェイクスピア観

第二章

中国のシェイクスピア受容史は、実質的にはラム『シェイクスピア物語』中国語訳である林紓・魏易訳《吟辺燕語》（一九〇四）から始まる。『吟辺燕語』は二十世紀初年代から前半にかけて中国国内で広く普及し、林紓は中国シェイクスピア受容史の上で高く評価されてきた[1]。

林紓は一九一六年再び『リチャード二世』など『シェイクスピア物語』に収められていないシェイクスピア歴史劇を集中的に紹介した。これらは『吟辺燕語』と同様に小説体になっており、林紓は英国莎士比原著とのみ記していたため、林紓は戯曲の原作を小説体に改めて訳したという通説が生まれた。近年、清末小説研究者の樽本照雄氏により、林紓の歴史劇紹介はすでに小説体となったものの翻訳であることが明らかにされた[2]。これは樽本氏の大きな功績であるが、樽本氏は同時に、通説は鄭振鐸《ていしんたく》ら新文化運動関係者が新文化運動敵対者としての林紓をおとしめるための「捏造に近い」もので林紓は「冤罪」であると主張している[3]。本章ではこの問題を検討し、通説がなぜ生まれたのか、通説の成立に林紓は責任がないのかを考察し、中国シェイクスピア受容史における林紓の位置を改めて確認することとしたい。なお本章の原型は樽本照雄氏との論争の産物であるので、原型にあった樽本氏への敬称を保存した。

I

まず、林紓の生涯を簡単に確認しておこう[4]。

林紓は一八五二年福建省の商人の家庭に生まれた。幼名は群玉《ぐんぎょく》、号は畏廬《いろ》、字は琴南《きんなん》である。林紓という名は、彼が挙人に合格し礼部試に参加した時使い始めたという。林琴南でも知られている。実家はまもなく商売の失敗で没落し、林紓は苦しい少年時代を過ごした。しかし彼は貧困の中にあっても読書を好み、多くの中国古典に触れた。彼も科挙合格で立身出世をめざし、挙人までは合格したが、それ以上には合格できなかった。そして私塾などの教師で身を立て、役人になることはなかった。

林紓

一八九七年、四十五歳の彼は妻を失った。その頃フランス帰りの知人王寿昌が小デュマ『椿姫』の内容を彼に語った。林紓は興味を覚え、翻訳してみることにした。彼の訳は一八九九年に『巴黎茶花女遺事』の題で出版された。巴黎はパリ、茶花女は椿姫のことである。この『茶花女』は内容が新鮮で訳文も流麗だったので、たちまち大きな歓迎を受けた。林紓はなかば偶然から『椿姫』を訳したのだが、この翻訳は、林紓が考えた以上の大きな文学史的・思想史的意義を持つことになった。中国人は『椿姫』によって、初めて西洋流の恋愛概念を知ったのである[5]。

『椿姫』の成功は林紓の翻訳意欲をかきたて、その後彼が触れ得た外国文学を次々に翻訳した。一つには、生活上の必要もあった。その数は計二百四十六種以上に及ぶという。林紓訳の一連の小説は林訳小説と呼ばれ、清末の中国で広く読まれた。清末中国知識階層も、外国に対する知識を渇望していたのである。中国話劇の嚆矢とされる春柳社も、林訳小説『茶花女』、『黒奴籲天録』（ストー夫人『アンクル・トムの小屋』）脚色上演でその活動を開始したのである[6]。

すでに著名なことであるが、林紓は外国語を解しなかった。彼の翻訳は、協力者が口頭で原文（主に英語）を中国語に訳したものを、中国語古文に書き直していくものであった。林紓の古文の腕前は見事で、協力者が一文の口述を終えるか否かの時に、しばしばもう端正な古文が書きあげられていた。翻訳態度もかなり厳格で、口訳に意味が通じないところがあると、ただちに問い直されたという。今日残されている『吟辺燕語』をみても、多少の省略・意訳などはあるものの、基本的に原文の内容を正しく伝えている。刊行された翻訳作品にも、魏易など協力者の氏名を自己の名前と並記している。林紓はこのような翻訳活動を、毎日午前、午後それぞれ二時間続け、上述の膨大な翻訳作品群を生んだのである。

二十世紀初頭の林紓は、政治的には英明な君主による社会改革に期待する立憲派に属し、とりわけ戊戌の政変で幽閉された光緒帝を崇拝していた。この立場から、当時の林紓は社会改革にも肯定的であった。清末の林紓は、決して後にイメージされるような守旧派ではなかった。翻訳書にもしばしば序文を執筆し、その意義を解説した。

辛亥革命による清朝崩壊は、英明な君主による改革の可能性消滅をも意味し、林紓に大きな失望を与えた。これ以後、林紓の姿勢は変化し隠遁的性格が強くなる。翻訳書への序跋文執筆もほとんどなくなった。一方、光緒帝崇拝は変わらず、清朝崩壊後もしばしば光緒帝の墓に詣でている。一九一九年五四運動の直前には、『新青年』に拠る新文化運動活動家と強く対立した。この事件は林紓のイメージに大きな影響を与えた。守旧派という印象は、主にここから生じたのである。こうして林紓は時代の変化に背を向けたかたちになり、一九二四年十月十九日七十二歳で逝去した。

II

林紓以前の中国でのシェイクスピア紹介および『吟辺燕語』の基本内容については第一章で触れたので、ここでは繰り返さない。本節では、『吟辺燕語』翻訳の意図を述べた序文を訳出しておこう[7]。

西洋人が我が国を軽視する時、必ず情勢を知るべきであり、思想が古く、古いものに固執して新しいものに驚き、奇怪なことを好んで述べるので、日ごとに弱まりしだいに衰えていくのだと言う。そしてわが国の年若い変革の人たちは、ひたすら新しさを求め、その古いものをけなし、その過去を棄てさり、ただこれを新しくすることに励むのである。このようにするのが本当に正しいのであれば、必ず西洋人の昔の言動を振り返ってみなければならない、と私は思う。中国を全面的に革新しようとする者は、また人を賞賛すればその正しさが広がり、人を誹ればその欠点が増えるのみである。

イギリスの文章家ハガードや詩人のシェイクスピアは、文明大国イギリスの人ではないだろうか。私がかって訳したハガード氏の本を振り返ってみると、怪しげなで活発な妖怪が次々に現れる。シェイクスピア氏の詩は、我が国の杜甫に匹敵するが、その内容や言葉はしばしば神怪に仮託されている。西洋人は確かに文明的であるから、焼き捨て廃絶させ、世の中を混乱させる知識を禁止する筈である。しかしながら私が聞いたところによれば、彼らの名士はシェイクスピア氏の詩を酷愛し、あらゆる家で愛唱され終わることがない。そして劇界に与えて台本とし、男も女もそろって聞き、感激して涙を流すという。思想の古さを排斥することもなければ、その奇怪さを好んで述べるのを怒ることもないのは、なぜであろうか。

昔の儀式用品や酒杯に古味がかった緑がまじり、繰り返し使っていると、もう使うにはふさわしくなくなる。権力や金のある名望家たちは、大金を惜しまず、獲得してこれを並べようとする。また織物や肉類でよい生活をしている者は、満ち足りてひたすら求めることがない。そこで古いものを追い求め、用いてその趣味を広げるのである。これは、蘇東坡のいう良質の肉や米を食べ飽きると逆に粗末なものを思うということである。

おそらく政治と宗教という二つのことは、文章には属さない。政治と宗教が良ければ、文章によって称賛すべきである。文章がいたずらに美しくても、政治と宗教に益するところはない。だから、西洋人はただ政治・宗教を必須のものとして、国を豊かにし軍隊をよくし、外国の侮りは受けず、初めて余暇に文章家によってその心を楽しむのである。ハガード氏、シェイクスピア氏は、思想は古く、奇怪なことにこと寄せてはいるが、文明社会の人は平然として、これらを誤りとはしないのである。私は年をとり、ハガード、シェイクスピアの知識の広さは無いが、特に好んでハガード、シェイクスピアの本を訳すのである。

畏友の仁和魏君春叔は若くして博識であり、西洋の言語に広く通じている。長沙張尚書は北京で翻訳の仕事を管轄しており、私と魏君は翻訳の席に連なっていた。魏君が口述し、私が叙述を文章にするのである。計二年来、私たち二人が訳したものは、三四種（原文も三四種―筆者）となった。『ナポレオン本紀』が最も長く、初秋に訳し終わった。夜に時間が空き、魏君はたまたまシェイクスピアの要約一つ二つをとりあげた。私はすぐに明かりをつけて文章にし、二十日で本が書きあがった。その文はすべてシェイクスピアの詩の要約である。ああ、イギリス人はもとより革新を政治内容としているのに、シェイクスピア氏の詩を棄てることはない。私はいまシェイクスピアの詩の要約を訳したが、あるいはわが国の新学家に棄てさられることはないだろうか。シェイクスピアの詩の記事は伝わっている諸本がたいへん多く、お互いに比べると異同が大きく、選んだところがある。この本に収めるのは二十に過ぎない。私は一つ一つ新しい名前をつけ、その内容を示した。（光諸三十年五月、閩県林紓の序）

原文は改行していないが、読みやすさを考え訳文は改行した。文中のハガード（Henry Rider Haggard 一八五六―一九二五）は、十九世紀後半から二十世紀初めに活躍したイギリスの大衆小説家である。シェイクスピアと並列されるような存在ではないが、林紓はそのようにとらえ、彼が翻訳したハガードの小説も清末の中国知識人に大きな影響を与えた。また、「長沙張尚書は北京で翻訳の仕事を管轄しており、私と魏君は翻訳の席に連なっていた」は一九〇三年より京師大学堂訳書局に勤務したことを指す。

『吟辺燕語』は林紓没後も刊行が続いた。筆者が確認したものだけでも、一九三五年、一九八一年、二〇一三年に出版されている。出版社は一九三五年、一九八一年が商務印書館、二〇一三年は上海辞書出版社である。なお、この林紓没後のテキストは、チャールス・ラム著（一九三五年版）、蘭姆著（一九八一年版、二〇一三年版）と、著者がシェイクスピアではなくラムであることを明記している。

『吟辺燕語』以後林紓はシェイクスピアから離れるが、十二年後の一九一六年再びシェイクスピア紹介の筆を集中的にとった。この時の紹介は『シェイクスピア物語』に含まれていなかった歴史劇であった。なぜ林紓が一九一六年再びシェイクスピア紹介に手を染めたのか、今はわからない。その紹介作品の題名などを記しておこう。

『雷差得紀』（リチャード二世）『小説月報』七巻一号
英国莎士比原著　閩県林紓、静海陳家麟同訳（以下の三編も訳者名などは同文であるので省略）
『亨利第四紀』（ヘンリー四世）『小説月報』七巻二号―四号
『亨利第六遺事』（ヘンリー六世）商務印書館単行本（四月）
『凱徹遺事』（ジュリアス・シーザー）『小説月報』七巻五号―七号

③
雷差得紀　英國莎士比原著
閩縣林紓　靜海陳家麟　同譯

英王奈支鏤得第三祖王冕遂屬皇太孫雷差得卽黑太子之子太子以英武之姿早年卽世舉國痛惜前星之隕故擁戴太孫時太孫甫十一歲民以悼念東宮之故咸翕然於太孫加冕之時倫敦人庶歡騰無極巨商設機於公園易飛泉爲酒流沫成池恣人浩飲以常理言英雄之父或產英雄之兒顧乃不爾父老因大失望人既荏弱或本諸天性實亦敎育使然時侍從人多纖嗇雜進讒諂者錯出其間卽自好之士亦圖營己私無心於爲國王長養宮中邊樂爾縱恣甘言易入故樂與宵小爲緣閱歷既淺爲近習所牽引言匪弗售侍從大臣十二人尙有族父三人亦在侍中之列一爲蘭卡司忒公一爲要克公一爲格老西司忒公此三人中以玉牒近支極力輔政而格老西司忒公獨專揆席一時政府人稱之曰怪政府而識者亦稱之曰不仁之政府格老西司忒當國時有德維亞及沙復克埼王之弄臣格老西司忒以羿誅之籍沒其家王怒顧政權不屬則聽搭政所爲容忍及於二十二歲罷攝政大臣獨操政柄國中爲然稱治然量局而恨深思圖報復尙畏憚格老西司忒未敢肆之市朝在位八年忽一日降勅流格老西司忒於卡雷卡雷留守爲那白雷封腦復克公格老西司忒既至配所遂瘐死獄中死狀初無人知者識者亦未嘗謂格老西司忒之死由王授計於那白雷然物議沸騰咸指爲王之陰謀蓋王初御極尙願恤民心已而去其僞飾恣意所如遂立布西及格雷爲與巴高忒爲執政大臣一變從前態政因意立制悉國家大計用私見爲去取民不堪命天下人主有自利之心則非專制斷不能據其己意故格老西司忒

小說月報　第七卷　第一號　雷差得紀

『雷差得記』

なお、林紓死後の一九二五年、『亨利第五紀』（ヘンリー五世）が林琴南遺稿として『小説世界』週刊十二巻九、十期に発表された。共訳者の明記はない[8]。

これらの歴史劇紹介もいずれも小説体になっており、英国莎士比原著とのみ記されていたので、上述のように林紓はシェイクスピアの戯曲を小説体で訳したとする通説が生まれ、それが長く通行した。冒頭に述べたように、二〇〇七年樽本照雄氏により一九一六年訳の四編いずれもがクイラー・クーチ『シェイクスピア歴史物語集』（A.T.Quiller-Couch: *Historical Tales from Shakespeare*, London: Edward Arnold, 1899）に基づく訳であることが明らかにされた。

クイラー・クーチ（一八六三―一九四四）はイギリスの作家、ケンブリッジ大学教授、シェクスピア研究家で、『シェイクスピア歴史物語集』はラム『シェイクスピア物語』に欠けた歴史劇の児童向け梗概集として一時期歓迎され、中国では全訳が、日本でも抄訳がある[9]が、対象が地味な歴史劇である上に梗概としては長すぎるなどの弱点があり、今日では忘れられている。林紓の翻訳も、『吟辺燕語』と異なりほとんど反響を呼ばず、初出のままに終わり単行本発行あるいは再刊行はされていない。

林紓はまた一九二一年イプセン『幽霊』を『梅孽』の題名で翻訳した。『梅孽』も文語の小説体で翻訳され、「原著者　徳国《ママ》伊卜森　訳述者　閩県林紓、呉県毛文鍾」、とのみ記されていた。このため、『幽霊』についても、イプセンの戯曲を林紓が小説体で訳したという通説が生じた。『梅孽』も、樽本照雄氏により、Draycot Montage Dell（一八八八―一九四〇）による*IBSEN'S 'GHOSTS' Adapted as a Story*（一九一八?）[10]の圧縮翻訳であることが明らかにされた。『梅孽』もその後再刊行されていない。

III

なぜ、誤った通説が生まれ広く流布したのだろうか。すでに指摘したように、林紓は歴史劇紹介にあたって直接の底本を記さなかった。これは『吟辺燕語』も同様である。林紓がもし翻訳にあたって底本を記していたら、誤った通説は生じる筈もなかった。ただ『吟辺燕語』の場合は、底本のラム『シェイクスピア物語』があまりにも著名なために誤解が生じる余地がなかっただけである。

なぜ林紓は、底本を記さなかったのだろうか。

『吟辺燕語』には林紓署名による約六百二十字の序が付されており、林紓のシェイクスピア観を知ることができる。序の全文は第二節で訳出したが、その大意は、西洋人が伝奇的な内容に満ちたシェイクスピア作品を強く好んでいることを指摘して、改革にはやる中国の若者が性急に中国古典を捨て去らないよう戒めたものである。しかし、見逃せないのは、林紓が「シェイクスピア氏の詩は我が国の杜甫に匹敵する（中略）私の聞いたところによれば、彼らの名士はシェイクスピアの詩を酷愛し、あらゆる家々で愛唱された。そしてそれにとどまらず、劇界に与えて台本とし、男も女もそろって聴き、感激して涙を流すという」と述べていることであろう。ここに、林紓のシェイクスピア観が集中的に表現されている。林紓の認識では、シェイクスピア作品はまず詩として書かれ、それが広く愛唱されたため演劇の上演台本として用いられるようになったのである。序の末尾では、「夜に時間が空き、魏君はたまたまシェイクスピアの要約を一つ二つ取りあげた。私はすぐに明かりをつけて文章にし、二十日で本が書きあがった。その文はすべてシェイクスピアの詩の要約である」と述べ、題名の『吟辺燕語』も〝詩を吟じる場所での親しげな語らい〟の意味であり、ここからも林紓はシェイクスピアを詩人として認識し、『シェイクスピア物語』をシェイクスピアの詩の要約集だと理解していることがわかる。

林紓が『吟辺燕語』の底本を記さなかったのも、ラムが『シェイクスピア物語』を書いたのは単なるシェイクスピア作品の圧縮にすぎず、両者の間には本質的な相違はないと考えたからであろう。この翻訳態度は、一九一六年の歴史劇紹介にも引き継がれる。

林紓がシェイクスピアを詩人とみなしたのは、当時のイギリスの文芸思潮の影響である。シェイクスピア戯曲は韻文で書かれていた。そして十九世紀に入ってロマン派文学観が勃興しその文学性が高く評価されると、イギリスではシェイクスピアは劇作家としてよりも詩人として高く評価される風潮が生じた。シェイクスピア作品の詩としての価値を強調するあまり上演不可能論を唱えたのは、ほかならぬチャールズ・ラムである。林紓が『吟辺燕語』翻訳に当たった二十世紀初年はこのようなシェイクスピア観が支配的だった。林紓はもとより、梁啓超、王国維らもシェイクスピアを詩人とみなしている。

しかしながら、二十世紀に入るとこのシェイクスピア観は逆転し、イギリスはじめ欧米諸国でもシェイクスピアは再び劇作家として認識されていく[11]。

シェイクスピアは劇団の座付き作者であり、彼はまず彼の劇団の上演台本として戯曲を執筆したのである。戯曲自体は、上演時には未公表であった。そして、上演から一定期間がたち名声を獲得した後、初めて戯曲が印刷出版されたのである。今日では研究の進展により、シェイクスピア作品は劇団所属俳優にあてて書かれた部分も多いなど所属劇団の制約を強く受けており、シェイクスピアが自分の頭の中で舞台とは無関係に想像力を働かせて書き上げたものではないという考えが、シェイクスピア研究者の定説になっている[12]。すなわち、シェイクスピア戯曲の実際の発表、受容過程は、『吟辺燕語』序の認識とは完全に逆だったのである。このことを、林紓は与えられた歴史的条件、限界により理解できなかった。

戯曲は上演されることを最終目的とし、そのことを明確に自覚して書かれた文学作品である。戯曲が存在することによって、俳優は舞台で演技できるのである。「上演」という制約があることが、逆に台詞の美しさ、詩情など独自の様式美を生みだす。従って、戯曲の小説化や梗概の翻訳は、戯曲のあらすじ紹介にはなってもその戯曲そのものを翻訳したことにはならない。たとえば、近松門左衛門『曽根崎心中』、『心中天網島』上演パンフレット掲載などの詳細な梗概を翻訳発表した外国人がいたとして、それは『曽根崎心中』

などの内容紹介にはなっても、近松門左衛門作品『曽根崎心中』『心中天網島』そのものの翻訳紹介と言えるだろうか。また、『吟辺燕語』諸編をそのまま用いて、俳優は演技できるだろうか。実際には、文明戯劇団は『吟辺燕語』諸編を上演する際、脚色という作業を経なければならなかった。そして上演舞台は、第一章でみたようにシェイクスピアの元の作品とは大きく異なったものとなったのである。

林紓にも戯曲体文学（伝奇）の創作はある。しかし彼が創作したものは上演とは無関係に書かれたレーゼドラマでしかなく、林紓は演劇作品の本質が理解できなかった。林紓は、小説体に書き直されたラム『シェイクスピア物語』を訳すこととシェイクスピア作品を訳することは同じではないことに、気がついていない。当然、クイラー・クーチ歴史劇小説化作品翻訳にあたっても、原著者としてただシェイクスピアの名前しか出さなかった。林紓は、シェイクスピア作品ではないものをシェイクスピア作品として紹介したのである。

ここで思い出されるのは、『吟辺燕語』に先立つ『澥外奇譚』の訳者が底本を明記していたことである。『澥外奇譚』叙例は同時に「氏は絶世の名優であり、詩詞に長じていた。その編んだ戯曲小説は一世を風靡し、英国空前の大家とされた」と述べていた。シェイクスピアが絶世の名優であったかは異論があろうし、シェイクスピアが小説を書いたというのも誤解である。しかし少なくとも『澥外奇譚』訳者は、シェイクスピアは演劇人でありその作品は戯曲（原文は戯本）であることを理解していた。これと『澥外奇譚』に底本が記されていることは無関係ではあるまい。林紓は、シェイクスピア理解の点では、『澥外奇譚』訳者に明らかに劣っているのである。

林紓は冤罪であるとした樽本照雄氏は「林紓＋陳家麟は、小説化された英文原作にもとづき漢訳した。だが、その書きかえた人物の名前を明らかにしなかった。単にシェイクスピア原著と表記したのは、林紓の間違いになるのだろうか」[13]と指摘したが、これは小説と戯曲の相違を無視した議論である。樽本氏は魯迅の翻訳例をあげて林紓を弁護しているが、林紓『吟辺燕語』と小説体から小説体への翻訳であった魯迅とは性格が異なるのである。樽本氏は更に、イプセン『幽霊』を中国語訳した潘家洵を引いて「たしかに戯曲のままに訳してはいるが、もとづいた英訳については何も記していない」[14]と述べ林紓も同じだと再び弁護している。しかし、これは今日からみて潘家洵の翻訳態度が不十分であることの証明にはなっても、シェイクスピア、イプセン作品ではなくなったものをシェイクスピア、イプセン作品として紹介した林紓とは同一には語れないことは、いうまでもないであろう。

林紓がなぜ『吟辺燕語』などの翻訳にあたって底本を記さなかったか、その理由はもはや明らかであろう。それは、林紓のシェイクスピア観と密接に結びついていたのである。通説発生の主な原因は林紓にある。もちろん、林紓が当時の歴史的条件の強い制約を受けていたことも、確認しておかなければならない。

Ⅳ

しかし、樽本氏は冒頭でも述べたように通説が発生しそれが流布していったのは、新文化運動関係者が運動敵対者としての林紓を意図的におとしめた結果であるとしている。次に、この問題を検討してみたい。

今日、中国現代文学は『新青年』が一九一七年に胡適「文学改良芻議」を、翌月陳独秀が「文学革命論」を発表し、白話文を提唱し新文化運動を起こしたことから始まるとされている。彼らは中国旧文化を強く批判したが、暫くの間は何の反響もなかった。苦慮した『新青年』グループは、なれ合い論争を誌上でおこない、読者の関心を引くことを思いついた。そこで、銭玄同が王敬軒の名で旧文化擁護の投書をおこない、それを反駁する論文を劉半農が執筆し、両者を「文学革命の反響」の題で掲載することにしたのである。劉半農の文は今日「王敬軒への返書」(『復王敬軒書』)[15]の題で知られているが、『新青年』第四巻三号(一九一八年三月)での初出時には題名はない。なれあい論争の真実は、一九三五年鄭振鐸執筆『中国新文学大系・第二集文学論争集』導言によって明らかにされた。

このなれ合い論争の文章には、林紓に触れた部分があった。林紓は当時古文派の大家であり、古文擁護の意見も発表していたからであろう。〝王敬軒〟が林紓を賛美し、劉半農がそれに〝反論〟する形式である。劉半農の〝反論〟の中に、「『吟辺燕語』はもともとイギリスの戯考であるのに、林先生は〝詩〟と〝戯〟の二項を区別していない。その知識は〝豆と麦の区別もつかない〟(愚かの意—筆者)とさして変わりはないのである」[16]という部分があった。『戯考』は当時刊行されていた京劇の観劇手引き書、粗筋集で、同時に戯曲(劇本)も掲載していたがそれは観劇の便を図るためのものであった(後に発行された『京劇大戯考』『越劇小戯考』など戯考と題する刊行物では、劇本集の要素はほとんどなくなる。)劉半農は、『吟辺燕語』が戯考であるなら詩(文学的側面)の項のほかに戯(演劇的側面)の項についても触れなければならないのに、林紓はその区別をつけていないと批判したのである。

樽本氏は劉半農の文を「『吟辺燕語』は、本来は英国の戯曲である。林氏は「詩」と「戯曲」のふたつの区別がついていない」と翻訳し、「林紓は、シェイクスピアの戯曲を小説に書き換えて翻訳してしまった。戯曲と小説の区別もつかないでたらめな翻訳である。そのことをいうのに『吟辺燕語』で代表させた。/なにが重要かといえば、戯曲の小説化というこの指摘は、のちのちまでもくり返して引用されることになるからだ」[17]という解釈を導きだした。しかし、この解釈には無理がある。もし劉半農が樽本氏の言うように戯曲（日本語）と小説の区別もつかないという批判をするなら、劉半農は〝戯考〟ではなく、〝戯本〟〝劇本〟を使うであろう。『吟辺燕語』序は〝余今譯莎詩紀事〟と『吟辺燕語』の原本がシェイクスピアの梗概であることを明記しており、劉半農がそれに気がつかなかったとは考えにくい。樽本氏の「冤罪」説は出発から無理があるのである。

ラムは文学作品としてのシェイクスピア戯曲梗概集として『シェイクスピア物語』を書いたのであり、『シェイクスピア物語』（『吟辺燕語』）が戯考であるというのは劉半農の認識不足であった。ただし、「林先生は〝詩〟と〝戯〟の二項を区別していない」は上述のように林紓のシェイクスピア理解の限界を突いており、後の論者に影響を与えた可能性は否定できない。

翌月、胡適は「建設的文學革命論」を『新青年』第四巻四号（一九一八年四月）に発表し、ここでも林紓のシェイクスピア紹介に触れ「林琴南はシェイクスピアの戯曲を記述体の古文で訳した。本当にシェイクスピアの大罪人だ」と述べた。胡適の文学素養からみてラム『シェイクスピア物語』を知らなかったとは考えにくい[18]。ここでの記述は一九一六年『雷差得紀』以下の翻訳を指しているのであろう。これが胡適の錯覚であるのは樽本氏の指摘の通りである。しかし小説化された底本が明記されていない以上、当時の条件では胡適を一方的に責めることはできないであろう。

この劉半農・胡適の批判は、林紓逝去直後に発表され林紓評価を定めたとされる鄭振鐸「林琴南先生」（『小説月報』第十五巻十一号、一九二四年十一月）に引き継がれることになる。鄭振鐸は次のように述べていた。

さらにもう一つの事がある。林先生は彼の口頭翻訳者によって間違うことになったのだ。小説と演劇は、性質がもともと大きく異なる。しかし、林先生は多くの極めてよい戯曲を小説に訳してしまった——多くの叙述を加え、多くの対話を削り、原本と完全に異なる本にしてしまった。たとえばシェイクスピアの『ヘンリー四世』『リチャード二世』『ヘンリー六世』『ジュリアスシーザー』およびイプセンの『幽霊』はみな彼によって別の本に変えられてしまった——原文の美と風格および重要な対話は完全に消えてしまった。これはまるでチャールズ・ラムが『シェイクスピア物語』でしたようなもので、どうして〝原著者シェイクスピア〟および〝原著者イプセン〟と書く必要があるのか。林先生はおそらく小説と戯曲の区別があまりわかっていなかったのだ。——中国の旧文人はもともと小説と戯曲の区別ができなかった。たとえば『小説考証』は、名前は小説だが、無数の伝奇を含んでいる。だが、口訳者はなぜ彼に言わなかったのだろうか[19]。

鄭振鐸

鄭振鐸によって、林紓はシェイクスピア（およびイプセン）戯曲を小説化して訳したという通説が確立した。これが錯覚であったのは樽本氏の指摘の通りである。だが、鄭振鐸はなぜ林紓が『リチャード二世』などを小説体にして訳したと錯覚したのだろうか。これには、林紓側、鄭振鐸側双方の理由が考えられる。

林紓側の理由として、まずこれまで指摘してきたように、林紓が翻訳の底本を明記しなかったことがあげられよう。歴史劇紹介では、林紓は作品の意義を解説する序文の類も執筆しなかった（『梅孽』には短い〝発明〟があるが、底本などには触れていない。）。

次に、林紓が劉半農、胡適に対して反論しなかったことが挙げられる。林紓自身が戯曲と小説の本質的な相違を区別できなかったため、劉半農、胡適の批判の意味が理解できなかったのかもしれない。劉半農、胡適批判後の『梅孽』も底本を明記していないのは、このことを示している。

鄭振鐸側の原因としては、シェイクスピアの作品の中でも地味な歴史劇であり、林紓の翻訳もそれほど大きな反響を呼ばなかったため、『雷差得紀』などの訳文を検討しなかったことが挙げられる。底本のクイラー・クーチ『シェイクスピア歴史物語集』はラム『シェイクスピア物語』の知名度に遠くおよばず、鄭振鐸がその存在を知らなかったことはまず間違いあるまい。当時の条件では、原著を探すことも困難だった。

林紓はシェイクスピアの戯曲を小説化して翻訳した、という従来の通説は正しくなかった。しかし、戯曲を小説化したもの、すなわちシェイクスピア作品ではなくなったものをシェイクスピア作品そのものとして翻訳紹介した事実は変わらない。だから、「林紓はおそらく戯曲と小説の区別があまり理解できていなかった」という鄭振鐸の判断は、現在でも正しい。鄭振鐸は同時に、口頭翻訳者の責任にも触れ、更に「中国の旧文人はもともと小説と戯曲の区別ができなかった」と述べ、単なる林紓個人の問題ではなく中国の伝統文化に根ざしたものであることも指摘しているのである。公平な判断というべきであろう。

V

しかし、樽本氏の林紓擁護はさらに続く。

等身大の林紓では、陳独秀あるいは銭玄同、劉半農ら文学革命派が抵抗すべき強大な敵対者にはなりえない。彼らが切望したのは、文章を発表して大声で罵って攻撃してくる敵でなければならなかった。さらに軍閥を後ろからあやつり武力をちらつかせて恫喝を加える強力な敵がどうしても必要だった。これが、風説風聞を広め、それを林紓に関係があるように印象づけ、実際よりも数倍にふくらませ、軍閥と関係をもった林紓像が作られた理由である。（中略）結局のところ、林紓批判そのものが文学革命派によって作り出された冤罪事件だった[20]。

樽本氏のこの断定は正しいだろうか。しばらくシェイクスピアから離れて、中国現代文学史の文脈の中でこの問題を考えてみよう。

〝王敬軒〟（銭玄同）と劉半農のなれあい手紙や胡適の批判に対して、林紓はすぐには反論しなかった。しかし、林紓が不快感を覚えたのは間違いない。一年後、林紓は突然反撃に出るのである。

まず、一九一九年二月十七、十八日林紓は文語体小説『荊生』を『新申報』に発表した。荊生という青年が、明らかに陳独秀、銭玄同、胡適をモデルにしたとわかる人物の会話を聞き、怒って彼らを痛めつけるというものである。翌三月十八日には、胡適・陳独秀ら『新青年』グループが拠っていた北京大学の学長蔡元培にあてた古文擁護の有名な公開書簡が『公言報』[21]に発表された。突然新聞に公開書簡を掲載するのは、相手に対して特定の攻撃的意図がある場合がほとんどである。さらに、この公開書簡発表に続けて三月十九日から二十三日にかけて、林紓は再び文語体小説『妖夢』を『新申報』に発表した。『妖夢』では、蔡元培、陳独秀、胡適をモデルとした人物が阿修羅王に食われてしまう。

二つの小説は共に一見して新文化運動の中心メンバーがモデルとわかる人物が暴力をふるわれ痛めつけら

れたり殺されたりする内容であり、林紓が彼らに強い悪意を持っていたことが理解できる。これと前後して林紓は武力で『新青年』グループの打倒を企図している、という風説が北京で広まり、『荊生』『妖夢』はその証拠とされた。

これに対して樽本氏は次のように言う。

> モデルを特定して武力での制圧を意図していると批判する。この『毎週評論』の反応は、どうみても奇妙である。なぜなら、現実と小説という虚構を混同しているからだ。
>
> 虚構と現実は違う。この当たり前のことを、わざわざ書かなくてはならないのは、林紓批判に関しては、この基本原則が無視されるからだ。無視するのは文学革命派の人々とその支持者である[22]。

だが、この樽本氏の批判は妥当か。ここで中国文学における影射の伝統に触れなければならない。影射とは、小説に仮託して現実をあてこすることである。当時の中国にも、小説の内容を事実と受け取る文化風土があった。たとえば数年後に魯迅『阿Q正伝』が発表された際、「この作品が連載された当初、多くの人が、これは自分を風刺、攻撃したのではないかと誤解し、恐れたという話もある」[23]と魯迅研究者の丸山昇は指摘している。林紓が『新青年』グループ、北京大学に強い悪意を持ち暴力で自分たちの打倒を狙っていると描かれた側が(たとえ誤解であっても)受け取った可能性は充分あるのである。樽本氏の主張は、中国文学における影射の伝統を無視している。三島由紀夫の『宴のあと』裁判(一九六一)はじめモデル小説をめぐる日本での各種のトラブルをみても、現在の日本社会でも「小説という虚構は、あらゆる制約から自由である。何をどのように書いてもよい」[24]という樽本氏の考えはとても通用しがたい。

そして、実際にも林紓は軍閥関係者の徐樹錚《じょじゅそう》と密接な関係にあった。徐樹錚（一八八〇―一九二五）は国務院秘書長、陸軍総次長などを歴任した北洋軍閥の将軍である。徐樹錚の子、徐道鄰《じょどうりん》の回想によれば、民国八、九年すなわち林紓と『新青年』グループの対立が表面化した時期には、徐樹錚は毎週水曜日定期的に林紓ら何人かと料亭で食事をするのを常としていた。会食の場では、ほとんど林紓が一人でしゃべっていたという[25]。

多くの人の回想・指摘によれば、林紓は極めて短気な人であったという[26]。林紓の性格と『荊生』などにみられる『新青年』グループへの強い悪意からみて、林紓が徐樹錚らとの会食中『新青年』グループなどを罵倒する放言をしていた可能性は極めて強い。当時林紓は六十七歳で文壇上の高い地位にあり、段祺瑞政権の重要人物である徐樹錚と定期的に会える関係にあった。これに対し『新青年』グループは最年長の陳独秀も四十歳で北京に来たばかりであり、その社会的地位は安定していなかった。辛亥革命後の反革命で大量の革命派・国民党員が軍閥に虐殺された記憶はまだ鮮明だった。

風説の真実性については、文字通りの風説であるとするものと、林紓らは実際に武力制圧を企んでいたが五四運動の勃発で果たせなかった、という二つの説がある。風説の内容をみると、景山に大砲をすえて当時北京城内にあった北京大学を砲撃するなど荒唐無稽なものもあり[27]、これらが単なる放言であり実際の武力制圧を林紓らは考えていなかったことを証明しているようにも思える。しかし、たとえ林紓にその意思がなくとも、放言の内容が尾ひれの付いた風説となって社会に流布し、『新青年』グループ、北京大関係者が強い脅威を感じたことは十分にありうることである。

だが、直後に起きた一九一九年五月四日の五四運動は、林紓と新青年グループの論争を吹き飛ばしてしまった。そして林紓が一九二四年十月十九日一種の遺老として逝去したことは、すでに述べた通りである。

林紓の死の翌月、すでに触れた鄭振鐸「林琴南先生」が『小説月報』一九二四年十一月号に発表された。

この文は「林紓の生涯、思想およびその中国近代文学、現代文学上の貢献に全面的な評価をおこなったものである」[28]とみなされてきた。鄭振鐸は、林紓晩年の守旧の「主張は一つの問題であり、彼の中国文壇での地位は、また別の問題である。彼の一時的な守旧の主張により、彼の文壇上の地位を完全に覆し、彼の数十年の営々とした仕事を完全に埋没させてしまうのは、あまり公平ではないようにみえる」[29]と述べ、林紓に対してかなり高い評価を与えたのである。

これに対しても、樽本氏は「鄭振鐸『林琴南先生』は、評価の公正を標榜しながら根本から公正ではなかった。林訳小説冤罪事件の原点になる論文である。」[30]と述べている。樽本氏がこう述べるのは、先に引用した林紓はシェイクスピア（およびイプセン）戯曲を小説化して訳したという部分があるからだが、それだけではない。「五四時期の文学状況について説明する場合、鄭振鐸が前出『中国新文学大系』第二集文学論争集に掲載した『導論《ママ》』に基づくことが多い。鄭振鐸は当事者の一人であったから事情に詳しいと考えられる。（中略）彼は、文学革命派の一員なのだ。（中略）鄭振鐸の文章は、一方に偏向しているという前提で読まなければならない。」[31]というのである。

だが、この批判も成り立ちがたいと思われる。

一九一九年当時の『新青年』グループをみると、陳独秀（当時四十歳）、魯迅（三十八歳）、銭玄同（三十二歳）、劉半農（二十八歳）、胡適（二十八歳）と二十代の終わりから三十代の者が多く、当時二十一歳であった鄭振鐸とは大きく年齢が異なっている。もっとも、『新青年』グループにも傅斯年《ふしねん》（二十三才）、羅家倫《らかりん》（二十二歳）のように二十代前半のものもいるが、それは彼らが北京大学学生であったからである。これに対して当時の鄭振鐸は北京鉄路管理学校（現、北京交通大学）学生で、北京大学とは無関係だった。『魯迅日記』に鄭振鐸の名が現れるのは、彼が上海に移った後の一九二一年四月十一日からである。鄭振鐸は後に上海で『小説月報』編集の中心人物になり『新青年』グループメンバーと近い位置にいて当時の事情を聞く機会もあったと思われるが、一九一九年当時グループの一員（当事者の一人）だったとは考えにくい。また『新青年』グループの多くは、文学研究会に参加していない。銭玄同・劉半農のなれ合い手紙の事実を明らかにした『中国新文学大系』第二集導言は、「居直った」のではなく、隠されていた事実を記録しようとする鄭振鐸の責任感、良心の現れだと筆者には思える。

これまでの検討から理解できるように、胡適、鄭振鐸は「林紓はシェイクスピア戯曲を小説化して翻訳した」と信じており、故意に事実をねじ曲げたとは考えにくい。胡適は『新青年』戯劇改良特集号を編集し、鄭振鐸は『戯劇』第一巻三号に「光明運動の開始」を寄稿するなど、演劇活動（話劇運動）にも一定の理解があり、小説と戯曲の相違にも敏感だった。林紓の翻訳態度自体に錯覚を引き起こす要因があったことはすでに述べた通りである。樽本氏も「捏造に近い」[32]とは言うが「捏造」とは断定できていないのである。

VI

林訳『雷差得紀』などがシェイクスピア戯曲を林紓が小説化して翻訳したのではなく、クイラー・クーチ『シェイクスピア歴史物語』の翻訳であることを明らかにした樽本氏の発見は重要である。筆者は樽本氏の発見を、中国シェイクスピア受容史研究の貴重な成果と呼ぶことをためらわない。しかし、これまで明らかにしたように、林紓は戯曲と小説の本質的な違いが理解できず、依拠した底本の著者を記さず、これが鄭振鐸らの誤解、錯覚を引き起こす直接の原因となった。〝林紓はシェイクスピアの戯曲を小説化して翻訳した〟という通説が形成された主要な原因は、林紓自身にある。鄭振鐸は、それは中国旧文人全体に共通する問題であり、時代的文化的要因があり、単に林紓個人の問題ではないことも指摘している。鄭振鐸「林琴南先生」は全体としてみれば林紓を高く評価している。通説形成の原因を劉半農、胡適、鄭振鐸ら新文化運動活動家の「恣意的な断定」に求め、林紓は冤罪であったとすることは、歴史的事実に合致しないだけでなく、鄭振鐸らに対する別の冤罪を形成することにつながると思われる。

筆者を含めて、これまで研究者が「『雷差得紀』などはシェイクスピア戯曲を林紓が小説化して翻訳したもの」と記してきたことは事実である。樽本氏は研究者の責任問題を提起しているが、樽本氏によりその間違いが指摘された後は、可能な方法で事実関係を訂正すればよい。これが研究者の責任の取り方である。本論文発表も、筆者なりの責任の取り方の一端である。同時に林紓がシェイクスピア作品ではないものをシェイクスピア作品として翻訳紹介したのも事実であり、鄭振鐸の「林紓はおそらく戯曲と小説の区別があまり理解できていなかった」という見解など、中国シェイクスピア受容史の本筋は訂正する必要はないと私は考える[33]。

註

1——〞林紓的訳作《吟辺燕語》在中国莎学发展史上占有十分重要的地位，它不僅影響到一代文学戯劇大家，而且成為中国文明戯時期上演莎劇的藍本。〟孟憲強《中国莎学簡史》（東北師範大学出版社、一九九四、一〇頁）ほか。

2——樽本照雄『林紓冤罪事件簿』清末小説研究会、二〇〇八。なお、以下『事件簿』と略記。

3——『事件簿』三四五頁

4——この伝記部分は、主に次の文献による。薛綏之、張俊才編《林紓研究資料》（福建人民出版社、一九八三）、林薇編《百年沉浮—林紓研究総述》（天津教育出版社、一九九〇）、張俊才《叩問原題的消息》（中国社会科学出版社、二〇〇六）、張俊才《林紓評伝》（中華書局、二〇〇七）、増田渉『中国文学史研究』（岩波書店、一九六七）、宮尾正樹「林紓—外国語のできない翻訳者」（『しにか』三月号、一九九五）、樽本照雄『林紓冤罪事件簿』（清末小説研究会、二〇〇八）。

5——張競『近代中国と「恋愛」の発見』岩波書店、一九九五

6——詳細は瀬戸宏『中国話劇成立史研究』（東方書店、二〇〇五）を参照されたい。

7——訳出にあたって、《林紓訳著経典》（一—四）の一部として出版された二〇一三年上海辞書出版社版《吟辺燕語》を底本とし、中華民国三年六月初版《吟辺燕語》ほかのテキストを参照した。

8——未見。張俊才《林紓評伝》（中華書局、二〇〇七）付録《林紓翻訳目録》による。このほか、孟兆臣《中国近代小報史》（社会科学文献出版社、二〇〇五）によれば、莎士比亜原著、林紓・陳家麟同訳《欧史遺文》（《上海亜細亜報》一九一五年九月十日—十月三日）があるというが、張俊才の目録にもなく詳細不明。

9——中国語訳は、湯真訳《莎士比亜歴史劇故事集》（中国青年出版社、一九八一）。日本語訳は、クキラ・クウチ氏原著、課外読物刊行会編集部訳編『シェクスピア史劇物語』（課外読物刊行会、大正十四年）。同書はコリオレーナス、ジュリアス・シーザー、ジョン王の三作に序とシェイクスピア小伝を付したもの。なお、クイラー・クーチの原書は、下記のサイトに全文掲載されており、無料でダウンロードできる。http://www.archive.org/details/historicaltalesf00quiluoft

10——ノルウェイ・オスロのイプセン研究センター（Centre for Ibsen Studies）に所蔵されている。発行年は、同センター蔵書検索機能による。

11——『じゃじゃ馬ならし』を中心にこの過程を分析したものに、小林かおり『じゃじゃ馬たちの文化史』（南雲堂、二〇〇七）がある。

12——「近現代の戯曲なら、小説の人物描写のように、頭のなかだけでイメージされた人物像もありえる。

詩人シェイクスピアも、同じように想像力を働かせて劇世界を創りあげたのだという議論も一見成り立ちそうだが、その議論が成立しえない決定的要因は、エリザベス朝の公演はプロデュース制ではなく、少人数の劇団制であったことだ。座付き作者シェイクスピアは、ともに舞台に立つ役者仲間の演技ぶりや肉体的特長を、ある程度は頭のなかに入れながら作劇する必要があったのである。」（河合祥一郎『ハムレットは太っていた』白水社、二〇〇一）。なお同書は、著者がケンブリッジ大学に提出した博士論文を書き直したもので、サントリー学芸賞を受賞するなど高い評価を得た。

13 『事件簿』二五九頁

14 『事件簿』二八〇頁

15 鄭振鐸編《中国新文学大系・第二集文学論争集》（良友図書公司、一九三五）では《覆王敬軒書》となっているが、建国後の資料集などでは《复王敬轩书》となっているので本文では《復王敬軒書》と表記した。复は覆の簡体字ではない。

16 原文を挙げておく。〝吟辺燕語本來是部英国的戲考，林先生於〝詩〟〝戲〟兩項，尚未辨明，其知識實比〝不辨菽麥〟高不了許多〟。

17 『事件簿』四七頁。引用文の／は改行。

18 胡適の日記に基づく平田昌司作成「胡適がアメリカ留学期間に読んだ文学書」（平田昌司「胡適とヴィクトリアン・アメリカ」『東方学』第百十五輯、二〇〇八年一月）には、ラム『シェイクスピア物語』はないが、シェイクスピア諸作品や『チャールズ・ラム書簡集』がみえる。『シェイクスピア物語』を知っていたと考えてほぼ間違いあるまい。

19 筆者が使用したテキストは《林紓研究資料》収録のもの。

20 『事件簿』一七一頁

21 《公言報》は北京・中国国家図書館にマイクロフィルム（縮微）で所蔵されており、閲覧可能。

22 『事件簿』一五三頁

23 丸山昇『魯迅　その文学と革命』平凡社、一九六五年七月、一六二頁

24 『事件簿』一五四頁

25――徐道鄰編述《徐樹錚先生文集年譜合刊》臺灣商務印書館、民國五一年六月、一七一頁
26――無署名《林紓伝略》林薇《百年沉浮　林紓研究総述》天津教育出版社、一九九〇年十月ほか
27――張俊才《叩問現代的消息―中国近代文学専題研究》三三七―三三八頁
28――張俊才《林紓年譜简编》《林紓研究資料》福建人民出版社、一九八三
29――鄭振鐸《林琴南先生》
30――『事件簿』三五三頁
31――『事件簿』三四頁。なお樽本氏は自己の個人サイトで文中の導論を導言に訂正している。
32――『事件簿』三四五頁
33――彭建華は、《論林紓的莎士比亜翻訳》(《福建工程学院学報》五期、二〇一二)、《林紓、陳家麟翻訳的《亨利第六遺事》考辨》(《閩江学院学報》六期、二〇一三)で、《亨利第六遺事》にはシェイクスピア『ヘンリー六世』の台詞が大量に盛り込まれていることを指摘し、林紓のシェイクスピアについての知識は今日思われているよりずっと豊かであったと述べている。しかし《亨利第六遺事》が戯曲体ではなく小説体で訳されていることは変わらず、本章の結論は変更する必要は無いと考える。

第三章

戯劇協社『ヴェニスの商人』公演（一九三〇年）をめぐって

一九三〇年五月の戯劇協社第十四回公演『ヴェニスの商人』(『威尼斯商人』顧仲彝訳、応雲衛演出)は、中国最初の本格的シェイクスピア上演であった。しかし、この公演に対する本格的研究はまだ見られない[1]。本稿では、まずこの公演の背景を分析し、次に筆者の調査に基づいた公演の具体的特徴を明らかにしたい。更に、中国最初の厳格なシェイクスピア上演が『ヴェニス』だった理由と中国の受容の特徴を考察し、最後にもう一度この公演の意義を確認したい。

I

まず、公演の背景となる清末・中華民国期（十九世紀末―一九四九）の『ヴェニスの商人』受容を概観しておきたい[2]。

中国で最初に『ヴェニスの商人』の内容が中国語で伝えられたのは一九〇三年訳者不明『澥外奇譚』（達文社）である。これはラム『シェイクスピア物語』中十篇の翻訳で、『ヴェニス』は「第二章　燕敦里《アントニー》は金を借り肉を切ることを約束する」（『燕敦里借債約割肉』）という題で紹介された。翌年、林紓・魏易訳『吟辺燕語』（商務印書館）が出版された。これは『シェイクスピア物語』全訳で、『ヴェニス』は「肉券」の題で訳されている。『吟辺燕語』は林紓の訳文の巧みさもあり、広く読まれ、後述するように脚色上演も盛んに為された。これに対し、『澥外奇譚』は全訳ではないことなどもあり、『吟辺燕語』盛行の前に忘れられていった。

戯曲の最初の全訳は一九二四年刊行の曽広勲《そうこうくん》訳『威尼斯商人』（新文化出版）とされる[3]。曽広勲訳で『威尼斯商人』という訳名が定まった。次に現れたのが、顧仲彝訳『威尼斯商人』で、本稿の主題である戯劇協社公演の上演台本である。一九三〇年新月書店から刊行され、翌年商務印書館から再版された。シェイクスピアや『ヴェニスの商人』を紹介するかなり長い序文がついている。

その後、一九四九年中華人民共和国建国に到るまで、次の訳が出版されている。

一九三三年　陳治策訳『喬装的女律師』（出版社不詳）
一九三六年　梁実秋訳『威尼斯商人』（上海商務印書館）
一九四二年　曹未風訳『微尼斯商人』（貴陽文通書局）
一九四七年　朱生豪訳『威尼斯商人』（世界書局）

このうち、梁実秋訳は台湾版シェイクスピア全集に、朱生豪訳は中国大陸版シェイクスピア全集にそれぞれ収録され、広く普及した訳本である。

中華人民共和国建国後の主な訳には次のものがある。

一九五四年　方平訳『威尼斯商人』（平明出版社）

『ヴェニスの商人』は戯曲であるから、上演されることによってその芸術的役割が完成する。初期の『ヴェニス』上演はどのようなものだったのだろうか。

中国における最初の上演は、一八九六年七月十八日、セント・ジョーンズ書院（約翰書院）夏学期修了式での法廷の場上演とされている[4]。これは、今日まで確認されている最も早い学生演劇上演でもある。英語による上演であった。本稿では、これ以後の学校内英語上演は取り上げないことにする。

中国語での上演は、第一章でみたように城東女学が一九一一年頃『女律師』（律師は弁護士の意）を上演している。これは包天笑の脚色である。その後文明戯によって『肉券』の脚色上演が行われた。筆者の調査では一九一四年四月五日新民社『女律師』が最初で、その後も民鳴社、笑舞台などで何回か上演されている。

文明戯隆盛の頂点である一九一四年五月五日の六大劇団連合演劇でも、演目の一つになっている[5]。文明戯は中国伝統演劇と話劇の中間的形態で、その多くは幕表と呼ばれる梗概をもとに俳優の即興で舞台を進めていくものであった。『吟辺燕語』で紹介された二十編はすべて脚色上演されているが、『肉券』は第一章でみたように文明戯最盛期の一九一四年に刊行された範石渠『新劇考』(中華図書館)に詳細な幕表が収録されている。『肉券』は最も歓迎された演目であったことがわかるが、幕表をみると、当時の西洋認識水準に基づいて原作を無視した荒唐無稽な脚色がなされている。舞台がヴェニスなどではなくロンドンであったり、シャイロックがユダヤ人であることが明記されていなかったりするなどである。

ただし、一九一九年刊行の鄭正秋『新劇考証』(上海中華図書集成公司)収録の梗概はほぼ『吟辺燕語』に基づき、シャイロックがユダヤ人であることも明記されている。五年間の中国西洋理解の進歩を示すのだろうか。

一九一九年の五四運動以後には、同年十二月の景賢女学など『肉券』が学校演劇として対外上演されたこともいくつか報道されている[6]。脚色の詳細は今日ではわからなくなっている。

そして一九三〇年に至って、戯劇協社『威尼斯商人』が上演された。戯劇協社公演がそれ以前の文明戯などの『肉券』上演と画然と異なるのは、シェイクスピア戯曲の完全な翻訳上演であったことである。その後、『ヴェニスの商人』は国立劇専(国立戯劇学校)でも二回上演されている[7]。

『ヴェニスの商人』受容史で指摘しておきたいことは、民国期(一九一二—一九四九)、特に後半の時期の中国話劇主流は左翼系演劇であり、その中でシェイクスピアは散発的に上演されるに過ぎなかったということである。しかしこのような状況にあって、中国の研究者が「『ヴェニス』の中国への伝播をみると、この劇はすでに中国の舞台で上演が最も頻繁な外国演劇、シェイクスピア劇になっている」[8]と指摘しているように、『ヴェニス』は清末から民国期において最も盛んに上演されたシェイクスピア演目であった。孟憲強『中国莎学簡史』は、清末民国期の『ヴェニス』上演回数を八回としている。しかし『中国莎学簡史』には文明戯時代を中心に見逃している公演が多数ある。文明戯時代の上演数がはっきりしないので、正確な上演数は今は不明だが、十回を越えることは確実である。なお『中国莎学簡史』によれば、第二位は『ロミオとジュリエット』である[9]。

II

戯劇協社はなぜ一九三〇年に『ヴェニスの商人』上演を決定したのだろうか。

戯劇協社は一九二三年一月十四日上海で創立された[10]。このため上海戯劇協社と呼ばれることもあるが、新聞広告などでは常に戯劇協社を劇団名称にしている。一九二四年にワイルド『ウィンダミィア卿夫人の扇』を翻案した『若奥様の扇』（『少奶奶的扇子』）を洪深《こうしん》の翻案・演出で成功のうちに上演し、中国話劇を確立させた劇団として知られている[11]。戯劇協社は上海で最も影響力のある劇団となった。しかし二〇年代後半内紛などが起き劇団の力量は落ち、芸術上でも混迷を深めていた。以降の戯劇協社の歩みを、簡単にみておこう[12]。

一九二四年十二月（七日、十四日、二十一日、二十二日、二十五日）、欧陽予倩《おうようよせん》『家に帰って』（回家以後）、汪仲賢『よい子』（好児子）、徐半梅『月下』の三つの一幕劇をオムニバス公演として拠点の中華職業学校・職工教育館（南市陸家浜路）で上演した[13]（第八次公演）。なお、第十二次公演までの劇場はすべて職工教育館である。

一九二五年五月、イプセン『人形の家』を欧陽予倩の翻案、洪深の演出によって『傀儡之家庭』の題名で上演した（第九次公演）。この公演は戯劇協社が力をいれた公演だったが、不幸なことに五三〇事件とぶつかり、ほとんど反響を呼ぶことはなかった。

一九二六年一月（十日、十七日）、第十次公演として洪深翻案『黒蝙蝠』を上演した。資産家と強盗の話というが、その詳細な内容はすでにわからなくなっている[14]。

同年十月（十日、十六日、十七日、二十三日、二十四日）『第二の夢』（第二夢）上演を第十一次公演としておこなった。『第二の夢』は、イギリスの劇作家バリー（Barrie）[15]の戯曲『やあ、ブルータスさん』（*Dear Brutus*）を洪深が翻案した「人生哲理の戯曲」[16]である。人生を第一の夢として、やり直しの第二の夢が実現しても人間は満足しない。人間の人生に対する永遠の不満を表現している。バリーは、今日『ピーター・パン』の作者として記憶されている。『第二の夢』は、翌十一月（十四―十六日）ただちに再演された（第十二次公演）ように、公演としてはひとまず成功した。しかし戯劇協社メンバーの顧仲彝は、この劇の内容は上海の観客には「少し高遠すぎ、難しすぎて、多くの人は観てもわけがわからなかった」[17]と回想している。

しかも、戯劇協社ではこのあと内紛がおこり、公演は一時期途絶える。銭剣秋《せんけんしゅう》、王毓清《おういくせい》ら『若奥様の扇』を成功させた女優たちは戯劇協社から去り、洪深も戯劇協社から遠ざかり、応雲衛が劇団リーダーとなった。

応雲衛（一九〇四―一九六七）は上海に生まれ、七歳で父と死別し、実家のある寧波で私塾に学んだ。一九一五年に十一歳で再び上海に出て働きながら夜学などに通う。一九一九年の五四運動の影響下で演劇に関わり始め、戯劇協社の結成に参画し、中心メンバーの一人となった。戯劇協社が一九三三年以降活動を停止した後も、演劇、映画の双方で重要な役割を果たし、抗日戦争中は重慶でこの時期の中心的劇団の一つである

応雲衛

中華劇芸社〔中芸〕を組織し、社長・演出家として活躍した。彼の立場は、共産党に好意的な無党派演劇人というものであった。中華人民共和国建国後は上海江南電影製作廠長などを歴任し主に映画監督として活動するが、話劇の演出も引き続きおこなった。文革初期に「反動学術権威」とされ、造反派によって市街を引き回される中で死亡した[18]。

応雲衛のもとで、戯劇協社は一九二九年五月二十五日、六月二日約三年ぶりに第十三次公演として『血花』を上演した。この劇は、サルドゥー『祖国』を汪仲賢が翻案したもので、北伐完成後の情勢にあわせた「革命の劇」[19]であった。しかし、その内容は革命政党としての国民党への崇拝が知識青年層の間で薄れた時期に国民党を賛美するなど内容に問題があり、「この劇の上演は、誰もが認める失敗だった」[20]

混迷を脱するために戯劇協社がこの時選択した道は、西洋名作劇上演だった。顧仲彝は、公演とほぼ同時に刊行された単行本『ヴェニスの商人』序で、次のように述べている。〔〔 〕は筆者の補足、以下同じ〕

〔民国〕十八年〔一九二九年〕冬、何回か討論し、欧米古典劇を上演することで再び協社の旗を振ることを決定した。当時この計画を決定したのはいくつか理由がある。

一、中国の戯曲は不足しており、欧米の翻訳に向かわないわけにはいかないが、欧米現代戯曲で真に中国の舞台に運べるものは非常に少ない。〔欧米の現代物質文化と中国の社会は根本的に異なっており、道徳精神や意識観念もみな異なっている。翻案した戯曲は十中八九が無理におこなったものである〕最も妥当な方法は、欧米の名声が確立して久しい古典劇をもっぱら上演するのがいちばんよい。時代や国別の違いがないのである。

二、協社の組織は研究を基礎としており、西洋演劇の精華を究めんと欲している。古典派戯曲から手を付けるのが最も穏当である。（名作劇は長く伝承されており、さまざまな参考模倣もかなり容易い）そのため一八年大晦日の宴席で、世界第一の名劇作家シェイクスピアから手を付けることを決定したのである[21]。

顧仲彝の発言は、『ヴェニスの商人』上演は『第二の夢』『血花』とは異なる新しい要素があることをも示している。翻案劇から翻訳劇への変化である。顧仲彝の目には、中国話劇のそれまでの翻案劇は西洋戯曲の内容を舞台で厳密に再現することを避ける不十分なものに映った。彼はまず西洋演劇を正確に紹介することをめざしたのである。しかし現代劇では観客に受け入れられるか不安が残る。そのため名声が確立したシェイクスピアを選び、戯劇協社上演演目としたのである。戯劇協社『ヴェニス』上演は、中国最初の本格的シェイクスピア上演であると同時に、厳格な翻訳劇上演の中国での最も早い一つという二つの演劇史的意義があったのである。顧仲彝の提案が戯劇協社という集団に受け入れられたところに、時代相をみることができる。

後に応雲衛も中華人民共和国建国後の回想で、戯劇協社の芸術路線転換を顧仲彝と同様の内容で説明している[22]。哲理劇の『第二の夢』、ブルジョア革命賛美の『血花』、西洋古典劇の『ヴェニスの商人』と続く戯劇協社芸術路線の紆余曲折は、それ自体が成立からまもない草創期中国話劇の試行錯誤の一つの典型であった。なお、この時期には辛酉《しんゆう》劇社『ワーニャ伯父さん』、復旦劇社『シラノ』などの翻訳劇も出現している[23]が、戯劇協社『ヴェニス』上演は影響力では群を抜いていた。

顧仲彝は『ヴェニスの商人』翻訳者であると同時に、戯劇協社の上演決定・準備にも重要な役割を果たしたので、略歴を紹介しておこう。顧仲彝（一九〇三―一九六五）は浙江省余姚県に生まれ、省立中学などを経て南京高等師範英文科に学んだ。やはり五四運動で演劇に目覚めている。戯劇協社『ヴェニス』上演時は、上海曁南大学教員であった。抗日戦争中は上海にとどまり演劇活動に従事した。中華人民共和国建国後は上海文化局の職員となり、一九五七年から上海戯劇学院教授となり西欧演劇史、劇作概論などの科目を担当した。一九六五年ガンで逝去した。没後、『編劇理論与技巧』（中国戯劇出版社、一九八一）、『顧仲彝戯劇論文集』（中国戯劇出版社、二〇〇四）が出版された[24]。

III

戯劇協社はなぜ数多いシェイクスピア作品の中から『ヴェニスの商人』を上演演目に選んだのだろうか。顧仲彝らの発言は、なぜシェイクスピアなのかは説明しているが、『ヴェニス』を選んだ理由には触れていない。当時の公演報道なども同様である。『ヴェニス』選定問題は本文第六節で考察することにして、先に上演経過を確認しておこう。

当時上海で発行されていた新聞『申報』『民国日報』をみると、『ヴェニスの商人』公演について上演広告以外に、『申報』では二十編、『民国日報』では九編の報道、劇評などが掲載されている[25]。最初の記事は五月一日付『申報』で、戯劇協社がまもなく『ヴェニス』上演をおこなうこと、十六世紀イタリアの衣装を多額の経費をかけて忠実に考証すること、応雲衛の自宅を稽古場にして公演準備が進んでいることなどが報

戯劇協社『ヴェニスの商人』上演広告
（『申報』1930年5月17日）

道されている。この後も、『申報』五月六日、十日および公演初日の十七日、『民国日報』五月三日、九日に紹介記事がある。戯劇協社からの働きかけもあったろうが、この公演が上海の文芸界、知識階層の間で大きな注目を集めたことを示している。出演俳優多数のため戯劇協社メンバーだけではまにあわず交通大学、滬江大学、愛国女学など上海主要学生劇団メンバーを招いたこと、三千元以上の上演経費をかけたことなどが紹介されている。

そして公演は戯劇協社第十四次公演として一九三〇年五月十七日、十八日、二十四日、二十五日（いずれも土日）の四日間おこなわれた。中国の演劇史では四回公演としているが、上演広告には日場（マチネー）：午後二時半より、夜場（ソワレ）：夜七時半よりとあるので、計八回上演と思われる。劇場は北四川路・中央大会堂だった。広告には俳優表はないが、顧仲彝訳『威尼斯商人』序には配役が紹介されている。（かっこ内は、小田島雄志訳の役名である。）

威尼斯公爵（ヴェニスの公爵）――陳仁炳
摩洛哥王子（モロッコ大公）――唐吉春
阿拉岡王子（アラゴン大公）――呉楨
安東尼（アントーニオ）――黄一美

白山奴（バサーニオ）――陳憲謨
沙衲尼（ソラーニオ）――趙伯成
薩履諾（サレーリオ）――楊雋
葛蘭西（グラシアーノ）――王剣侯
羅倫助（ロレンゾー）――孫敏侯
夏労克（シャイロック）――沈潼
邱伯（テューバル）――宋文標
高樸（ゴボー）――楊子寛
老高樸（老ゴボー）――陳仁烈
李乃徳（リオナード）――銭汝霖
白賽澤（バルサザー）――王宝梁
濮茜亜（ポーシャ）――虞岫雲
南麗莎（ネリッサ）――顧秀中
夏惜凱（ジェシカ）――蘇宛君
書記――孫弼伍
貴族――陳学新、程澤民、葛志良、孫洵、徐仲綦、王玉書

六年前の『若奥様の扇』に出演していた俳優はバサーニオに扮した陳憲謨だけである。戯劇協社メンバーの流動性の激しさを物語るものであろう。

この公演は、「俳優は熟成した成績を収めた。これは人を極めて敬服させ、たいへんな進歩といわないわけにはいかない」（『申報』五月二十五日付）「私たち観客の頭の中で消え去りがたい」（『申報』六月六日付）などの劇評に示されるように、好評であった。そのため、約一ヶ月後の六月二十一、二十二日に第十五回公演として四馬路（現在の福州路）・丹桂第一台で再演された[26]。初演は上海中心部からやや離れた劇場だったが、再演は上海屈指の繁華街である。この再演は応雲衛の回想を元にこれまで一九三〇年七月とされてきたが、上演広告に拠れば六月の誤りである。再演に当たって俳優の交代などを記した新聞記事は特にみあたらない。公演はこれで終わったが、『申報』七月十七日、二十一日記事に拠れば、中華職業教育社定期大会兼全国職業教育機関連合会定期大会の遊芸会で『ヴェニスの商人』が上演されている。中華職業教育社は、戯劇協社が所属している中華職業学校の上部団体である。これ以後は上演に関する情報はない。

一方、初演の報道には別の声を伝えるものもある。『申報』五月二十四日付記事は「ある大学の一部のプロレタリア階級を自認する学生は公然とスローガンを貼り、このような貴族の色彩が濃厚すぎる演劇上演を攻撃している。」と記している。三回の食事代相当の六角（一元は十角）を払って観劇したという学生は、三千元をかけたこの舞台が「お坊ちゃん、お嬢さまの暇つぶしに役立つほか、どんな意義と価値があるだろうか」（『民国日報』五月二十一日付）と投稿した。初演直後から反対意見もあったことは注目される。しかし反対意見が報道されること自体、反響の大きさを物語る

戯劇協社『ヴェニスの商人』再演広告
（『申報』1930年6月21日）

ものである。「芸術界の論戦を引き起こしたかのようであるのは、この社の諸君がまた誇りとするに足りることであろう」（『申報』五月二十四日付）

IV

この公演の戯曲（上演台本）は、すでにみたように顧仲彝訳『ヴェニスの商人』である。単行本序文によれば、上演に当たって内容を一部整理しているが、ほぼ原文に忠実である。顧仲彝も自己の翻訳の特徴を「一つ自信があるのは、シェイクスピアの戯曲にあるものはすべて訳し、決して削ったりみだりに付け加えたりしていないことである。忠実の二字に合致している」（単行本序文）と述べている。顧仲彝は「私は散文で訳した。上演に便利だからである」（同）とも述べている。

顧仲彝訳『ヴェニスの商人』表紙

詩体で翻訳しなかったのは、上演のための最初の訳であり、中国話劇のそれまでの短い歴史には詩劇はほとんどなかったことを考えると、やむをえないことであろう。そして序文の最後で顧仲彝は「もしこの劇が幸いにしてかなりの成果をあげることができれば、私は続いて *Romeo and Juliet, Macbeth, Hamlet* などを訳する準備をしている。戯劇協社も受け取る準備をしている。」（同）と宣言している。戯劇協社は決してシェイクスピア上演を『ヴェニス』公演限りにするつもりはなく、シェイクスピア作品を引き続き上演していく考えだったのである。
上演の責任者である演出家の応雲衛については、次のような文章が新聞に出た。

最近彼は中国で標準語によるシェイクスピア戯曲上演を努めて提唱している。（中略）彼は劇の衣装――欧州十六世紀の衣装――と当時のヴェニスの風俗習慣に対して、手袋、楽曲に至るまで詳細に研究している。彼は、現在の舞台劇がただ空想と憶測だけで数百年前の人民の衣装やすべての風俗習慣を決めてしまうのを望まない。（『申報』五月二十六日付）

応雲衛も、当時の理解による西洋風俗の正確な再現を目指したことがわかる。翻訳者（上演台本作成者）と演出家の間に見解の差異はなかった。
俳優については、シャイロックを演じる沈潼《しんどう》に称賛が集中している。六月二十二日付『申報』に「ヴェニスの商人中の沈潼」と彼の名を題する報道が出るなど、四編の劇評・報道が彼を具体的に論評している。そのうちの二編を紹介する。

かなり観客に深い印象を与えるのは、やはり沈潼君のシャイロックであろう。たいへんにずる賢い凶悪さと、人に悲運を強いて逆に悲運が自分の頭に覆い被さってしまった後悔の情を十分に表現している。（『申報』五月二十五日付）

沈潼君のシャイロックで最もよく善を尽くし美を尽くしているのは、ヴェニスの法廷での幕の表情であ

『ヴェニスの商人』（第二幕）

『ヴェニスの商人』（場面不明）

る。たいへんに演じるのが難しいのだが、沈君の演技はいたせりつくせりで、ほんとうにペンでは表現が難しい。（『申報』六月六日付）

これ以外の俳優については、言及は多くない。ポーシャの虞岫雲《ぐゆううん》は、「良いという部類に入る。ただし残念ながらしゃべり方が早すぎて多くのところで真に迫っていない。美中の不足というべきである。」（『申報』六月六日付）という評がある。シャイロックの下から逃げ出すジェシカ（蘇宛君《そえんくん》）について「彼女は現代中国の一部の女性の典型である。中国の女性は、彼女のように頑固な家庭と理由のない礼教という二重の圧迫を受けている」（『申報』六月二十四日付）と、中国の現実と結びつけて解釈する劇評もある。後の、シャイロックの悲劇性への注目につながる鑑賞姿勢であろう。

上述のように一部に批判的な意見もあったものの、報道、劇評は概して好意的である。戯劇協社の真剣な取り組みが観客の心を動かしたというべきであろう。戯劇協社は、ひとまず成功のうちに目的を達成することができたといえよう。

今日からみれば、一九三〇年の戯劇協社の上演態度は西洋の模倣にすぎないように見えるかもしれない。しかし、模倣はそんなに簡単なことなのだろうか。舞台上で自国の言語によって西洋の物語を表現するためには、相当な努力と知性を必要とするのである。そして、中国演劇ひいては中国社会の西洋理解は、一九三〇年に至ってようやくそのような努力の実行を可能にし、上演成功というかたちでそれを受け入れるまで深まってきたのであった。一九〇三年に『澥外奇譚』によって本格的なシェイクスピア紹介が開始されてから、約三十年が経過していた。

V

しかし、顧仲彝が『ヴェニスの商人』序文で述べたシェイクスピア作品の引き続いての上演はなされなかった。それはなぜか。

直接の理由は、衣装や舞台装置に多額の経費を掛けた結果、大幅な赤字となって劇団財政を圧迫したことがあげられる[27]。戯劇協社が次の公演を行うまで三年の時間を必要としたのである。次に、顧仲彝の訳文がかなり晦渋であった。晦渋というのは、顧仲彝訳を通読した本論筆者の実感でもある。顧仲彝訳は刊行直後を除いてその後再出版されていないことも、訳文の質に問題があることを示している。劇評などでも、俳優の演技は賞賛しても、顧仲彝の訳文を評価したものは見当たらない。顧仲彝も自己のシェイクスピア翻訳能力の限界を自覚したのか、その後二度とシェイクスピア作品翻訳をおこなわなかった。より根本的な問題として、一九三〇年代の時代思潮もシェイクスピア上演に不利であった。顧仲彝は上演三年後に発表した「戯劇協社の過去」の中でこう述べている。

〔『ヴェニス』〕上演の結果観客の一致した賞賛を得たが、批評家の側は協社が時代と環境の道を離れることに極めて不満であった。確かに、民一九〔一九三〇年〕以降の中国は各方面で恐慌・窮迫・困苦が度重なる状況であった。農村の破産、工業の衰退、民衆の失業が日ごとに増加した。強盗は横行し、内戦はうち続いた。国外の帝国主義は獰猛な様相をいよいよ露わにし、国内の封建勢力の拡大・増加・圧迫はますます激しくなった。この風雨が吹き荒れ煙霧がたちこめる環境の中で、古典派は重心力を失い、唯美派は必要性を失った。加えて九一八事変〔満州事変〕は熱心な青年をいっそう奮い立たせ、分に安んじていた者たちを学業から離れ運動に参加するよう促した。協社は計画を新たに定めて、時代環境のために極めて差し迫った義務を尽くさないわけにはいかなくなった[28]。

顧仲彝の言う新たな計画とは、左翼演劇を上演することであった。『ヴェニスの商人』上演前年の一九二九年に起きた世界大恐慌は中国にも大きな影響をもたらし、引用文にもあるように中国社会は混沌とした状態に陥り、特に知識階層の危機感は強まった。この社会状況は、一九三四年出版の茅盾《ぼうじゅん》の長編小説『子夜』などに活写されている。中国演劇界もこのような時代状況の下で大きく変わりつつあった。一九二九年十月には芸術劇社が生まれ、中国で最初にプロレタリア演劇のスローガンを打ち出した。文学界では一九二八年、二九年の革命文学論争を経て三〇年三月中国左翼作家連盟が成立した。それまでロマンチックな作風で知られた南国社の田漢は一九三〇年五月に長文の評論「私の自己批判」を『南国』誌上で発表、「左傾」を表明し、演劇界に大きな影響を与えた。これらを受けて演劇界でも一九三〇年八月左翼劇団連盟が成立した。すでにみたように、戯劇協社『ヴェニス』公演には、時代にそぐわないという批判が上演時から寄せられていた。

そして三年間の沈黙と準備を経て、戯劇協社は一九三三年年九月（十六―十八日）柳条湖事件二周年としてトレチャコフ『吼えよ中国』（『怒吼吧，中国！』、邦訳名『吼えよ支那』）を上演する。この上演も翻案ではなく翻訳上演であった[29]。

ここで指摘しておきたいのは、戯劇協社が『吼えよ中国』上演に踏み切ったのは、戯劇協社財政好転が理由ではないということである。応雲衛は建国後の回想で、協社の財政は依然として苦しく、借金と予約券販売を主な財源とした、と述べている[30]この無理がたたって、『吼えよ中国』は戯劇協社最後の公演となってしまう[31]のだが、戯劇協社が経済的困難を顧みず上演した演目が、一度は公式に予告したシェイクスピアではなく左翼演劇であったことは、時代思潮の影響というほかない。

中国に於ける次のシェイクスピア上演は、一九三七年六月四日からの業余劇人協会『ロミオとジュリエット』、同年六月十八日からの国立戯劇学校『ヴェニスの商人』上演まで七年間待たなければならなかった。

『ヴェニスの商人』（第四幕）

VI

最後に、戯劇協社がなぜ最初のシェイクスピア上演に『ヴェニスの商人』を選んだか、考えてみたい。第三節でみたように、公演指導者である顧仲彝、応雲衛も、報道・劇評の多くも、なぜ『ヴェニス』かはまったく触れていない。後に国立戯劇学校（国立劇専）は卒業公演をすべてシェイクスピア作品で行うことを予定し、第一回卒業公演を『ヴェニス』としたが、やはり『ヴェニス』選定の理由は特に述べていない。一九三〇年代の中国では、最初のシェイクスピア上演に『ヴェニス』を選ぶことは、改めて確認するまでもない自明のことだったと考えるほかない。

第一節で述べたように、『ヴェニスの商人』は清末・民国期の中国で最も歓迎されたシェイクスピア作品であった。これが、シェイクスピアといえばまず『ヴェニス』という意識を生んだと思われる。しかし、二十一世紀の中国や日本では、『ヴェニス』はすでに最も人気のある作品ではなくなり、『ハムレット』などにとって代わられており、今日の感覚ではなぜ『ヴェニス』だったか、わからなくなっている。従って、戯劇協社がなぜ『ヴェニス』を選んだか、という問いに十分に答えるには、清末民国期の中国でなぜ『ヴェニス』が歓迎されたか、という問題を考えない訳にはいかないのである。しかし、筆者の知る限り、中国で刊行されたシェイクスピア受容史研究は『ヴェニス』が最も歓迎された演目であったことは述べているが、その理由に触れたものはない。『ヴェニス』が歓迎された理由は、研究上の盲点になっているのである。

この問題を考える上での決定的な証拠は現在まで見つかっていないのだが、手がかりはある。初期シェイクスピア紹介での訳名、脚色上演時の題名およびどの場面が抜粋上演されたかである。題名や上演場面選定には、当時の中国人が『ヴェニスの商人』のどの部分に最も強く関心を持ったかが、集中的に示されているからである。

まず翻訳題名をみよう。完全な訳が出る前のラム『シェイクスピア物語』の中国語訳は、題名を「燕敦里借債約割肉」(『澥外奇譚』)、「肉券」(『吟辺燕語』)とし、人肉抵当に関心を集中させている。二つの最初の訳名の関心が一致しているのだから、これを主な理由とみてもよいかもしれない。当時の中国人は、外国の不思議な伝奇的物語として、まず『ヴェニスの商人』を受け入れたのである。

次に、上演題名である。包天笑脚色・城東女学の上演や文明戯時代の題名は「女律師」であった。特に「女」を強調したのは、辛亥革命の精神を受けて、女性の能力発揮、男女平等への関心が高まっていたからであろう。五四運動以降女学校で『肉券』脚色上演がおこなわれたのも、同様の理由であろう。これは、同時期の学校演劇では『鋳情』（『ロミオとジュリエット』）、『鬼詔』（『ハムレット』）など他のシェイクスピア人気作品脚色上演が新聞報道でみる限りまったくないことからも推測できるのである。

更に、『女律師』の律師という語は、当時の中国人が『ヴェニスの商人』の裁判劇の側面にも強い興味を持ったことを示している。裁判場面への関心は、英語ではあったが中国での最初の『ヴェニス』上演が裁判の場抜粋上演であったことにも現れている。中国伝統演劇、民間芸能では、名裁判官包拯《ほうじょう》が悪人を懲らしめる包公案など公案（裁判）物の伝統がある。『ヴェニス』の内容も、特に第四幕はシャイロックの勝利にみえた人肉裁判が逆転するなど、裁判劇特有の劇的緊張に満ちている。公案物への嗜好が『ヴェニス』への好みにつながったと考えることは十分に可能であろう。

ポーシャの法廷の場のような女性の男装も、人々の関心を引いたと思われる。中国には、『梁山伯と祝英台』など男装する女性の物語もいくつもある。

人肉質入れという伝奇性を第一にして、女性の能力発揮という進取性、裁判劇としての劇的緊迫性などが清末民国期の中国でシェイクスピア作品の中で『ヴェニスの商人』が最も好まれた理由であり、戯劇協社もそれに従ったのであろう。

ここで、注意したいのは、シェイクスピア作品の中で『ヴェニスの商人』を最も好んだのは、日本も同様だったことである。好みの理由も似通っている。河竹登志夫は、明治期の『ヴェニス』受容について、「（『ヴェニス』が）たちまち第一等の人気作となったのは、前にもいうように人肉抵当への異常な関心からであった」[32]と指摘している。日本と中国のシェイクスピア受容は、二十世紀前半までは近似的であった。

ここで、日本シェイクスピア受容史研究に最も大きな功績のあった河竹登志夫の事実誤認ないし錯覚に触れておきたい。河竹登志夫は「私の調べでは昭和四十八年の劇団『欅』の上演時において、『ベニス』は通算五十六回をかぞえ、第二位の『ハムレット』より十回多かった。戦前はその差はもっと大きかったのである。『ベニス』が最も歓迎されたのは、日本だけの特殊現象ではなかろうか」[33]と述べている。しかし清末・民国期の中国もそうであった。「日本だけの特殊現象」ではないのである。これは、「日本の近代そのものが特異」[34]だとみなす河竹登志夫の比較演劇研究の重要な視点とも関わる問題である。河竹登志夫の研究は学術価値が極めて高く、今後も日本の演劇研究界で大きな影響を持ち続けると思われるだけに、やはりこのことは指摘しておきたい。

Ⅶ

しかしながら、中国の『ヴェニスの商人』受容には日本と相違もあることも指摘しておかねばならない。日本では、『ヴェニス』をユダヤ人シャイロックの悲劇としてとらえる見方は、一九六〇年代終わりまではまだ一般的ではなかった。一九六八年に劇団民芸で浅利慶太演出で上演された『ヴェニス』を、河竹登志夫は「ユダヤ人の側に立ったシャイロックの悲劇としての公演は、日本の『ベニス』移入史のなかの特異なものとして、まだ人々の記憶に生々しいことと思う」と評している[35]。

それに対して、中国では早い時期からこの点に注意している。顧仲彝訳『威尼斯商人』の表紙は、シャイロックを際立たせている。戯劇協社公演でも、俳優の演技もあろうが、悲劇性への関心はまだ強くないにしても、シャイロックに注目が集まっていた。

一九三〇年代の中国ではシェイクスピアに対する関心はそれほど強くなく、筆者の知る限り『ヴェニスの商人』を扱った文章も、雑誌では二編にすぎない[36]。しかし、その二編ともシャイロックの悲劇性に強い関心を示しているのである。

その一つは、一九三五年『文学』第六期掲載の洪深訳『ヴェニスの商人第六幕』である。これはアメリカの詩人ルイ・アンタマイアーの作品で、一九三五年に刊行された[37]。裁判後キリスト教徒に改宗させられたシャイロックが裁判に強い不満を持ちながら、一方ではアントーニオのビジネス・パートナーとなってしたたかに生きている、というパロディである。「みろ、六年前俺はみんなの注目の的だった。キリスト教のヴェニスで、嘲られ唾棄された。無礼な悪人どもが嘲りの顔を尽くして後からついてきて、俺をからかい、ユダヤ式の長衣のすそをめくった」「俺のあの裁判はいったい何だ、おかしな醜いドタバタじゃないか。（中略）肉一ポンド切り取るのに血を流してはいけない。もし、肉屋にこんなことを言ったら?」などを含むこのパロディが注目されいち早く翻訳紹介されること自体、中国知識人がシャイロックの悲劇性に注目していた一つの証明となろう。

もう一つは、欽文《きんぶん》「ヴェニスの商人」（『華文』第七期、一九三七）である。発表時期からみて国立劇専公演に触発されて書かれたのであろうが、「（『ヴェニス』は）喜劇である。しかしシャイロックについて言えば、悲しみに満ちている」と指摘し、第三幕第一場の「おれの商売をだめにした、おれの友だちには水をさした（中略）いったいなんのためだ、やつがそうするのは、おれがユダヤ人だからだ」（小田島雄志訳）などを含む民族的怨念に満ちたシャイロックの長台詞を二十行近く引用している。

国立劇専公演に際しても、「弱小民族である中国人の眼から見れば、それに新しい解釈を与えることもできる。侮辱され欺かれているユダヤ人シャイロックの立場に立てば、それは悲劇なのである」〔38〕などのシャイロックの悲劇性に注目する劇評が出ている。日本の中国侵略が本格化した一九三一年の九一八事変（満州事変）以後から、シャイロックの悲劇性への注目が強まっていることに注意したい。文明戯時期の民族性無関心からシャイロックの人物像への注目、そして民族的悲劇性重視という中国『ヴェニス』受容の歩みは、中国知識人の現実認識の変遷と重なり合っているのである。

しかし、このような中国の現実認識と結びついた『ヴェニスの商人』理解も、まず対象の本質を理解した正確な受容・紹介があって初めて可能になり説得力を持つものである。戯劇協社『ヴェニス』公演はその画期的な転換点である。最も早い時期に本格的な翻訳劇上演を成功させた本公演の意義は、中国シェイクスピア受容史においても中国現代演劇史においても、従来考えられていた以上に大きいと言わなければならないのである。

註

1——この公演に触れた研究書に、周兆祥《漢訳「哈姆雷特」研究》（香港・中文大学出版社、一九八一）、孟憲強《中国莎学簡史》（東北師範大学出版社、一九九四）、曹樹鈞・孫福良《莎士比亜在中国舞台上》（哈尓賓出版社、一九八九）、李偉民《中国莎士比亜批評史》（中国戯劇出版社、二〇〇六）などがあるが、いずれも概説的、部分的な記述に止まっている。

2——この時期の中国シェイクスピア受容史は第一章参照。

3——本文の『ヴェニスの商人』翻訳リストは、註1であげた研究書に拠る。序章で述べたように、二十世紀末頃から中国ではおびただしいシェイクスピア作品新訳が現れており、今日までの詳細な翻訳目録は後日を期したい。

4――鍾欣志《清末上海聖約翰大学演劇活動及其対中国現代劇場的歴史意義》(袁国興主編《清末民初新潮演劇研究》広東人民出版社、二〇一一)による。

5――この公演は第一章参照。

6――景賢女学公演は《申報》一九一九年一二月十七日付。

7――国立劇専『ヴェニスの商人』上演は、第五章参照。

8――李偉民《中国莎士比亜批評史》

9――孟憲強《中国莎学簡史》は、清末民国期の『ヴェニスの商人』上演回数を八回としている。『ロミオとジュリエット』は五回である。

10――《申報》一九二三年一月十二日付、同年一月十五日付

11――瀬戸宏『中国話劇成立史研究』第十三章に詳しい。

12――上演日時は、申報掲載上演広告による。応雲衛回想録の誤りは訂正した。

13――汪仲賢《好児子》は《劇本匯編》第一集(商務印書館、一九二五)に、欧陽予倩《回家以後》、徐半梅《月下》は《劇本匯編》第二集(商務印書館、一九二八年)に収録。

14――民国期の劇文学に関する最も詳細な研究である董健主編《中国現代戯劇総目提要》(南京大学出版社、二〇〇三)にも取り上げられていない。

15――姆斯・麦瑟・巴蕾(James Matthew Barrie 一八六〇―一九三七)

16――顧仲彝《戯劇協社的過去》。《第二夢》は《劇本匯編》第二集に収録。

17――顧仲彝《中国新劇運動的命運》(《新月》一期、一九三二)

18――応雲衛の略歴は、主に張逸生・金淑之《記応雲衛》(《中国話劇芸術家伝》第三集、文化芸術出版社一九八六)、《応雲衛生平大事記》(《戯劇魂　応雲衛紀念文集》応雲衛紀念文集編集委員会出版、二〇〇四)による。

19
20――顧仲彝《戯劇協社的過去》(《戯》第五期、一九三三)

21　《威尼斯商人》（新月書店）序。以下、この序文からの引用はいちいち注記しない。

22 30　応雲衛《回憶上海戯劇協社》（《中国話劇運動五十年史料集》第二集、中国戯劇出版社、一九八五年版）に収録。

23　辛酉劇社《文舅舅》（一九三〇年五月三十一日）、復旦劇社《西哈諾》（同年六月十日、十一日）。これらの公演の検討は別の機会に譲りたい。

24　顧仲彝の略歴は、主に曹樹鈞《顧仲彝生平紀事》（《顧仲彝戯劇論文集》中国戯劇出版社、二〇〇四）による。

25　《申報》記事は《申報全文数拠庫》による検索結果。記事題名一覧は本書参考文献参照。本文で引用した《申報》、《民国日報関連記事》は題名を注記しない。

26　《申報》掲載上演広告による。

27　顧仲彝《中国新劇運動的命運》、応雲衛《回憶上海戯劇協社》による。

28　顧仲彝《戯劇協社的過去》（《戯》第五期、一九三三）

29　『吼えよ中国』上演の状況を詳細に述べたものに、邱坤良《人民難道没錯嗎？〈怒吼吧，中國！〉特列季亜科夫与梅耶荷徳》（国立台北芸術大学、二〇一三）がある。

31　一九三五年一月二十五日付《申報》には、戯劇協社は二十七日社員大会を開き今期積極的に公演することを決定予定との記事があるが、その後戯劇協社関連記事は《申報》に現れない。

32 35　それぞれ河竹登志夫『続比較演劇学』南窓社、一九七四、五三一、五三六頁

33　河竹登志夫『続々比較演劇学』南窓社、二〇〇五、四〇七頁

34　河竹登志夫『日本のハムレット』南窓社、一九七二年、一頁

36　清末民国期雑誌約七千の全文データーベース「大成老旧刊全文数拠庫」での調査結果。

37　中国語訳名《威尼斯商人第六幕》、英語原題 *The Merchant of Venice Act VI*。作者アンタマイアー（Louis Untermeyer）の洪深の音訳は路易斯、烏推茂易。この作品は、一九三五年刊行のアンタマイヤー作品集 *Selected Poems and Parodies* に収録されているというが、原文は未見。本文の訳は中国語訳からの重訳。

38　《新京日報》一九三七年六月十六日。第五章には、この公演の劇評がより詳しく紹介されている。

第四章

上海業余実験劇団『ロミオとジュリエット』公演（一九三七年）をめぐって

一九三七年六月四日より上演が開始された上海業余実験劇団『ロミオとジュリエット』公演は、これまで高い評価を受けてきた。たとえば、中国での舞台芸術としてのシェイクスピア受容史の先駆的研究である孫《そん》福良《ふくりょう》・曹樹鈞《そんじゅきん》『中国の舞台でのシェイクスピア』[1]は次のように述べている。

> 三〇年代のシェイクスピア劇作上演で影響が最も大きかったのは、上海業余実験劇団（前身は一九三五年成立の上海業余劇人協会）上演の『ロミオとジュリエット』であった。（中略）これは、左翼演劇運動が発展段階に深く入った重要な上演である[2]。

孟憲強『中国莎学簡史』[3]も、次のように述べる。

> 一九三七年六月四日この劇はカールトン劇場（今の長江劇場）で初演され、空前の盛況となり、上海を揺り動かした。趙丹《ちょうたん》の演技は英俊かつスマートで、生き生きとしており、章曼萍《しょうまんぺい》の演技は群を抜いており、好評を博し、少なからぬ新聞が報道と評論を掲載した。当時当局に軟禁されていた著名な演劇人の田漢、陽翰笙《ようかんしょう》は祝電を打った。それには「羅朱相愛、呉越相親、劇場壮烈、莎翁功臣。敬猶奮闘、寿昌翰笙」とある。この上演は、中国の舞台での最初の成功したシェイクスピア劇上演であった[4]。

文中の羅朱は、ロミオ・ジュリエットの中国語表記の頭文字、寿昌は田漢の字《あざな》である。しかし、民国期の他のシェイクスピア上演と同様に、この『ロミオとジュリエット』公演についても、具体的な研究はこれまでほとんど行われていない。本稿では、この『ロミオ』公演の特質を明らかにすることにしたい。

I

まず中国における『ロミオとジュリエット』受容史を簡単に振り返っておきたい[5]。

中国に最初に『とジュリエット』の物語が伝えられたのは、確認できる限りでは、一九〇四年刊行の林紓・魏易訳『吟辺燕語』であった。『ロミオ』の部分は『鋳情』の題で訳出されている。五四運動を経て、戯曲の完全な訳も現れた。一九二四年『少年中国』第四巻一期—五期に連載された田漢訳『羅蜜欧与朱麗葉』である[5]。同年、中華書局から単行本が出版された。これ以後、民国期には以下の訳が刊行されている[6]。

一九二八年　以蟄訳『若邈久㒚新弾词』新月書店
一九四〇年　邢雲飛訳『鋳情』啓明書局
一九四二年　曹禺訳『柔蜜欧与幽麗葉』文化生活出版社（出版は一九四四）
一九四六年　曹未風訳『羅米欧及朱麗葉』文化合作公司
一九四七年　朱生豪訳『羅密欧与朱麗葉』世界書局

このリストは、孟憲強『中国莎学簡史』などを参考に作っている。なお民国期中国シェイクスピア受容史に大きな役割を果たした梁実秋訳は、民国期の中国大陸では出版されず、一九六四年に至って台湾で梁実秋訳『羅密欧与朱麗葉』が文星書店から出版されている。

上演についてはどうか。

これまで序章、第一章でみてきたように、『吟辺燕語』各編は文明戯によって脚色上演されている。『中国莎学簡史』では一九一四年に春柳社が『鋳情』を上演したとある。しかし『申報』には上演広告は見当たらない。一九一六年一月『申報』には、民鳴社は『鋳情』『鬼詔』（『ハムレット』）を上演準備中との記事がある[7]。しかしこれは民鳴社の解体で実現しなかった。これ以後、『鋳情』あるいは『ロミオとジュリエット』に関する記事は、演劇面に関しては長く『申報』紙上に現れない。従って、文明戯で『ロミオとジュリエット』が上演されたかどうか、現時点では不明である。

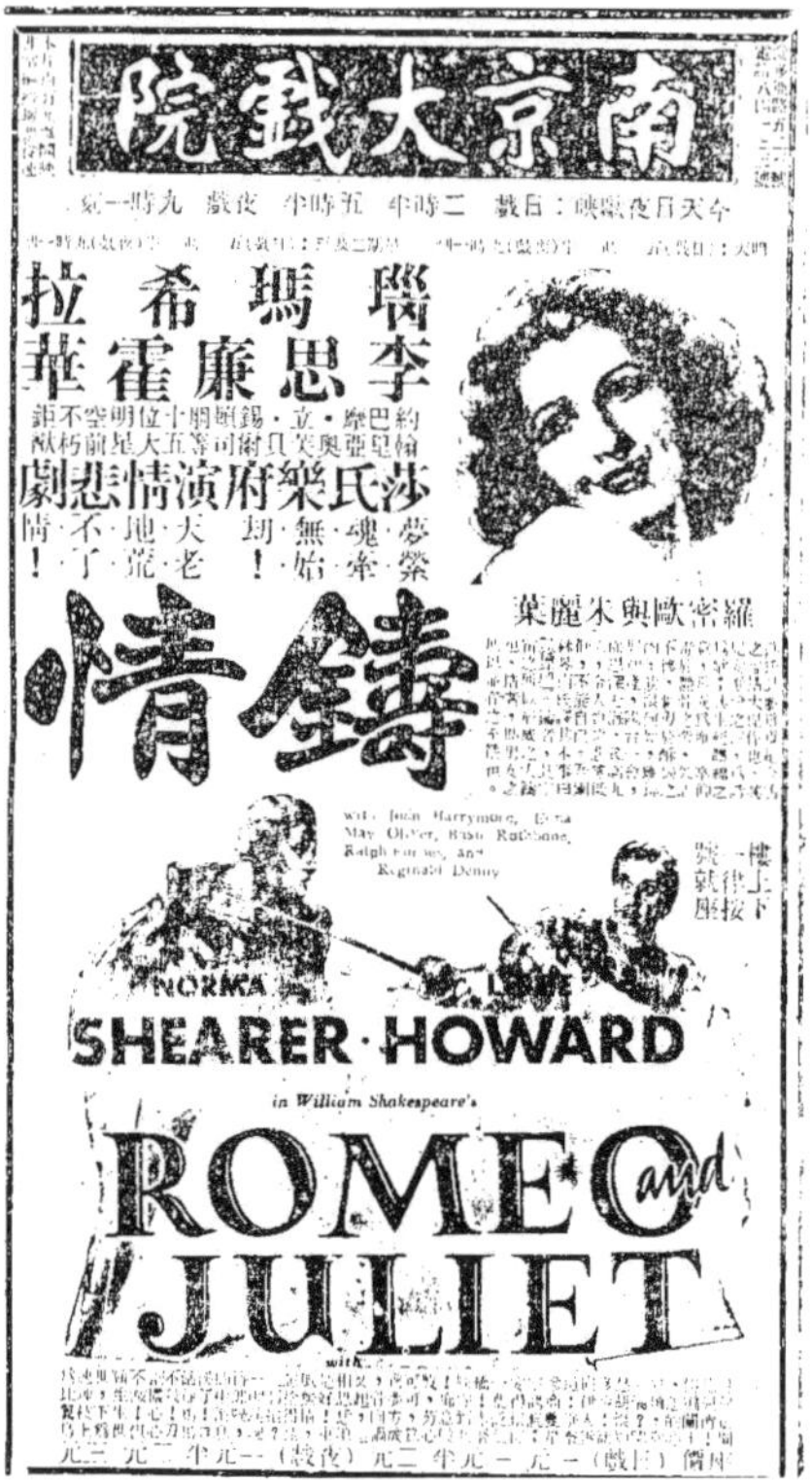

映画『ロミオとジュリエット』上映広告
（『申報』1936年12月4日）

中国の『ロミオとジュリエット』受容で重要な意味を持つのは、一九三六年製作アメリカ映画『ロミオとジュリエット』（ジョージ・キューカ監督）[8]が同年十二月四日より『鋳情』の題名で上海・南京大戯院にて上映されたことである。この映画は『ロミオ』初の映画化で、レスリー・ハワード、ノーマ・シアラーというスターがロミオ、ジュリエットを演じ、当時としては極めて豪華なセットを用いた白黒トーキー映画であった。上映時の新聞広告によれば、一般映画が三角程度の入場料だった時、『鋳情』入場料は昼の部が一元、一元半、二元、夜の部が一元半、二元、三元という破格の値段だったが、上映は九日まで続き、さらに十六日から十八日まで再上映されている。一九三七年に入っても、別の映画館で再上映されている。このキューカ版映画は、主役二人が中年で十代の少年少女を演じるにはやや難があり、興業面でも批評面でも必ずしも期待された結果は出せなかったとされている[9]が、上海ではまずまずの成績と言えよう。『鋳情』という題名が使われているところに、『吟辺燕語』の影響をみることができる。

その次に現れたのが、本稿の主題である業余実験劇団『羅蜜欧与朱麗葉』である（題名については後述）。その後の民国期『ロミオとジュリエット』上演には次のものがある。

一九三八年五月　上海新生話劇研究社『羅密欧与朱麗葉』
一九四〇年四月　上海海燕劇社『羅蜜欧与朱麗葉』
一九四四年一月　神鷹劇団『鋳情』

『中国莎学簡史』によれば、『ロミオとジュリエット』は民国期に『ヴェニスの商人』についで人気のある演目であった。

次に、この公演を実行した上海業余実験劇団について記しておきたい。

上海業余実験劇団は、中国話劇史上広く知られた劇団である。中国共産党が背後で直接指導した劇団だからである。上海業余実験劇団の成立過程を語ることは、一九三〇年代前半から中期の左翼演劇運動を語ることに等しい[10]。

一九二七年四月の蒋介石「反共クーデター」などによって第一次国共合作が崩壊し公然とした左翼革命運動が困難になると、都市部の若い共産党系知識人の中には文化運動に活路を見いだす者が現れた。一九二九年世界大恐慌やそれと無縁なソ連の一九二八年第一次五カ年計画実施などにみられる発展も、都市部知識階層に社会主義・共産主義への期待を抱かせた。こうして、中国では一九二〇年代末から左翼文化運動が勃興することになった。中国共産党は一九二九年九月に中央文化工作委員会（文委）を成立させている。

演劇面で左翼文化運動確立の指標となるのは、一九二九年十月成立の芸術劇社とされる。中国共産党が直接指導した劇団であった。芸術劇社自体は国民党政府の弾圧により約半年の短命に終わったが、一九三〇年三月には芸術劇社などの呼びかけで劇団加盟の上海戯劇運動連合会が成立し、さらに同年八月には中国左翼劇団連盟に発展する。しかし左翼劇団連盟結成はリーダーが左傾化しても劇団員すべてが左傾化するとは限らないなど加盟劇団の内部矛盾を引き起こしたため、一九三一年一月には個人加盟の左翼戯劇家連盟（劇連）に改組された。

劇連が目指したのは「演劇という特殊な武器によって社会を変革する闘争に参加していく」[11]という政治闘争に奉仕する演劇活動であった。さらに、当時の中国共産党の極左傾向を反映して、ビラ配布、デモなど直接の政治行動を演劇活動以上に重視することも起きた。このような運動形態は国民党政府の弾圧を招くことになり、一九三五年初頭には劇連の運動はほぼ壊滅状態となった。

この傾向を克服するため、劇連や中国共産党は劇場での上演活動に注意を払うよう活動傾向を改めることとした。立場を公開しても差し支えない俳優たちを組織して公開上演を行い、影響力拡大をめざすこととしたのである。共産党中央文化工作委員会書記としてこの方針転換に重要な役割を果たした于伶《うれい》は、次のように回想している。

> 革命のために演劇をおこなう者は、逮捕投獄されることで脅かされることは決してない。しかしますます激しくなる白色恐怖に対面して、我々は今後の戦術上で教訓をくみ取りより有効な闘争を展開しなければならなかった。戦略上では劇場芸術を打ち立てる運動を展開して我々の影響を拡大し、我々の力を示さなければならない。ただ一つの作戦だけをおこない、過去に留まり満足していることはできない。我々は、数年来の奮闘を経て、左翼演劇の隊列の中の演出家、俳優などの面の人材を鍛え上げていることを意識していた[12]。

こうして上海業余劇人協会の組織が立ち上げられることになったのである。

この于伶らの回想では左翼演劇運動行き詰まり打破を模索する中で、方針転換は文化運動関係者が自発的に発想したとされている。一九三五年二月頃から討論が始まった。中国共産党さらには当時の国際共産主義運動全体にも、この方針転換を促進する傾向が形成されていた。

一九三〇年代前半の中国共産党極左路線は、ソビエト区（当時の共産党支配地区の呼称）では一九三四年十月中央根拠地崩壊を引き起こしいわゆる長征が開始された。長征途上の一九三五年一月に遵義会議が開催され毛沢東が中共中央指導部に入り、極左路線が初歩的に是正された。一九三五年七月から八月にかけて中国共産党の上部組織であるコミンテルン第七回大会が開催され、反ファッショ統一戦線が提起された。これを受けて中共中央は同年八月一日「八一宣言」（抗日救国のために全同胞に告げる書）を発表、抗日民族統一戦線と国防政府樹立を呼びかけ、大きな反響を呼んだ。上海の文化運動関係者は一九三五年秋頃この新方針を海外から輸入された『救国報』で知り[13]、国防文学、国防演劇の提起が始まった。

上海業余劇人協会の準備は地下活動の中で行われたため記録がほとんど残されておらず、その経過を知るには関係者の回想に拠るしかない[14]。それによると、一九三五年四月頃、中央文化工作委員会の指導により章泯、鄭君里《ていくんり》、陳鯉庭《ちんりてい》らが呼びかけ人となり、上海業余劇人協会が成立したという。

ともあれ第一回公演イプセン『人形の家』（《娜拉》）は六月二十七日から金城大戯院で行われ、上海の新聞には公演の数日前から巨大な広告が掲載された。注意すべきは、広告[15]には「上海業余劇人初の連合上演」とあるだけで、まだ業余劇人協会の名前はないことである。主役のノーラには無名女優の藍蘋《らんぴん》（江青）が抜擢され、夫のヘルメルは趙丹が演じた。この公演内容の詳細の検討は、本稿の主題から外れるので他の機会に譲りたい。

公演は成功し、同年十一月二日から第二回公演ゴーゴリー『検察官』（『欽差大臣』）がおこなわれた。この公演も「業余劇人連合上演」である。

申報に業余劇人協会の名が初めて現れるのは、一九三六年一月十六日記事「業余劇人三回目の公演」[16]

である。この記事は「業余劇人は去年イプセン『人形の家』およびゴーゴリー『検察官』を公演した後、一九三五年の話劇運動の中ですでに各方面から極めて大きな注意を引き起こしている。業余劇人協会は、中国話劇界の一つのトラストである。」と述べ、業余劇人協会の活動が于伶らの予想通りの成果を収めたことを示している。

この記事に「三回目の公演」とあるように、まもなく第三回公演が夏衍『賽金花』で行われる予定であった。しかし主役の賽金花を巡って藍蘋ら女優間に主役争いが起こり、一部の俳優は脱退して別に四〇年代劇社を作り一九三六年十一月に『賽金花』を上演した[17]。業余劇人協会第三回公演は結局一九三七年一月三十日から行われた。トルストイ、欧陽予倩改編『欲魔』（原作『闇の力』）、オストロフスキー『大雷雨』（曹禺『雷雨』と区別するために中国では『大雷雨』と称される）、オケーシー（奥克塞）、沈西苓《しんせいれい》・宋一舟《そういっしゅう》改編『酔生夢死』（原作『ジューノーと孔雀』）の三作を、順に午後二時半、五時半、八時半より上演した。オケーシー（Sean O'Casey 一八八〇—一九六四）はアイルランドの劇作家である。

III

これらの成功の基礎にたって、業余劇人協会は下部組織として常設職業劇団である業余実験劇団を創立することになった。『申報』一九三七年四月二日付記事「業余実験劇団は研究団員を求める」[18]は次のように述べている。

『検察官』『人形の家』『大雷雨』『欲魔』『酔生夢死』の五つの劇で劇界を揺り動かした業余劇人協会は、より力がありより偉大な貢献をなすために、特に職業化した業余実験劇団を創立した（中略）。

業余実験劇団は四月一日福煦路六百四十一号で成立して以来、仕事はぎっしりとつまり、進展は極めて速い。この団は組織拡大を考えて、話劇の人材を広く求め、新聞に載せて研究員十名（男女各五名）を公募することとした。およそ中等学校以上の程度で、健康で流暢な国語を操れる者は、全身および半身の写真各一枚と学校在学証明書、履歴書各一枚を持って選考に臨むことができる。

五月十日付『申報』には「『業余』の陣容と組織」[19]と題する記事が掲載され、業余実験劇団の全貌が明らかにされた。記事は、次のように業余実験劇団の性格を明らかにしている。

業余実験劇団は、業余劇人協会が主持する職業劇団で、投資・主宰者は企業家の張善琨氏である。全団は理事会が統率し、五人の理事は業余劇人協会の執行委員である。主席理事は応雲衛氏で、同時に舞台監督の職責も負っている。その他の四人の理事は、趙丹、章泯、徐韜、陳鯉庭である。

さらに理事会の下に編導、劇務、総務の三部を置いた。編導は章泯・陳鯉庭が主持する。劇務は徐韜が主持し、舞台装置、効果、照明、衣装などに責任を負う。総務は瞿白音ら十人が管轄した。

同記事に拠れば、劇団所属の俳優は次の通りであった。

男優　趙丹、魏鶴齡、王爲一、陶金、沙蒙、呂班、銭千里、范莱、張客、呂復、嚴恭、舒强、伊明、陳痩秋、舒非、徐渠、趙明、徐卜夫、汪洋、朱今明、魏曼青など。

女優　章曼蘋、英茵、葉露茜、呉湄、王蘋、俞佩珊、王、田蔚、熊輝など。

研究員を含めると、俳優総数は五十人を超えたという。相当に大がかりな劇団組織であった。『賽金花』のトラブルのためか、藍蘋の名はない。

ほぼ同じ時期に発行された『光明』第二巻十二号（一九三七年五月二十五日）には、業余劇人協会署名「業余劇人協会の抱負」[20]が掲載され、業余劇人協会、業余実験劇団の理念と方向性を明らかにした。『光明』は国防文学派系の文学雑誌として知られており、業余が周揚《しゅうよう》ら国防文学派――上海の中国共産党組織につながる演劇団体であったことを、ここからも確認することができる。その主要部分を引用しておこう。

業余劇人協会は過去三年来の連続した苦しい前進の中で、イプセン、ゴーゴリー、トルストイおよび現代の劇作家オケーシーの著作を上演した。従って劇作の選択では演目決定の方向がすでに確かに存在している。この選択を、私たちは決然として定まった道と自賛することはできない。だが、無自覚のうちに明らかに一つの偶然ではない方向を模索していたのである。それは、できるだけ現実に近い、現実を基礎とした劇作を採用するということである。私たちは巨匠の傑作、古典の名作を上演した。しかし決して無条件に拾い上げたのではなく、やはり選択があったのである。古典作品や歴史劇であろうと、現代の作品であろうと、現実の意義に富んでいたものを私たちは歓迎したのであり、現実と距離が大きいものは私たちと一貫して無縁であった。

業余は過去に上演方法で俳優中心という段階に停滞していた。そのほかの舞台技巧では苦心をしたけれども。真摯な態度と情熱で人物の性格をとらえ、感情の韻律に注意し、役の個性感情の中に生活する。これは業余の俳優がほとんどすでに歩み、さらにより多くの俳優が歩むため引き入れようとしている道である。〃外面の〃リアリズムと相対して、これは〃内面の〃リアリズムである。いわゆる心理的リアリズムである。その極端な見本はモスクワ芸術座の演技術であり、いわゆるスタニスラフスキー・システムの方法である（中略）。俳優の心理的リアリズムを基礎とし、演出の批判の役割で統一する。これが、私たちが上演上で努力している目標である。

業余実験劇団上演予定広告

ここからは、現実に基礎を置き、舞台で個性を持った人物を創造するために役の中に生きる、というリアリズムの上演姿勢がみてとれる。後述するように、このリアリズムの演劇観は『ロミオとジュリエット』上演にも大きな影響をもたらしたのである。

五月二十三日には、『申報』に第六面すべてを使った業余実験劇団上演予定広告が掲載された。それ

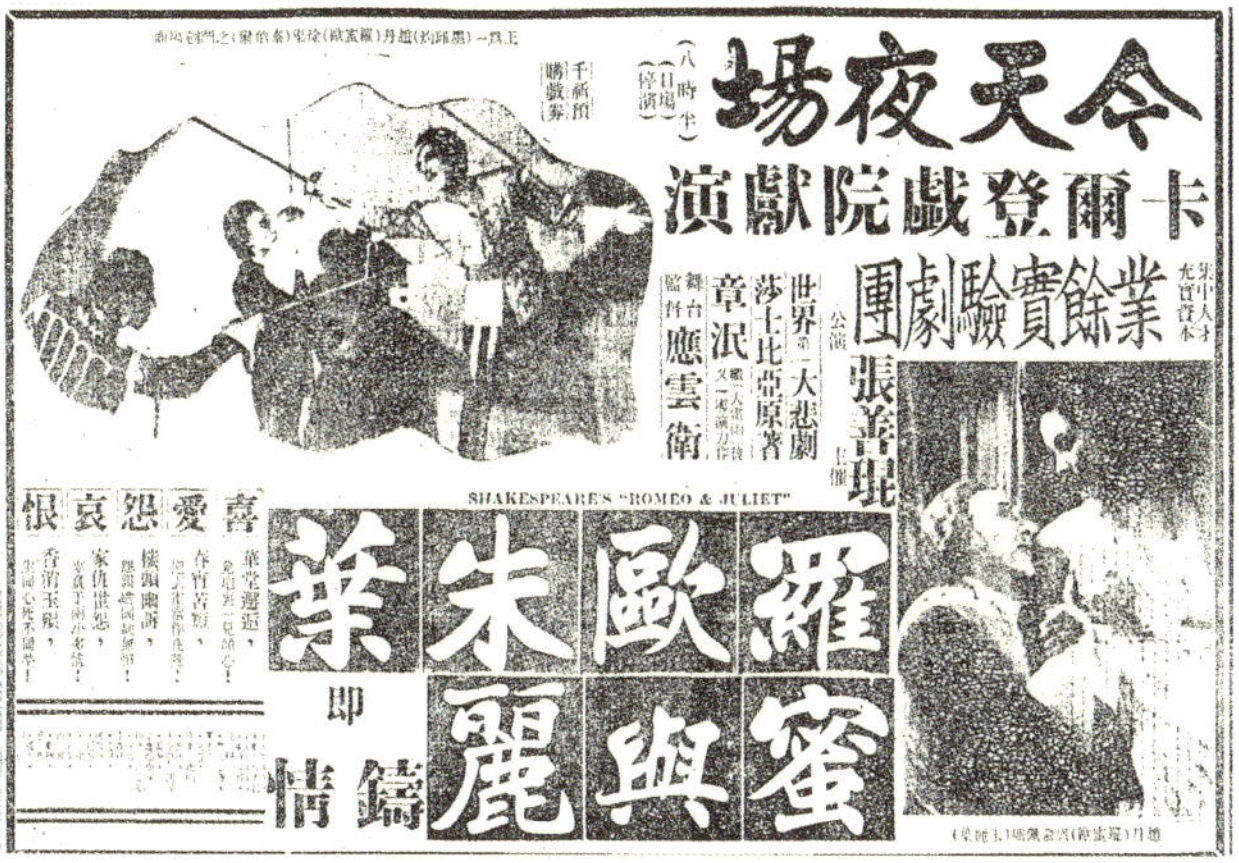

業余実験劇団『ロミオとジュリエット』上演広告（『申報』1937年6月4日）

をみると、カールトン劇場（卡尔登戯院）を拠点に、『ロミオとジュリエット』から始まり宋一舟（宋之的《そうしてき》）『武則天』、陳白塵『太平天国』、曹禺『原野』と予定演目が並んでいる。『原野』までは実際に上演された。抗日戦争勃発によって幻に終わったそれ以降の上演予定演目を、掲載順に書き写しておこう。夏衍『上海の屋根の下』、モリエール『タルチュフ』、ゴーゴリー『検察官』、陽翰笙『李秀成の死』、ボーマルシェ『セヴィリアの理髪師』、シェイクスピア『ハムレット』、ゲーテ『ファウスト』、ユーゴー原作・洪深脚色『孤星の涙』（『ああ無情』）、オニール『楡の木陰の欲情』、A・B作『黒奴魂』である。外国劇が七（脚色含む）、中国人作家の創作劇が五である。世界（西洋）名作および当時の中国の流行作家であった曹禺の間に、宋之的、陳白塵、陽翰笙など共産党系劇作家の作品が並んでいる。

業余実験劇団が実際に上演した四作だけをみると『ロミオとジュリエット』は異質に見える。しかし、上演予定広告全体の中におけば、むしろ世界名作劇の方が多く、違和感はない。

この全面広告には、さらに業余実験劇団創立の意図と今後の決意を記した「宣言」が掲載されていた。重要な文書であるので、これまで引用してきた諸文書との内容上の重複もあるが、全文を訳出しておこう。

話劇運動は、演劇分野での新しい文化運動である。話劇は英雄的で感動的な世の中の出来事を表現するだけでなく、私たちのこの新しい時代の願いと思想を表現する。

話劇の職業化は、話劇運動の新しい勝利である。なぜなら、これは話劇がすでに広大な観衆の支持を獲得した証明であり、話劇が観衆の支持のもとで急速に成長し発達する予兆であるからである。十数年来中国話劇運動者のたえまない努力により、話劇職業化という必然的な趨勢がはぐくまれた。

だからこの新生の職業話劇集団――業余実験劇団は、あらゆる運動者の血と汗の中にはぐくまれたのである。私たち――主催者と業余劇人協会は、すでに子を産んだ母親だと大胆に称することはできず、その歩き方を学ぶ重責を担うには無力であるが、保母の資格で育て方を開示し、内外の皆さまの前に教えを請いたいと思う。

私たちは、よい演劇は刹那的な官能の刺激に応えるのではなく、奥深い魂に彫り込まれた銘であるべきであり、その使命は観衆を楽しませるだけでなく、観衆の実生活での奮闘力を助けることにもあるべきだと考えている。だから、劇作の選択では、私たちはできるだけ現実を基礎とした創作あるいは現実味に富んだ古典に近づき、現実からかなり遠いものは捨て去るだろう。

私たちは〝技術の優れた職人が天下を取る〟という俗語を信じる。私たちは、壮麗な文章は優美な字句を用いることによって書くことが出来るとより信じている。私たちは粗製に反対し濫造を願わない。私たちは認識と方法の一致を努めて追い求めるだろう。だから、私たちは上演方法において、特に以下の注意を払う。

業余の過去の上演方法では、俳優中心という段階に停滞していた。真摯な態度と情熱を用いて、人物の性格を探り、感情の韻律に注意し、役の個性・感情の中に生活する。これは業余の一部の俳優がすでに歩み、さらに多くの俳優を誘い込もうとしている道である。「外面の」リアリズムに相対する。これは「内面の」リアリズムであり、いわゆる心理のリアリズムである。演技方法としてみると、疑いも無く最も基礎的なものである。しかし俳優中心性は、この方法の誇大であり、俳優の自由発展はしばしば私たちに大きな誤りを作り出すであろう。心理の写実主義は心理の主観主義となる。俳優の役に対する解釈はしばしば気ままなものになる。

ふつう演出家は俳優に対して保母の責任を果たすだけであり、手法においてはリアリズムから一歩踏み出してはいない。その他の舞台技術スタッフは、これにしたがって確定した演技意図のもとで彼らの専門を発揮することはまだできていない。球技スポーツの試合場での選手の個人プレーは、たとえ大きな喝采をかちとろうとボールの受け渡しがうまくいかなければ、我々にとってマイナスとなろう。だから、上演上では、私たちの今後の努力目標は、スタッフが創作態度と創作方法で融合一致し、相互批判作用のもとで、演劇芸術の統一効果を完成させることである。

つまり、話劇職業化そのものが、試みであり、運動である。営業の勝利は私たちの唯一の目的ではない。しかし観衆の冷淡は、最大の悲哀だと考えるべきである。業余実験劇団は、より多くの観衆を勝ち取り、育て、研究していく!

業余実験劇団は、演劇芸術の最高の効能を発揮するよう努力することを願う。職業化した話劇運動は、堕落ではなく、前衛である。これは苦難に満ちた道である。私たちは、先輩の教えのもと、観衆の督促のもとで邁進することを願う。

『申報』に『ロミオとジュリエット』関連の記事が最初に現れるのは、五月九日のことだった[21]。これ以後、『申報』には多くの関連記事が掲載されている。当初は五月三十日初演の予定だったが、実際には六月四日にずれこんだ。上演記事、広告などから、公演の基本内容を確認しておこう。

共産党系文化運動は、かつてはシェイクスピア上演に否定的だった。上海戯劇協社が一九三〇年に中国初の厳格なシェイクスピア上演として『ヴェニスの商人』を上演した際、共産党系知識人、学生は上演に公然と反対した[22]。この時期の中国共産党は、極左路線が強く支配していた。シェイクスピア上演に対する反発にも、極左路線の影響がみられる。その後も、共産党支配地区の延安などではシェイクスピアはまったく上演されていないし、序章で確認したように共産党が政権党となった一九四九年以降も改革開放路線が開始される一九七九年までは、シェイクスピア上演は数えるほどしかなかった。

業余劇人協会——業余実験劇団成立は、それ自体が極左路線克服の試行錯誤の一つの結果であった。

業余実験劇団『ロミオとジュリエット』

第一回公演にシェイクスピアを選んだのも、その現れであろう。民国期を通してシェイクスピア作品で最も人気のあった『ヴェニスの商人』はすでに上演されているので、その次に人気のある『ロミオとジュリエット』を上演作品としたのであろう。前年の映画『鋳情』の影響もあろう。

業余実験劇団は、どのような意図で『ロミオとジュリエット』を上演したのだろうか。

公演初日の六月四日付『申報』に、何家槐《かかかい》「『ロミオとジュリエット』について」[23]が掲載されている。何家槐（一九一一—一九六九）は左連などに参加した作家で、業余実験劇団と近い立場にいた。

> 私たちが最も注意しなければならないのは、この恋人たちが自傷と服毒を免れることができず、この偉大な恋愛が人間世界に例を見ない悲劇となって終わったその真の原因は、決して一般的・抽象的運命ではなく、一定の社会環境と社会関係の結果だと言うことである。言葉を換えれば、この二つの大貴族——モンタギューとキャピュレットの互いに憎しみあい闘争した結果である。もしこの二つの家の何代にもわたる恨みがなく、貴族社会の野蛮と封建家庭の暗黒がなかったら、頑固な専横と人間を食う儀礼・宗教がなかったら、この一大悲劇はおそらくまったく起きる筈もなかったであろう。たとえ起きたとしても、このような形ではなかったであろう。（中略）
>
> この劇を上演することは、今日もちろんたいへんに意義があるのである。なぜならば、まず私たちの中国には今も絶え間なくこの種の悲劇が起きており、この種の悲劇が絶え間なく起きる社会的根源が確固として存在しているからである。次に、私たちの演劇界——更にはあらゆる芸術は、シェイクスピアの偉大なリアリズムを学ばなければならないからである。私は上海にすでに七・八年居住しているが、『ヴェニスの商人』公演を一度観たことがあるだけである。今回、私たちをより満足させる成績をあげ

ることを希望しているし、確信している。

この評論は、業余実験劇団『ロミオとジュリエット』上演のよい解説になっている。『ロミオ』の悲劇発生の原因を「貴族社会の野蛮と封建家庭の暗黒」に求め、次に中国にはこのような悲劇発生の「社会的根源が確固として存在している」ことを指摘している。『ロミオ』を反封建の演劇として解釈したのである。この解釈の背景に、芸術作品は現実の反映であるというマルクス主義芸術観——中国共産党の芸術観があることをみるのは容易である。

上演に使用した翻訳は、田漢訳である。すでにみたように、一九三七年時点では、田漢訳以外に適切な翻訳はまだ中国に存在していなかった。田漢のシェイクスピア翻訳については、『ハムレット』に対するものではあるが、周兆祥《しゅうちょうしょう》『漢訳「ハムレット」研究』に次のような批評がある。

田漢訳『ハムレット』は、文章の意味を伝えるのにあまり正確ではなく、言葉遣いもあまり厳格でも精錬されてもいない。多くのイメージが生硬な直訳で、前後の文がつながっておらず、そのうえしばしば冗漫で晦渋な語句があり、いずれも上演の結果に大いに影響するだろう。もっとも、この訳本は、話劇と演劇形式の両面でまだ基礎が打ち固められておらず、依拠すべき決まりがない中で、模索・実験の中でこのような結果を得た。これは、田漢も自ら誇りとするに値する[24]。

ただし、関係記事によれば、上演台本は演出の章泯が書き直している。章泯作成の上演台本は今日では失われているので、ここでは田漢訳訳文の検討は行わないことにする。

公演タイトルは『羅蜜欧与朱麗葉』であり、そばに「即鋳情」という三文字が添えられている。前年より上映の映画『ロミオとジュリエット』が上海市民に与えた影響を無視できなかったことがここからも伺える。だが、タイトルはあくまで『羅蜜欧与朱麗葉』（『ロミオとジュリエット』）である。ここから、西洋演劇を厳格な翻訳劇として上演しようとする業余実験劇団の意思を知ることができる。

『ロミオとジュリエット』が上演されたカールトン劇場（卡尓登大戯院）は、二十世紀三〇年代から四〇年代にかけて上海話劇上演の中心となった劇場である。上海の、というより中国屈指の繁華街南京東路の西外れにほど近い場所にある。日戯二時半、夜戯八時半開演で、入場料は四角、六角、一元の三種類であった[25]。

広告には、導演（演出）章泯、舞台監督　応雲衛とあるが、翻訳者の田漢の名はない。

キャストは、次の通りである。（出演順）

彼得（ピーター）――張客、顧而已
格里高莱（グレゴリー）――銭千里
巴爾塞達（バルサザー）――鄭岩
彭福柳（ペンヴォーリオ）――呂復
泰伯爾（ティボルト）――徐渠
嘉普列（キャピュレット）――魏鶴齢
嘉普列太太（キャピュレット夫人）――呉湄
孟泰格（モンタギュー）――範莱
孟泰格太太（モンタギュー夫人）――王蘋

公爵——呂班
衛兵——何康理、銭風
羅蜜欧（ロミオ）——趙丹
巴理斯（パリス）——厳恭
保姆（乳母）——章蔓蘋
朱麗葉（ジュリエット）——兪佩珊
墨邱灼（マキューシオ）——王為一
牧師——沙蒙
約翰長老（修道僧）——金乃華
市民——舒強、黄田、海濤、呉衍

ロミオを演じた趙丹（一九一五—一九八〇）は、中国演劇・映画史上著名な俳優である。少年時から演劇に興味を持ち、劇団を作っていた。一九三〇年、居住地の南通で公演した芸術劇社、摩登劇社の舞台を観て左翼演劇に関心を持った。この年上海美術専科学校に入学したが、演劇にも引き続き関わった。一九三二年には左翼戯劇家連盟に参加している。上海業余劇人協会公演には、第一回公演『人形の家』でヘルメルを演じるなど、積極的に関わっている。このほか、二十数本の映画にも出演し、『ロミオとジュリエット』上演直前には、中国映画史に残る名作『十字街頭』（一九三七年四月公開）で主役を演じるなど、この時すでにスターの地位に就いていた[26]。

ジュリエットを演じた兪佩珊は、無名女優の抜擢であった[27]。俳優としては成功せず、今日では映画監督王為一の最初の夫人として記憶されている。

　公演は六月四日から十六日まで、昼夜二ステージで行われた。ただし初日の六月四日と七日のみ夜公演だけで、合計二十四ステージである。中国シェイクスピア上演の実質的初演である戯劇協社『ヴェニスの商人』公演は再演も含めて十二ステージだったから、業余実験劇団『ロミオ』公演が相当な数の観客動員であることを知ることができる。業余実験劇団旗揚げ公演としては、ひとまず成功といってよいであろう。

　上演広告に「完全国語対白」とあるのも、国語（標準語）の使用を原則とする話劇として上演する、という意識の表れであろう。

　残されている舞台写真をみると、衣裳や化粧には明らかに映画『ロミオとジュリエット』（『鋳情』）の影響がみられる。

V

　冒頭でも触れたように、この『ロミオとジュリエット』上演は従来の通説では成功した公演とされてきた。しかし、『申報』など当時の刊行物の劇評をたどっていくと、別の姿が見えてくる。

　まず『申報』に劇評が掲載されない。『申報』は業余実験劇団や『ロミオとジュリエット』公演を支持し、好意的な前報道記事を掲載していたのだから、これは不思議なことである。他の刊行物にはいくつか記事がある[28]が、多くは舞台写真と公演紹介で劇評と呼べるものは後述の張庚《ちょうこう》を除いてほとんどない。

　『申報』には『ロミオとジュリエット』公演が終了し、業余実験劇団第二回公演が始まった六月十九日付

『申報』に、台生「『武則天』についての意見」〔29〕が載った。そこには「この上演の効果や演技の水準から、これを『ロミオとジュリエット』と比べると、ずっと良い」という部分がある。

二日後の『申報』に無署名記事「公演中の『武則天』　趙慧深は臨時に中宗《ちゅうそう》を演じる」〔30〕が掲載された。そこにも次のような表現がある。

> 実験劇団の『武則天』公演はすでに三日たった。極めて良く売れている。『ロミオとジュリエット』と比べてみると、その及ぶところではない。『ロミオとジュリエット』は、まず翻訳劇であり、次に台詞が深すぎる。一般の観客は、確かにまだ百パーセントは受け入れることができない。しかし、現在の『武則天』は、これらの欠点をすべて補っている。

ロミオ

これらをみると、通説とは異なり業余実験劇団の『ロミオとジュリエット』はあまり成功しなかったと判断しないわけには行かない。

なぜ成功しなかったのか。「公演中の『武則天』」は、公演結果が理想的ではなかった理由を、観客が『ロミオとジュリエット』を鑑賞できる水準ではなかったことに求めている。

しかし、それだけではなく業余実験劇団の舞台そのものに失敗の原因を求める評論もある。張庚「『ロ

ジュリエットと乳母

ミオとジュリエット』について――二「業余実験劇団」の上演」[31]（『戯劇時代』第三期、一九三七）がそれである。張庚は一九三〇年代以来長く共産党系演劇運動の指導的評論家として活躍してきた人である。業余実験劇団にとっては身内といってもいい。それだけに、張庚の発言は信頼が置ける。

張庚はまず「ロミオとジュリエットの上演は、一般に失敗だったと見なされている。全体的に言うと、私も承認する」と、公演が失敗であったことを確認する。張庚の劇評の貴重な点は、演劇の角度から上演失敗の理由を分析していることにある。シェイクスピア戯曲は今日の観劇習慣からは長すぎるので、適当な長さに圧縮した上演台本を作るのだが、劇中の反封建を強調しすぎ、それと無関係なところを削り、結果として劇の情緒がなくなってしまったという。

今回の上演からみたロミオとジュリエットは、〝五四精神〟、恋愛のために意識的に封建に反逆する台本になっていた。シェイクスピアの世界も〝五四青年〟の世界観になっていた。

張庚によれば、演技にも問題があった。

私たちも、シェイクスピアと心理的リアリズムの間には根本的に相容れないところがあるのを本当にみてしまった。もしたとえばチェーホフ（モスクワ芸術座と切り離せない人）が言うところの日常生活の写実方法を用いてシェイクスピアを演じるのは、本当に不可能なのだ。

この公演は、これまで演出の章泯がスタニスラフスキー・システムを運用して『ロミオとジュリエット』を演出したところに、成功のポイントがあるとされてきた。しかし、張庚は心理的リアリズム、日常生活の写実方法すなわちスタニスラフスキー・システムを用いたことが、公演不成功の原因だと言っているのである。張庚は「失敗の最も明らかな場面は、密会である」とも指摘している。第二幕第二場のバルコニーの場面で、『ロミオ』最大の見せ場である。ここが盛り上がらなかったら、公演は失敗ということになろう。

ロミオを演じた趙丹は、逝去直前の一九八〇年に『地獄の門』[32]を刊行し、そこで自己の俳優生活を振り返っている。そこでは、『人形の家』『大雷雨』や『十字街頭』などは言及があるが、『ロミオとジュリエット』には一言も触れていない。これも公演の失敗を物語るものであろう。

VI

この業余実験劇団『ロミオとジュリエット』公演は、職業話劇団が翻訳劇として上演したものであった。抗日戦争直前の上海は、世界大恐慌の影響を脱した国民党統治による相対的安定の中で消費文化が発達した[33]。そのことが、職業話劇団を成立させ、厳格な翻訳劇としてシェイクスピア作品を上演することを可能にしたのであった。中国演劇史上におけるその意義は大きい。しかし、左翼劇団の方法論とシェイクスピアの結合がうまくいかず、公演は不成功に終わった。おそらくこの時のスタニスラフスキー・システムの理解にも問題があったと思われる[34]。そして、公演直後に起きた抗日戦争勃発により、公演の経験も継承されなかった。空前の民族的国家的危機の中で、抗戦演劇は戦時下の現実を直接反映する左翼系の〝現実主義戯劇〟（リアリズム演劇）が主流となり、一九四九年中華人民共和国建国まで、左翼劇団はシェイクスピアを演じなくなった。シェイクスピアを演じるのは、国民党系か中間派の劇団となった。その国民党系の国立劇専ですら、抗日戦争でシェイクスピア上演を学校公演の中心とするという創設時の方針を変更せざるを得なくなった[35]。これらは、中華人民共和国建国後のシェイクスピア受容にも影を落としている。

中国国内でシェイクスピア受容史研究が行われだすのは、業余実験劇団公演から五十年近くたった文革終結後の一九八〇年代のことである。この頃にはこの『ロミオとジュリエット』公演に対する直接の記憶は失われ、中国現代演劇史上大きな位置を占める劇団の公演であり主役は著名な俳優のため、十分な資料調査が行われないまま、成功という推測がなされ、それが通説になってしまったと思われる。一九八〇年代の中国では、申報など上演時の新聞・雑誌を閲覧し研究に利用することは、まだ困難であった。

本稿の執筆過程で明らかになったのは、上海業余実験劇団『ロミオとジュリエット』のような著名な公演にも、通説と事実の間に大きな隔たりがあることであった。中国現代演劇、現代文化研究には、基礎的な資料調査がまだまだ欠かせないのである。

註

1――曹樹鈞、孫福良《莎士比亜在中国舞台上》哈爾浜出版社、一九八九

2――《莎士比亜在中国舞台上》八八頁

3――孟憲強《中国莎学簡史》東北師範大学出版社、一九九四

4――《中国莎学簡史》一四四頁

5――この田漢訳の訳名は、その後『羅密欧与朱麗葉』『羅米欧与朱麗葉』などと誤って伝えられた。初出の『少年中国』および単行本などにあたり、『羅蜜欧与朱麗葉』であることを確認した。なお、通説に依拠していた本章初出(『摂大人文科学』二十二号、二〇一五)の記述を訂正した。

6――以下の『ロミオ』受容史は、孟憲強《中国莎学簡史》(東北師範大学出版社、一九九四)、曹樹鈞・孫福良《莎士比亜在中国舞台上》などに依拠しつつ、筆者の調査も交えたものである。なお、中華人民共和国建国以後二十一世紀の今日までの翻訳目録は、後日に譲りたい。

7――『申報』一九一六年一月八日付記事

8――この映画は、今日でもDVDなどで簡単にみることができる。筆者がみたのは日本・株式会社コスミック出版の日本語字幕付DVD(二〇一一年発行)。

9――荒井良雄・大場健治・川崎淳之助編集主幹『シェイクスピア大事典』(日本図書センター、二〇〇二)「シェイクスピアと映画」の「トーキー初期の映画化」の項(広川治執筆)。主要なシェイクスピア映画を紹介分析した狩野良規『映画になったシェイクスピア―シェイクスピア映画への招待』(三修社、二〇〇一)でも取りあげられていない。

10――この部分は、瀬戸宏『中国演劇の二十世紀　中国話劇史概況』(東方書店、一九九九)の該当部分と重複する部分がある。

11――《中国左翼戯劇家連盟最近行動綱領》(文化部党史資料征集工作委員会編《中国左翼戯劇家連盟史料集》中国戯劇出版社、一九九一)収録。

12――于伶《戦闘的一生―紀念人民芸術家金山同志》(《人民戯劇》八月号、一九八二)

13　袁鷹《長夜行人　于伶伝》（上海文芸出版社、一九九四）、《中国左翼戯劇家連盟史料集》の姚時暁編《左翼〝劇連〟大事記》など。
14　《中国左翼戯劇家連盟史料集》など。
15　《申報》一九三五年六月二十七日付掲載。
16　《業余劇人三次公演》（《申報》一九三六年一月十六日）
17　葉永烈《江青伝》（作家出版社、一九九三）第六章声名狼藉などに詳しい。
18　《業余実験劇団征求研究団員》（《申報》一九三七年四月二日）
19　《「業余」的陣容和組織》（《申報》一九三七年五月十日）
20　業余劇人協会《業余劇人協会的抱負》（《光明》一九三七年五月二十五日）
21　《『羅密欧与朱麗葉』的進展》（『申報』一九三七年五月九日）
22　第三章参照。
23　何家槐《関於「羅密欧与朱麗葉」》（《申報》一九三七年六月四日）
24　周兆祥《漢訳「哈姆雷特」研究》（中文大学出版社、一九八一）
25　以下の公演に関する記述は一九三七年六月四日付《申報》掲載上演広告による。
26　趙丹の伝記は、中国大百科全書総編輯委員会《戯劇》編輯委員会《中国百科全書・戯劇》（中国大百科全書出版社、一九八九）などによる。
27　兪佩珊の名が《申報》に初めて現れるのは、註20の記事である。
28　宝松《羅密欧与朱麗葉与武則天》（《新華月報》第二巻、第八期、一九三七）、無署名《伶影春秋：影評：羅密欧与朱麗葉》（《天文台》第五十五期、一九三七）ほか
29　台生《対於「武則天」的意見》（《申報》一九三七年六月十九日）
30　無署名《公演中的「武則天」趙慧深臨時飾中宗》（《申報》一九三七年六月二十一日）
31　張庚《関於『羅密欧与朱麗葉』—「業余実験劇団」演出」（《戯劇時代》第三期、一九三七）
32　趙丹《地獄之門》上海文芸出版社、一九八〇
33　岩間一弘ほか編著『上海　都市生活の現代史』（風響社、二〇一二）などに詳しい。

34——中国のスタニスラフスキー・システム受容については、陳世雄《三角対話》（厦門大学出版社、二〇〇三）に詳しい。それによれば、一九三七年当時はまだスタニスラフスキーの著作の完全な翻訳も出現していなかった。

35——詳細は、本書第五章を参照されたい。

第五章

国立劇専とシェイクスピア上演

——第一回公演『ヴェニスの商人』（一九三七年）を中心に

第五章

国立劇専は、一九三五年から一九四九年まで中国に存在した実質的に中国初の国立演劇教育機関である。設立当初は後期中等教育機関の国立戯劇学校で、一九四〇年から高等教育機関(大専)の国立戯劇専科学校となった。今日では、国立劇専の名で記憶されており、本稿でも国立戯劇学校時代も含めて国立劇専と呼称することにする。国立劇専には十四年の歴史の中で千人あまりの学生が在籍し、その中からは後の中国演劇界、映画界の中心を担う人物も数多く育ち、その名を中国演劇、映画史に残している。この学校は、もう一つ特徴があった。第一回、第二回卒業公演がシェイクスピア作品であったことに示されるように、演劇教育の中でシェイクスピアが重要な位置を占めていたのである。特に初期がそうである。抗日戦争全面勃発という開校時予期不能の状況のため、国立劇専のシェイクスピア上演は十四年で四回に留まったが、それでもシェイクスピアが散発的に上演されるに過ぎなかった民国期中国演劇界で四回という上演回数は群を抜いている[1]。国立劇専の研究は、日本ではほぼ皆無であり、中国においても十分におこなわれているとは言えない。本章は、シェイクスピア上演、特に第一回公演の検討を通して国立劇専という国民党系文化教育機関の活動内容と、その歴史的意義およびそれらとシェイクスピアがいかに関わったのかを明らかにすることを目的とする。

I

国立劇専の研究は後述するように劇専が国民党と密接な関係にあったため中華人民共和国建国後長期にわたって不可能であったが、文革終結後閻折梧《えんせきご》編『中国現代話劇教育史稿』、《劇専十四年》編集小組編『劇専十四年』などの資料集、回想録が刊行され、その全体像を知ることが可能になった。このほか、国立劇専自身が編んだ『国立戯劇学校一覧』もある[2]。これらをもとに、国立劇専十四年の歴史をまず概観しておこう[3]。

国立劇専は一九三五年十月十八日、国立戯劇学校として南京・薛家巷《せっかこう》に開設された。その四ヶ月前の六月、陳立夫《ちんりっぷ》、張道藩《ちょうどうはん》ら十三名の国民党系政治家・文化人による戯劇学校創設建議がなされ、七月に批准された。まもなく褚民誼《ちょみんぎ》、方治《ほうじ》、雷震《らいしん》、張炯《ちょうけい》、余上沅《よじょうげん》、張道藩からなる籌備委員会が作られ、張道藩が主任委員となった。八月下旬から具体的な準備が始まり、学校の組織も整い、先の籌備委員会に聞亦有を加えた校務委員会が作られ、張道藩が引き続き主任委員となり、学校の日常的運営にあたる校長には余上沅が任命された。開校から閉校まで、国立劇専校長は一貫して余上沅であった。

ここからもわかるように、設立準備の中心になったのは張道

張道藩

藩である[4]。張道藩（一八九七―一九六八）は貴州省の貧しい家庭に生まれた。幼時から読書を好み、天津・南開中学で学んだ後、一九一九年にイギリスに留学、ロンドン大学美術科で絵画を学んだ。一九二三年、国民党に入党した。一九二六年に帰国後は国民党系革命運動に従事し、軍閥による投獄経験もあるという。第一次国共合作決裂、北伐勝利後の一九二八年以後は政治家として活躍、内政部常務次長、交通部常務次長、国民党中央組織部副部長、中央宣伝部長など国民党および国民政府の要職を歴任した。同時に、中華全国美術会、国際文化合作協会、中華全国文芸作家協会などの設立に関わり、国民党系文化運動の中心人物としても活躍した。国立劇専も、張道藩が立ち上げた機構の一つである。一九四九年以降は台湾に渡り、引き続き国民党系文化運動の中心を担ったほか、立法院長などを務めた。『近代欧州絵画』『我々が必要とする文芸政策』『三民主義文芸論』などの著書があるという。

校長に任命された余上沅（一九九七―一九七〇）は、当時からすでに演劇学者として著名であった人物である[5]。彼は武漢に生まれ、一九二〇年北京大学英文系に入学した。在学中から演劇を愛好し、『晨報』副刊などに盛んに演劇評論を発表した。一九二三年アメリカに留学し、政治を学ぶようにという父親の意に背き引き続き演劇を研究した。一九二五年帰国後は、話劇と中国伝統演劇の融合をめざす国劇運動を提唱した。今日、演劇用語として中国で広く用いられている写意は、彼が今日的意味で使い始めたものである。二〇年代後半から三〇年代にかけて国民党系文学流派として知られる〝新月派〟の一員として活躍、梅蘭芳のソ連公演に顧問として同行した。余上沅は政治家との直接的な関わりは薄かったが、やはり国民党系文化人と呼んでよい人物であった。人民共和国建国後は中国に残り、上海戯劇学院教授などに任じられたが冷遇された。文革中に厳しい批判を受け体力が衰弱し、ガン発病後も十分な治療を受けられず死亡した。文革終結後の一九八六年、『余上沅戯劇論文集』（長江文芸出版社）が上海戯劇学院関係者によって編集刊行された。

このように、国立劇専は国民党政府の強い関与の下に出発した。国立戯劇学校章程（学則）は「本校は、演劇芸術を研究し、実用的な演劇人材を養成し、社会教育を助けることを目的とする」[6]と規定している。学校の経費は（国民党）中央宣伝部、（政府）教育部が支出し、初年度は三千六百元、次年度は四千六百元であった。学則によれば、校務委員、校長も中央宣伝部、教育部の派遣であった。

学生募集は一九三五年九月十日から始まり、二十五日が締切であった。中央日報では、九月十二日から学生募集広告が現れている。九月二十七、二十八日両日、南京、上海、北平（北京）、武漢で入試がおこなわれた。募集広告によれば試験科目は、国文、国語、体格試験、声音表情、姿態表情、口試（いずれも原文）の六科目で、声音表情、姿態表情については、あらかじめ指定された材料があり、受験登録が済んだ者は試験の五日以内に登録処に取りに来るように、との注記があった。

学生募集の対象は「性別年齢を問わないが、初級中学または初級中学以上の学校を卒業しているか、話劇の天才を備えているか、または話劇に特別の経験がある者は合格とする」[7]というものであった。募集広告には、学費・宿舎費、教材費免除も明記され、受験者は千人以上であったという。第一期の入学者は六十名であった。競争率は十六倍以上であったことになる。学生募集の直接の対象は初級中学修了者であったが、合格者にはそれ以上の年齢と社会経験のある者も少なくなかった。

国立劇専はこうして出発した。社会的にも注目を集めた順当な出発であった。当時の二年の課程を終えて卒業したのは四十四名であった。六月三十日には第一期卒業式がおこなわれた。学制も第一期生が卒業した一九三七年秋からは三年制に改められた。

その直後に起きたのが一九三七年七月七日の日中戦争全面勃発であった。国立劇専は南京の他の政府機関、学校と同様に移転を余儀なくされた。これ以後国立劇専の歴史には戦争が常につきまとう。困難な情況の中で、学生、教職員の流動性も著しく増した。予期せぬ移動のためか、第二期の卒業生は第一期に比べ十数人へと激減している。教員の欠員補充は、おそらく校長である余上沅の重要な職務であったろう。

国立劇専は、一九三七年九月には長沙に移転した。南京からまず船で武昌にわたり、そこから汽車で長沙に移動した。まもなく長沙も危険になったので、一九三八年二月には重慶に移った。長沙から船で三峡の武漢側入り口宜昌に移り、そこで二十三日間待機し、万県を経て重慶に到着したのである。重慶市内でも、当初の曽家岩からまもなく上清寺に移動している。しかし臨時首都の重慶は日本軍の爆撃にさらされたのでそれを避けるため一年後の一九三九年四月には四川省南方の小鎮江安へと移り、文廟を校舎とした。国立劇専はようやく安定し、ここで六年間を過ごした。江安は現在は四川省宜賓《ぎひん》市に属する小県で、特に演劇活動と関わりがあったわけではなく、なぜ江安が移転先に選ばれたかはわからない。

一九四〇年六月には、五年制の高等教育機関となり名称も国立戯劇専科学校となった。それまで機構上校長の上にあった校務委員会は取り消され、新しい校務委員会は校長を主席とし各処・系・科主任、教師代表、職員代表で構成される事実上の校長の補佐機関となった。同時に、三年制の高級職業科も敷設され閉校まで続いた。

戦争の勃発は、国立劇専の教育、上演内容にも大きな影響を与えた。それを端的に示しているのが、公演内容の翻訳・翻案劇と創作劇の比率の逆転である。『劇専十四年』所収「歴届演出劇目統計」によれば、国立劇専は十四年間に九十一回の公演を行っている（学内の実習公演や外部の演劇祭参加、旅行公演は除く）。その内容をみると、戦争勃発以前の第十三回公演（一九三七年六月『ヴェニスの商人』）までは翻訳・翻案劇九、創作劇四と圧倒的に翻訳翻案劇が優勢であった。翻案劇は、外国演劇の筋はそのままに、地名、人名を中国に置き換えたもので、中国話劇の確立とされる『若奥様の扇』（上海戯劇協社、一九二四）をはじめ民国期の西洋演劇受容のひとつの特徴であった。それらの演目は、多くが西洋演劇のいわゆる名作劇である。

それが、抗日戦争期の第十四回公演（一九三七年九月）から第七十七回公演（一九四五年七月）には、翻訳翻案劇十八・五、創作劇四十二・五と創作劇が翻訳翻案劇を倍以上上回っている（端数になっているのは、創作劇と翻訳劇を両方上演した公演があったからである）。特に第十四回公演（一九三七年九月）から江安に落ち着く以前の第二十三回公演（一九三七年四月）の時期、すなわち国立劇専が移転を繰り返し中国全体が戦争勃発直後で抗日の情緒がみなぎっていた時期には、翻訳翻案劇一・五、創作劇八・五と創作劇が圧倒している。このほか、旅行公演、戯劇節公演、街頭公演もあったが、これらの演目はほぼすべて創作劇であった。しかも、創作劇は大半が戦時の状況を描いた現代劇である。演目をみると、夏衍『一年間』、于伶『女子公寓』、宋之的『霧の重慶』など今日では共産党系演劇運動の成果とされている演目も少なくない。抗日戦争が、中国話劇の歩みを創作劇重視、リアリズム演劇一辺倒へと変えていったことはかねてから指摘されている[8]が、国立劇専公演内容の変遷もそれを裏付けている。戦争が文化運動に与えた衝撃の大きさを、ここからも知ることができよう。

一九四五年七月、国立劇専は戦局の安定により重慶郊外・北碚《ほくばい》に移転した。五年制は無理があったのか、四五年秋からは再び二年制に切り替えられ、閉校まで続いた。戦争勝利後の一九四六年七月には南京に戻り、新華門近くの鳴羊街に位置した。その後、中国革命の勝利により中華人民共和国建国を待たず一九四九年七月すでに共産党支配下にあった北平（北京）に移転し魯迅芸術学院などと併合し、まもなく中央戯劇学院となった。

II

国立劇専の教育内容は、どのようなものだったのか。その三年制課程の「課程説明」が『国立戯劇学校一覧』に掲載されている。これは余上沅、曹禺、黄佐臨、丹尼《たんに》などが外国の演劇大学の授業内容を参考に決定したという。これ以外の二年制、五年制はこの三年制の圧縮または拡大にすぎなかった。「課程説明」に基づき授業内容をみることにしよう。

一年　三十四時間、二十二単位

講義

国文三、中国総合史二、戯劇概論二、劇本選読二、近代西洋史二、公民一

実技

ダンス二、楽歌二、図画二、国語発音一、化粧術二、舞台技術二、表演基礎訓練十、劇場服務一

二年　三十一時間、二十五、五単位

講義

国文二、世界文化史二、文芸概論（前期）二、社会教育学（後期）一、劇本選読二、西洋戯劇史二、編劇二、演出法二、公民一

実技
　ダンス二、楽歌二、声音訓練一、排練十、舞台装置二、装置実習二、劇場服務一

三年　二十八時間、二十四単位
講義
　国文二、芸術史二、中国戯劇史二、公民一
実技
　排練十、服装設計二
選択
　劇本編制四、表演研究四、布景設計四、導演研究四
　卒業制作一[9]

これをみればわかるように、授業内容はほぼ実技科目二、講義科目一の割合になっている。これは、今日の演劇大学でもほぼ同じという[10]。

国立劇専に関する回想録をみると、科目の具体的内容は担当教師に任され一つの教育体系がうち立てられていたわけではなかったらしい。しかも、戦争と度重なる移転で上述のように教師の流動性は大きく、ここからも統一した教育体系形成は不可能であった。

国立劇専の演劇教育で重要なことは、実際の上演活動を重視したことである。第一期二学期の一九三六年二月には、早くも対外的に公開した第一回公演としてゴーゴリー『検察官』を翻案した陳治策脚色、余上沅

演出による『視察専員』を上演している。劇場は香舗営中正堂で、日中戦争勃発まではこの劇場が南京での対外上演会場となっていた。これ以後、日中戦争勃発までの二年間に国立劇専は十三回の公演をおこない二十の演目を上演するが、上述のように十三は西洋名作劇の翻訳または翻案上演であった。ただし、洪深『青龍潭』（第八回公演）、曹禺『日の出』（第十一回公演）のような中国人作家の創作劇も上演している。また、建校一周年記念実習上演として学生の作、演出、出演による上演も学内でおこなわれ、後に著名な映画監督になる凌子風《りょうしふう》の作品などが上演されている。

抗日戦争勃発後は、時局を反映して創作劇と翻訳・翻案劇の比率が逆転するが、翻訳・翻案劇上演がなくなることはなかった。江安時期は、江安の校内で公演をおこなったほか、しばしば重慶でも公演活動をおこなった。劇場は多くの場合、国泰大戯院であった。

このほか国立劇専の演劇教育で特筆されるのは、中国で最初にスタニスラフスキー・システムに基づく教育をおこなったことである。これは、一九三八年から三九年にかけて国立劇専に在職した黄作霖、金韵之夫妻によっておこなわれた。二人は今日では黄佐臨、丹尼の名で知られ、イギリス留学から帰国したばかりであった。しかし、この時のスタニスラフスキー・システム教育は必ずしも成功したものではなかったようである。国立劇専の江安移転を機に二人は国立劇専を離れ、〝孤島〟上海に去り、後を継いだ閻折梧もやがて国立劇専を離れた。その後は担当者となった教員が第一部だけ翻訳されていた『俳優修業』をもとに機械的な授業をおこない、学生は〝死、塌、泥〟（スタニスラフスキーの音写、斯坦尼とほぼ同音）と皮肉ったという[11]。

III

冒頭で述べたように、国立劇専の重要な演劇活動にシェイクスピア上演があった。国立劇専は、十四年の間にシェイクスピアを四回上演している。すでに触れたように民国期の他の演劇団体でこれほどシェイクスピアを上演した劇団・団体は他に例がない。

第一回は、一九三七年六月十八日―二十一日の『ヴェニスの商人』(『威尼斯商人』)公演である。余上沅・王家斉の演出で、使用した翻訳は梁実秋の訳であった。これ以後、国立劇専の使用訳本はすべて梁実秋訳である。これは、劇専第十三回公演で、第一回卒業公演でもあった。

第二回は、一九三八年七月一日―四日の『オセロ』(『奥賽羅』)で、演出は余上沅。重慶・国泰大戯院で上演された。第二十回公演で、第二回卒業公演でもあった。

第三回は、一九四二年六月五日―七日の『ハムレット』(『哈姆雷特』)で、演出は当時国立劇専に在職していた焦菊隠である。江安・劇校劇場で上演され、第五回卒業公演でもあった。

この公演は好評だったのか、一部キャストを変えて再演されている。劇専劇団の名義だが、実質的には第五回卒業公演の再演のようである。まず同年十一月十七日に重慶・実験劇場で上演された後、十二月九日―十八日に重慶・国泰大戯院で上演された。劇専第五十四回公演である。この公演は当初は十四日までだったが、『中央日報』掲載広告によれば「連日客満」で十五日より四ステージ追加公演がおこなわれている。この『ハムレット』公演は第六章で検討する。

国立劇専『ヴェニスの商人』

第四回は、一九四八年四月二十三日『ヴェニスの商人』である。演出は余上沅。この上演は第九十一回公演だが、『中央日報』の報道記事によればこの日「劇聖シェイクスピア三八四年誕辰記念」として講演会とともにおこなわれた。劇場は国立劇専礼堂である。『ヴェニス』のような大規模な上演が一日だけで終わった筈はないのだが、すでに激化していた国共内戦や大インフレーションによるすさんだ社会状況を反映してか上演広告もなく、『中央日報』ではこの日の上演しか確認できない。『劇専十四年』でも扱いは小さい。卒業公演かどうかも明らかではない。

以上が国立劇専のシェイクスピア上演概略である。このうち『オセロ』『ハムレット』は中国初演である。四回のうち三回は卒業公演である。演劇学校の上演活動のうち卒業公演が最も重要なものであることは自明のことで、ここからもシェイクスピア上演が国立劇専の活動に占めた位置の大きさが理解できよう。本来、余上沅と国立劇専は卒業公演をすべてシェイクスピアでおこなうことを企図していたが、戦争のために果たせなかったという[12]。

各公演のうち、一九三七年六月の第一回公演『ヴェニスの商人』は抗日戦争直前におこなわれ、余上沅と国立劇専の意図が最も明確に現れた公演であったと思われる。資料も、ある程度は豊富に残されている。この公演を分析することにより、国立劇専がなぜシェイクスピアを重視したか、その実際の上演状況はどうであったか、明らかにできよう。

IV

中華人民共和国建国以前の中国現代演劇（話劇）史は中国共産党が直接間接に関与した左翼演劇が主流であり、シェイクスピア上演は決して多くはなかった[13]。その中で『ヴェニスの商人』は最も人気があり上演回数の多い演目であった[14]。国立劇専の第一回『ヴェニス』上演については、余上沅が中央日報一九三七年六月十八日付戯劇副刊に「私たちはなぜシェイクスピア劇を上演するのか」という文を発表している。これに基づき、この公演の背景を探ることにしよう。

余上沅はまず、「シェイクスピアの戯曲を上演することは、世界各国（イギリスだけでなく）で極めて重要な上演の一つ、さらには演劇の最高水準とみなされている」と述べた後、中国の状況について次のように述べる。

中国でのシェイクスピアに対する認識はまだ浅薄である。これは、事実である。根本的には、シェイクスピア劇は数編しか中国語に訳されていない。以前、高校生はしばしばシェイクスピアを語っていた。あたかも彼についてよく知っているかのようである。実際には、彼らは『莎氏楽府本事』（ラム『シェイクスピア物語』中国語訳——筆者）をちょっと読んだにすぎない。シェイクスピア劇の筋を知っているということとシェイクスピアについて知っていることとは、絶対に同じではない。

さらに余上沅は坪内逍遙の日訳シェイクスピア全集完成を称賛した後、中国では梁実秋がシェイクスピア翻訳に取り組みすでに八本の翻訳を完成させたことを紹介し、そして、今回の上演では梁実秋訳から『ヴェニスの商人』を選んだと述べ、更に自分たちの公演についてこう宣言する。

多くの実験を経なければ、永遠に成功することはできない。私たちは一つの試行を始めようと願うのである。

これが、余上沅と国立劇専がシェイクスピア劇上演を敢行する基本姿勢である。ここには、余上沅らの発想がよく現れている。すなわち、シェイクスピアを上演するのは「世界各国」で「演劇の最高水準」とみなされているからである。欧米を基準としつつそれを模範にし欧米に近づくことによって自らの芸術の質の向上をめざそうということである。直接的な社会性の否定もしくは無視である。

実際の上演も、余上沅らの発想がよく体現されたものであった[15]。その主な配役は次の通りである。

シャイロック（夏洛克）――張樹藩
アントーニオ（安東尼）――郭寿定
グラシーノ（格拉西安諾）――余師龍
ポーシャ（波西亜）――葉仲寅（葉子）
バサーニオ（巴散尼奥）――陳建

国立劇専の学生たちは三ヶ月にわたるけいこをし、上演にあたっては特別パンフレット『卒業公演特刊』、

坪内逍遙
（早大演劇博物館提供、F73-000253）

国立劇専『ヴェニスの商人』上演広告
（『中央日報』1937年6月18日）

『シェイクスピア特刊』が公刊された。南京発行の新聞である中央日報、新京日報は文化面で『ヴェニスの商人』公演特集を組んでもいる。さらに翻訳者の梁実秋らに依頼して、五回のシェイクスピア講座も開設された。梁実秋は北京大学教授で北京（当時の呼称は北平）在住であったが、この講演のために彼を南京に招いたのである。梁実秋は当時の中国で最高水準の英文学者だったが、彼は左翼文学に否定的な立場を取り、魯迅らと激しく論争した。後に毛沢東からは名指しでブルジョア文学者と批判されている。左翼文芸を否定する彼らだからこそ、シェイクスピアを賛美しその紹介を目指したといえる。ここに、国民党系文化運動の際だった特徴をみることもできよう。

しかし、『新京日報』などに掲載された『ヴェニスの商人』に関する評論を読むと、評論の筆者すなわち観客の代表には、余上沅らの発想からはみだす受け止め方もあったことがわかる。

弱小民族である中国人の眼から見れば、それに新しい解釈を与えることもできる。侮辱され欺かれているユダヤ人シャイロックの立場に立てば、それは悲劇なのである。（余師龍「シェイクスピアのヴェニスの商人を語る」）［16］

シャイロックの狡猾、凶悪はもとより憎むべきである。しかし、私たちが近代の眼でみると、その中には人道主義の精神が含まれており、圧迫されている民族の憤激、痛恨を代表しているのである。（中略）私たちはこの劇を宗教上の、あるいはある民族の争いとみなすことはできない。私たちはそれを（実は本来の意義はこれであったのだが）圧迫者と被圧迫者の描写とみなすべきである。現実の世界はこの二つの分野の民族に分かれており、この劇は現実の圧迫の対照なのである。（王澧泉「ヴェニスの商人の意義」）［17］

これらの評論執筆者の意図は明らかであろう。シャイロックの運命と抗日戦争爆発前夜の中国の状況を重ね合わせ、『ヴェニスの商人』を弱小民族の悲劇を描いた作品ととらえていたのである。南京という地理的位置からみても、評論執筆者が国民党と近い位置にいたことが容易に推定できるが、そのような立場の者の眼に『ヴェニス』がこのように映ったということである。

より特徴的なのは、訳者の梁実秋であろう。梁実秋は公演直後の六月二十六日に「『ヴェニスの商人』について」と題する評論を『北平晨報・文芸』第二十五期に発表している［18］。題名からみて、『シェイクスピア特刊』に収録されたものと同文と思われる。全体としては上演にあたって『ヴェニス』の歴史的意義などを手際よく概括した解説的文章だが、彼もハイネの『ヴェニス』評を引きながらユダヤ人の境遇の悲惨さを指摘している。梁実秋は過去にも、やはりハイネ評を長く引用しながら同様の発言をしている。

国立劇専『ヴェニスの商人』

『ヴェニスの商人』を、私は何度も子細に読んだ。舞台での上演も何回か観た。シャイロックの失敗を嬉しく思ったことは一度たりともない。アントーニオの勝利あるいはバサーニオの結婚を面白いと思ったことも一度たりともない。私はかねてからずっとこの戯曲には重要な意味があり、単にシャイロックを犠牲にした滑稽喜劇では絶対にないと思ってきた。『ヴェニスの商人』は喜劇ではあるが、実は大きな悲劇性がその中に存在しているのである。

私は、『ヴェニスの商人』の最も人を動かすところは、ユダヤ人の被圧迫を描いているところにあると思う。（中略）私は、シェイクスピアが意をもってこの劇の中で非圧迫民族のために気を吐いたと言っているのではない。私はただ、この劇の中でシェイクスピアはユダヤ人が圧迫された事実を描いていると述べているだけである。シャイロックは、いかにしても完全無欠な人物ではない。しかし彼は血と肉でできた人物であり、私たちの同情に値するのである[19]。

『ヴェニスの商人』は日本でも二十世紀七〇年代までは最も

人気のあるシェイクスピア作品であったが、日本の『ヴェニス』上演、特に戦前にはこのような解釈はほとんどみられない[20]。ここに、三〇年代中国の『ヴェニス』受容の特徴をみることもできよう。文学芸術の非階級性を強調した梁実秋らですら、『ヴェニス』を中国の現実に引きつけシャイロックの運命に焦点をあてて考えざるを得なかったのである。

国立劇専第一回卒業公演の意図を整理すると、(欧米の基準による)「世界名作」を正確に中国に紹介し、それによって中国演劇(話劇)の水準を高めようというものであった。当然、それは学術性の濃い上演となった。上演の直接の社会的効果、芸術の直接の功利性を否定するという点では、国民党系文化人の芸術観が色濃く表現されている。しかも、抗日戦争勃発以前の上演のため、国立劇専創立時の指向性も最も強い。しかし、彼らも当時の中国の社会的状況と無関係でいることはできなかった。シェイクスピアのように、時代性、傾向性の表現から最も遠いとみなされる作品の受容にすら、それが表れている。一九四二年に戦時下の重慶で『ハムレット』を上演したように、国立劇専は抗日戦争勃発後も当初の志向をまったく放棄してしまったわけではない。しかし、この『ハムレット』も抗日の時代色が強く表れたものであった[21]。『ヴェニスの商人』上演の直後から戦争によって国立劇専の上演内容は急速に抗日に奉仕する演劇へと変化していくが、それをもたらした要因は第一回公演をとりまく状況自体にすでに胎まれていたとも言えよう。

かつては、共産党系文化運動と国民党系文化運動は決定的に相違しているように思われていた。しかし、今日の立場から国立劇専の活動内容を検討すると、実際には両者には重なる要素があったことに気がつく。国立劇専出身者には中華人民共和国建国後の演劇・映画界で活躍した人物が少なくないが、それを可能にした大きな原因の一つはここにある。

一方で、国立劇専のシェイクスピア重視は〝階級闘争〟に基づく政治宣伝を重視した人民共和国の演劇界に引き継がれなかった。建国後十七年の時期に上演されたシェイクスピア上演は皆無ではないが少なく[22]、中国語版『シェイクスピア全集』発行は文革終結後の一九七八年のことである[23]。国立劇専をはじめとする民国期国民党系文化運動の何が人民共和国建国後に引き継がれ、何が引き継がれなかったか、それは何を意味したのか、今日の立場から改めて事実に基づいて検討する必要があるだろう。

註

1——話劇が確立して以降、民国期には国立劇専を除いてシェイクスピア上演劇団はすべて一回しかシェイクスピアを上演していない。序章参照。上海戯劇協社第十五回公演『ヴェニスの商人』は、実質的に第十四回公演の延長である。

2——国立戯劇学校《国立戯劇学校一覧》国立戯劇学校、民国二八年十二月、中央戯劇学院図書館で閲覧可能。
閻折梧編《中国現代話劇教育史稿》華東師範大学出版社、一九八六
《劇専十四年》編集小組編《劇専十四年》中国戯劇出版社、一九九五
中央戯劇学院《中央戯劇学院校友録　一九五〇—一九九五》中央戯劇学院、一九九五、非売品

3——本節の国立劇専の歴史は、主に以下の文献・資料による。張道藩《国立戯劇学校之創立》（《国立戯劇学校一覧》収録）、閻折桐等《南京〝国立劇校—劇専〞的十四年》（《中国現代話劇教育史稿》収録）、編集小組《国立戯劇専科学校簡介》（《劇専十四年》収録）。

4——主に張道藩《酸甜苦辣的回味》（台湾・伝記文学出版社　民国五七年）に附された「張道藩先生事略」（無署名）による。

5——主に周牧《為中国戯劇奉献一生的余上沅先生》（《劇専十四年》）による。

6——《国立戯劇学校章程》（《国立戯劇学校一覧》）収録。

7——一九三七年九月十二日付《中央日報》掲載学生募集広告。

8——田本相《試論西方現代派戯劇対中国現代話劇発展之影響》（《現当代戯劇論》江西高校出版社、二〇〇六収録）ほか。瀬戸宏『中国演劇の二十世紀』（東方書店、一九九九）にも指摘がある。

9——《三年制課程説明》（《国立戯劇学校一覧》）より。この資料は《中国現代話劇教育史稿》にも全文転載されている。

10——筆者が近現代演劇研究会（日本演劇学会分科会）で関連報告をした際の日本の大学の演劇専攻関係者の発言による。

11——《劇専十四年》

12——曹樹鈞、孫福良《莎士比亜在中国舞台上》哈尓浜出版社、一九八九

13——序章参照。このほか、中国でのシェイクスピア受容史に関する主な研究には以下の論考がある。
周兆祥《漢訳〈哈姆雷特〉研究》香港中文大学出版社、一九八一
中国莎士比亜研究会編《莎士比亜在中国》上海文芸出版社、一九八七
孟憲強《中国莎学簡史》東北師範大学出版社、一九九四
曹樹鈞、孫福良《莎士比亜在中国舞台上》哈尓浜出版社、一九八九
周陵生《莎士比亜大辞典》商務印書館、二〇〇一
曹樹鈞《莎士比亜的春天在中国》天馬図書有限公司、二〇〇二
西村正男「陰鬱なドン・キホーテ」『東方学』九五集、一九九八

14——河竹登志夫は「『ヴェニスの商人』はシェイクスピア作中最高の人気作だった。現在はあるいは『ハムレット』に最多上演記録を譲っているかもしれないが、筆者の調べでは昭和四十八年の劇団『欅』の上演時において、『ベニス』は通算五十六回をかぞえ、第二位の『ハムレット』より十回多かった。戦前はその差はもっと大きかったのである。これは日本だけの特殊現象ではなかろうか。」（「シェイクスピア受容史の全貌」『続々比較演劇学』南窓社、二〇〇五）と述べているが、中国も同様で「日本だけの特殊現象」というのは正しくない。

15——この公演を巡って発行された評論類は以下の通り。なお、この公演の直接の劇評はまだ探し出せてお

らず、後日を期したい。
《畢業公演特刊》（劇情、人物表、劇照が収録されているというが未見。《莎士比亜在中国舞台上》より）
《莎士比亜特刊》（未見。以下の内容は《莎士比亜在中国舞台上》より）
梁実秋《関於〈威尼斯商人〉》
常任侠《莎士比亜的作品及生平》
宗百華《我所爱於莎士比亜》
徐仲年《莎士比亜的真面目》
李青崖《泰国的几句和莎士比亜有関的話》
王思曾《介绍一位英国批評家対莎士比亜的看法》
袁昌英《歇洛克》
余上沅《我们為什麼公演莎氏劇》
《中央日報》、《新京日報》……『ヴェニスの商人』公演特輯
・《中央日报》
余上沅《我们為什麼公演莎氏剧》一九三七年六月十八日
達波《関於莎士比亜剧作的上演》一九三七年六月十八―二十五日
其良《夏洛克》一九三七年六月二五日
・《新京日报》すべて一九三七年六月十六日
余師龙《読莎士比亜的威尼斯商人》
何徳璋《介绍威尼斯商人》
王澧泉《威尼斯商人的意義》
夏易初《威尼斯商人本事》
16――余师龙《読莎士比亜的威尼斯商人》
17――王澧泉《威尼斯商人的意義》
18――《梁実秋文集》第八巻、鷺江出版社、二〇〇二、収録。

19――《〈威尼斯商人〉的意義》（《梁実秋文集》第一巻）収録。

20――「日本のこの時期の『ヴェニスの商人』受容には、ユダヤ人に理解を示したもの、ユダヤ人を描いたことを最大の特徴とするものは少ない。」（河竹登志夫『比較演劇学』南窓社、一九六七）。

21――西村正男「陰鬱なドン・キホーテ」（『東方学』九五集、一九九八）がこの問題を論じている。

22――「十七年」の時期に上演されたシェイクスピアは、『ロミオとジュリエット』（中央戯劇学院）、『から騒ぎ』（上海戯劇学院、上海青年話劇団）、『十二夜』（北京電影学院など）の三作に過ぎない。序章参照。文革期にシェイクスピアがまったく上演されなかったことはいうまでもない。

23――《莎士比亜全集》全十一巻、人民文学出版社、一九七八

第六章

国立劇専『ハムレット』公演（一九四二年）をめぐって

第六章

一九四二年に上演された国立劇専『ハムレット』公演は、中国最初の本格的上演であった。抗日戦争期という困難な時期の上演のためか、残された資料は少なく、この公演をめぐる状況はほとんど明らかになっていない。しかし、『ハムレット』がシェイクスピア作品の中で占める位置を考えても、中国シェイクスピア受容史を考える時、この中国初演は見逃すことのできない上演であることはいうまでもない。本稿では、限られた資料に頼ってではあるが、その公演の経過を明らかにすると共に、意義を考えてみることとしたい。

I

上演の背景——中国における『ハムレット』受容史

公演の具体的分析に入る前に、中国における『ハムレット』受容史を確認しておこう。中国で最初に『ハムレット』の内容が中国語で伝えられたのは、一九〇三年刊行の訳者不明『澥外奇譚』であった。これはラム『シェイクスピア物語』から十編を選んで訳出し、短編白話小説風の題名をつけたものだが、『ハムレット』は『報大仇韓利徳殺叔』（大仇を報いて韓利徳は叔父を殺す）の訳名で収録されている。翌一九〇四年ラム『シェイクスピア物語』全訳である林紓・魏易譯『吟邊燕語』（商務印書館）が刊行された。各編には文言小説風の訳名がついているが、『ハムレット』は『鬼詔』の題名で訳されている。訳名には訳者の関心が集中的に現れるが、『澥外奇譚』の訳者はハムレットの復讐に注目し、林紓らは先王の亡霊の述白に注目したのである。

完全な中国語訳の出現は、やはり五四運動の後であった。一九二一年田漢訳『哈孟雷特』が最初で、『少年中国』第二巻十二期に発表され、翌一九二二年年中華書局より単行本が発行された。当時の田漢に『ハムレット』を訳せる英語力があったか疑問で、日本語からの重訳の可能性が強い。その後の中華人民共和国成立までに刊行された翻訳は、次の通りである[1]。

一九二四年　邵挺訳『天仇記』上海・商務印書館
一九三六年　梁実秋訳『哈姆雷特』上海・商務印書館
一九三八年　周荘萍訳『哈夢雷特』上海・啓明書局
一九四六年　曹未風訳『漢姆莱特』上海・新文芸出版社
一九四七年　朱生豪訳『漢姆莱脱』上海・世界書局

中華人民共和国建国後の主な訳には次のものがある。

一九五六年　卞之琳訳『丹麦王子哈姆雷特悲劇』作家出版社
一九八三年　林同済訳『丹麦王子哈姆雷特悲劇』中国戯劇出版社
一九九一年　孫大雨訳『罕秣莱徳』上海訳文出版社
二〇〇〇年　方平訳禧『哈姆莱特』河北教育出版社
二〇〇一年　彭鏡禧訳『哈姆雷』台北・聯経出版社
二〇一五年　辜正坤訳『哈姆雷特』外語教学与研究出版社

このほかにも二十世紀末以来多くの『ハムレット』中国語訳が現れており、その紹介は後日を期したい。

このうち、梁実秋訳は本稿の主題である国立劇専公演上演台本であり、後に台湾版シェイクスピア全集に収録された。朱生豪訳は文革終結後の一九七七年単行本（人民文学出版社）では『哈姆莱特』に改められ、中国大陸版シェイクスピア全集に収録された。中国と台湾の普及本で訳名が違っており、中国でも一九五六年の卞之琳訳『丹麦王子哈姆雷特悲劇』（作家出版社）のように「哈姆雷特」を用いた訳があるため、中国語文化圏全体では今日も『ハムレット』の漢字表記として『哈姆雷特』『哈姆莱特』が並列して用いられている。

『ハムレット』の上演はどうか。

別の場でも指摘したことだが、民国期の中国現代演劇は左翼系が主流であり、シェイクスピア作品は散発的に上演されるに過ぎなかった。その中で最も多く上演されたのは『ヴェニスの商人』であり、次は『ロミオとジュリエット』であった。それに比べて『ハムレット』の上演は少ない。

文明戯では他のシェイクスピア作品と同様に『吟邊燕語』の『鬼詔』を脚色した作品が何回か上演されている。ただし、文明戯最盛期の春柳社、新民社、民鳴社ではなく、もう少しあとの上演であった。その最初は、中報で確認できる限りでは一九一六年五月七日に笑舞台で上演された『竊国賊』である[2]。「竊国賊」とは、国を盗む賊、悪人という意味である。広告文には「莎翁戯をみて竊国賊を見なかったら非常に惜しい。ただ鬼詔は吟辺燕語みえるが、最も有名で、最も脚色が難しく、最も演じにくく、配役が最も難しい。思いがけず、正秋先生の脚色は非常に良く、名を竊国賊と改めた。脇役もまたよい。優游の王の弟、剣魂の后、悲世の女である」とある。これをみると、鄭正秋が脚色し、自らハムレットを演じたらしい。この上演は好評だったようで、同年八月六日、九月二十九日にも上演されたことが、中報上演広告からわかる。

『ハムレット』は今日シェイクスピア作品の中で『ロミオとジュリエット』と並んで最も人気のある作品で、シェイクスピア上演が比較的少ない中国でも近年は数年おきに上演されているが、民国期ではこれから詳述する国立劇専『哈姆雷特』公演以外に厳密な意味での翻訳上演はない。民国期にもここで指摘したもの以外にもいくつか文明戯や伝統演劇に書き換えての上演があるようだが、その詳細は現在では不明で別の機会に譲りたい。

II

国立劇専と上演の概況

国立劇専については、第五章でその内容を詳しく紹介した[3]ので、ここではごく簡単な記述に止めたい。一九三五年二年制の国立戯劇学校として創立された。当初は中等教育機関であったが、一九四〇年に五年制の国立戯劇専科学校に改組され、高等教育機関となった。一九四九年、魯迅芸術文学院、華北大学と合併し、中央戯劇学院となった。校長は創立から終焉まで一貫して余上沅で、国民党の影響が強い学校であった。

国立劇専は卒業公演すべてをシェイクスピアでおこなう計画をもっていた。第一回卒業公演を一九三七年六月に『ヴェニスの商人』で、第二回公演を一九三八年七月に『オセロ』でおこなったが、抗日戦争勃発という開校時には予想できなかった事態の勃発により、計画は挫折していた。その国立劇専が、四年ぶりにシェイクスピアを上演することになったのである。

まず公演の概況を確認しておこう。一九四二年六月五日から七日まで、『哈姆雷特』が国立戯劇専科学校(国立劇専)第五回卒業公演として、当時四川省江安県にあった国立劇専校舎で演じられた。この公演は、五年制の高等教育機関である国立戯劇専科学校となって最初の卒業公演であった[4]。国立劇専は抗日戦争勃発により、第三回、第四回公演は卒業公演でシェイクスピアを上演できずにいた。『劇専十四年』によれば、

国立劇専卒業公演『ハムレット』（国立劇専史料江安陳列館所蔵）

第三回卒業公演は一九四〇年六月に李健吾『以身作責《ママ》』を、第四回は一九四一年六月に陶熊『反間諜』を、いずれも江安で上演している[5]。しかし、専科学校への昇格を機会に、改めてシェイクスピア上演に取り組んだのであろう。上演台本は他の国立劇専シェイクスピア上演と同様に梁実秋訳、演出は当時同校の教員であった焦菊隠であった。

梁実秋（一九〇三―一九八七）は、二十世紀中国を代表する英文学者の一人であり、著名な文芸評論家、散文家でもある。北京生まれ、一九二三年から二六年までアメリカに留学、帰国後東南大学、北京大学で教鞭をとった。魯迅らと芸術の階級性を巡って論争し、左翼系作家と対立を深めた。三〇年代からシェイクスピア翻訳を開始している。抗日戦争中は重慶で「抗日無関係論争」を引き起こし、左翼系作家と再び対立した。一九四〇年に延安見学を希望したが、中国共産党から直接拒絶された[6]。毛沢東『文芸講話』では「魯迅が批判した梁実秋のような者は、口では文芸は超階級的だなどと提起するが、実際にはブルジョア階級の文芸を主張し、プロレタリア階級の文芸に反対しているのだ」[7]と名指しで批判され、更に一九五三年発行『毛沢東選集』第三巻収録『文芸講話』の梁実秋注釈[8]は彼を「革命反対を堅持し、革

国立劇専卒業公演『ハムレット』プログラム
（国立劇専史料江安陳列館所蔵）

国立劇専『ハムレット』
（国立劇専史料江安陳列館所蔵）

命文芸を呪い罵倒した」と規定し、中国での一九八〇年代頃までの梁実秋評価に決定的な影響を与えた。梁実秋は一九四九年台湾に移り、一九六七年台湾でシェイクスピア個人訳を完成させた。これは、中国語文化圏初の、アジア全体でも坪内逍遙に次ぐ壮挙であった。一九八〇年代後半以降、中国でもしだいに客観的評価がなされるようになり、一九九一年発行の『毛沢東選集』第二版収録『文芸講話』の梁実秋注釈[9]は全面的に書き直され、略歴を主としたものとなった。今日では、二十一世紀に入って中国でも十五巻本の『梁実秋文集』[10]が刊行されている。

焦菊隠（一九〇五―一九七五）も、後に著名な演出家となった。原名焦承志、天津生まれ。燕京大学卒業、フランスに留学する。抗日戦争中は各地を流浪する。中華人民共和国建国後、北京人民芸術劇院第一副院長、総導演（首席演出家）となる。演出の代表作に老舎『龍鬚溝』『茶館』、郭沫若『蔡文姫』ほかがある。スタニスラフスキー・システムの中国での定着を目指すと同時に、伝統演劇に学ぶ話劇の民族化を主張し実践した。文革では激しく批判され、非業の死をとげたが、一九七九年三月再演の『茶館』が極めて高い評価を受け、今日では二十世紀中国を代表する演出家とみなされている。今日では、十巻本『焦菊隠文集』[11]が刊行

解体前の国泰電影院（筆者撮影）

焦菊隠

されている。

　話を国立劇専『ハムレット』に戻そう。この公演は好評であったので、同年十一月十七日『丹麦王子哈姆雷特』の上演名で、国立戯劇専科学校付設劇団の名称で重慶黄家垭口・実験劇場で上演された。さらに同年十二月九日から十八日まで、同じく国立戯劇専科学校付設劇団の名称で、重慶・国泰大戯院で上演された。国泰大戯院は、一九三七年二月八日開場し当時の重慶話劇上演の中心となった劇場で、柴家巷《さいかこう》にあった。柴家巷は現在は存在しない地名で、今日の渝中区《ゆちゅうく》鄒容路《すうようろ》とほぼ等しく、重慶のシンボル解放碑のすぐそばで、当時も現在も重慶随一の繁華街である。中華人民共和国建国後は一九五三年に和平電影院と名称変更し、文革期に東方紅電影院となったが、まもなく和平電影院の名称が復活した。一九九四年には国泰電影院となった。二〇〇七年重慶再開発のため取り壊された。跡地には国泰大戯院と重慶美術館を含む国泰芸術中心の設立が決定され、二〇一二年に落成した[12]。

　国立劇専『ハムレット』上演は、当初は十四日までの上演予定だったが、新聞広告[13]に拠れば「連日客満」で十五日から十八日まで公演が追加された。上演経過からみる限り、公演は成功であったといえよう。

III

上演の意図

国立劇専はなぜこの時期に『ハムレット』を上演したのだろうか。

もともと国立劇専が卒業公演にシェイクスピアを必ず取り上げることにしたのは、校長の余上沅によれば、「シェイクスピアの戯曲を上演することは、世界各国（イギリスだけでなく）で極めて重要な上演の一つ、さらには演劇の最高水準とみなされている」にもかかわらず「中国でのシェイクスピアに対する認識はまだ浅薄である」[14]からであり、その是正をめざしたのであった。

余上沅は重慶での上演の際に「『ハムレット』再演にあたって」（一九四二）という文章を書いている。余上沅はその中で「沙翁の戯曲を演じるのが最も多く最もよい国は、文化芸術水準が最も高い国である。（中略）我が国の文化が先頭に向かって追いつき、世界文化の林に分け入るために、沙翁の劇を紹介し上演することは不可欠である。」[15]と一九三七年と同様に、シェイクスピアが世界名作だから演じるという態度を表明している。

そうであるなら、『ハムレット』は遅かれ早かれ必ず上演されなければならない作品であった。中国のシェイクスピア上演史をみると、一九三〇年戯劇協社『ヴェニスの商人』を皮切りに、一九三七年上海業余実験劇団『ロミオとジュリエット』、一九三八年国立戯劇学校『オセロ』が上演されている。いずれも、厳格な翻

国立劇専史料江安陳列館（国立劇専江安校地跡、筆者撮影）

訳劇上演としては中国初演である。『ロミオとジュリエット』は他の劇団でも上演されている。しかし、『ハムレット』は、厳格な翻訳上演としては一九四二年当時まだ中国では上演されていなかった。『ハムレット』はシェイクスピア四大悲劇の一つであり、『ヴェニスの商人』を別にすれば、『ロミオとジュリエット』と並んで中国でも最も人気のあるシェイクスピア作品でもあった。国立劇専がシェイクスピア劇上演再開の機会に『ハムレット』をとりあげたと考えてよいのではないか。後述のように、余上沅も焦菊隠も、上演に関する文章の中で、中国ではこれまで『ハムレット』は上演されたことがないと特に言及しているのである。

だが、一九四二年の国立劇専『ハムレット』上演には、単なる世界名作紹介の域を超えた上演意図も認められる。余上沅は同じ文章の中で、次のように抗戦の現実と『ハムレット』を結びつけて説明している。

『ハムレット』が備えている社会的意義の一つは、ハムレット王子が運命の支配に反抗し、専制の圧迫に反抗し、凡庸、淫乱、堕落、悲観の劣悪な環境の中で、努めて逃れようとし、努めて解放されようとするあの革命、進取の精神である。この精神の感染と昇華は、抗戦期の中国人がまさに必要としているのである。

演出の焦菊隠も『『ハムレット』について」で『ハムレット』はシェイクスピア四大悲劇の一番であるだけではなく、世界で最も偉大な演劇の一つである。同時に、中国の話劇の舞台でこの傑作はまだ上演されたことがない。」[16]と『ハムレット』上演の理由を、まず『ハムレット』が偉大な作品であるにもかかわらず、中国では上演されていないことに求めている。しかし焦菊隠も、抗戦の現実と『ハムレット』を結びつけている。

ハムレットの性格は、抗戦中の我々にとって、一つの鏡であり、教訓である。あれらの最後の勝利に確信がなく、意思が集中せず、力が集中しない人たちにとっては、刺激であり、風刺である。デンマークの王子ハムレットは、国事や家庭の変化に対して、何を為すべきか早くからわかってはいたが、終始逡巡して決せず、終始わかっていることを行動の上で表現しようとはしなかった。一人の人間あるいは一つの民族が、意思があるだけで行動しようとはしなかったら、必ず滅亡するであろう[17]。

焦菊隠は翌年発表の「シェイクスピアと『ハムレット』」でも同様の意見を述べている。

ハムレットを語るについて、最も重要な一点は彼の性格である。彼の性格の特徴は逡巡である。だが、逡巡は決して怯懦ではない。彼の逡巡は、彼が真理を愛しすぎ、一つのことに出くわした時彼が過度に熟考するからであり、だから彼はついに失敗してしまうのである。我々中国人はしばしば慎重すぎ、かえって勇気をなくしてしまい、何事も成し遂げられないのである。まさにアナトール・フランスが言っているように、彼は勇敢でもあり、弱くもある。これは人類の長所を表現しているのであり、弱点でもある。（『演劇生活』第三期、一九四三）

余上沅は『ハムレット』に進取の精神を見いだして抗戦期の現実の中でそれを肯定し、焦菊隠は『ハムレット』の焦点を逡巡する性格に求め、抗戦期の一つの教訓としてそれを否定的にとらえている。公演の責任者と上演の責任者の意見は食い違っている。二人の『ハムレット』理解が今日から見て妥当であるかは、考慮の余地があろう。しかし、当時の余上沅、焦菊隠はそのようなものとして『ハムレット』を捉えたのである。矛盾した解釈がそのままどちらも通用するところに、『ハムレット』という作品の複雑さ、豊かさがある。

Ⅳ

上演の内容と反響

焦菊隠の演出は、原作そのままではなかった。全五幕二十場を四幕十五場に整理したのである。油印の江安公演のプログラムが残っている[18]が、それによれば、各幕にはタイトルがつけられており、その内容は次の通りであった。

第一幕「冥界からの訴え」(陰訴) 第一場〜第五場
第二幕「狂気を装う」(佯瘋) 第六場〜第八場
第三幕「考えを誤る」(誤義) 第九場〜第十二場
第四幕「長き恨み」(長恨) 第十三場〜第十五場

江安での主なキャストは次の通りであった。

国王(クローディアス)——陳鏡先
王妃(ガートルート)——彭厚筠
哈姆雷特(ハムレット)——温錫瑩
普羅尼阿斯(ポローニアス)——陳鐘瑄
何瑞修(ホレイショー)——程華魂
頼爾梯斯(レアティーズ)——萬祝曉
俄菲麗婭(オフェーリア)——駱冰

曹樹鈞・孫福良『莎士比亜在中国舞台上』によれば[19]、初演では、江安・国立劇専が校舎としていた文廟の大殿を、エルシノア城とする演出が取られた。大殿手前の渡り廊下に板を引き詰めて舞台にし、大殿を楽屋とした。舞台には国王、王妃の玉座、王妃のベッド、クローディアスの祈祷用の台のほかは何もなかった。こうして舞台は広々として奥行きがあるものとなり、エルシノア城の陰鬱な雰囲気がよく表現されたという。

重慶の上演では、キャストがかなり変更になった[20]。

哈姆雷特（ハムレット）——蔡松齢、温錫瑩（ダブルキャスト）
克労荻烏斯（クローディアス）——格錬
葛楚特（ガートルート）——林婧
普羅尼阿斯（ポローニアス）——沈楊
奥菲麗婭（オフェーリア）——林飛宇
頼爾梯斯（レアティーズ）——張逸生

国立劇専『ハムレット』のハムレット

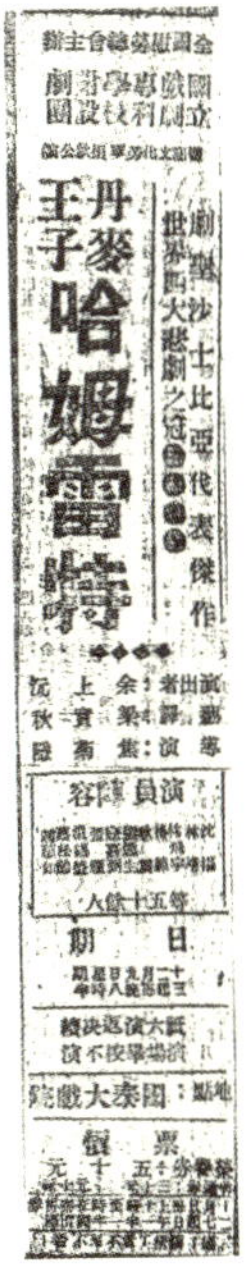

国立劇専『ハムレット』重慶公演広告
（『中央日報』1942年12月9日）

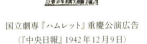

この公演の劇評はあまり残されていない。今日まで知られているのは、次の三編である。

呉往（欧陽凡海）「ハムレットを語る」（『談哈姆雷特』）『新華日報』一九四二年十二月十二日副刊

憶湘（廖沫沙）「ハムレット式の悲劇」（『哈姆雷特式的悲劇』）『新華日報』一九四三年十月七日副刊

ブルックス・アトキンソン「重慶・国泰大戲院での『ハムレット』は、まだブロードウェイへの段階ではない」（"'Hamlet' at the Kuo T'ai in Chungking, Is Not yet quite Ready for Broadway" by Brooks Atkinson）『ニューヨーク・タイムズ』一九四二年十二月十八日

中国語の二編は、実際の国立劇専公演に対する具体的言及はなく、もっぱら抗戦期の中国知識人のあり方と結びつけて『ハムレット』を論じている[21]。

たとえば、呉往「ハムレットを語る」の内容は、次のようなものである。ハムレット型の人間を「善に向かおうとする心は十分にあるが、善を行おうとする力が足りず、事に臨んでさまよい動揺する人」とし、彼の悲劇は「彼があこがれ神聖だと見なしている事業に対して何も出来ず、毎日思考と苦悩の中にひたっているに過ぎず、自分自身に対しては、力を尽くしきり疲れきっているのに、客観的な事業に対してはまったく貢献していない」ところにあるとする。その事業とは「正義と非正義の闘争、まじめさ・率直さと暗黒腐敗・陰謀との闘争」である。そして「中国はなお民主革命が進む段階にあり（中略）この客観条件が、今日の中国で一部の青年がハムレットの悲劇を演じることを免れないことを説明している。」しかし「今日は確かに私たちが悲劇の中から私たち自身を救い出す時だ。私たちはシェイクスピアの『ハムレット』を鏡として私たち自身を改め、ハムレットがぶつかった経験を私たちの教訓として私たち自身を教育すべきである。」

この論旨は、余上沅、焦菊隠と基本的に同じ発想の基盤に立っている。憶湘「ハムレット式の悲劇」も同工異曲である。

一方、ニューヨーク・タイムズの劇評は劇の内容にも触れた貴重なものである。執筆者のブルックス・アトキンソン（一八九四―一九八四）はアメリカの著名な演劇評論家・ジャーナリストで、死後ニューヨークのブルックス・アトキンソン劇場にその名を残している。太平洋戦争中、アトキンソンはニューヨーク・タイムズに従軍記者として自己を派遣するよう求め、一九四五年まで重慶に滞在していた。

この劇評は中国の研究書でもその存在が指摘されているだけで具体的な紹介はほとんどないから、ここでその全文（日本語訳、括弧内は筆者注）を紹介しておこう[22]。英語原文は本章の末尾に付す。

†

重慶・国泰大戯院での『ハムレット』は、まだブロードウェイへの準備はできていない

ブルックス・アトキンソン「ニューヨーク・タイムズへの無線電」

重慶・中国、十二月十七日

中国版の『ハムレット』がここ二週間、新生活センターの角を曲がり銀行街を数歩いったところにある国泰大戯院で上演されているが、ブロードウェイ式の劇評は昨夜まで受けることはなかった。

プレスセンターのある宿から劇場までは、人力車に乗って、露天商がじめじめした微風の中で揺らめ

く蝋燭の明かりの前で湯気の立った食べ物を売ろうとしている、暗く刺激的な道を通り、約三十分で到着する。

（午後）八時には、劇場ロビーは、若者、軍人、学生、事務員、若い女性、赤ん坊を連れた母親、洋装の知識人などで満ちあふれていた。八時半になると、マチネとして、音響とテクニカラーつきで上演されていた、メーテルリンク『青い鳥』の時に出たゴミなどもきれいに片づけられ、シェイクスピアの学徒たちは切符もぎりを通って現代的な劇場内へと入っていく。この劇場の周りには、空爆に備えた、竹の櫓がぎっしりと組まれていた。さて、最初の三十分は、なぜか明かりがついたり消えたりし続け、観客はまだか、まだか、と思いながら拍手を送り続けた。そして、カーテンがしぶしぶと開き、エルシノアの不吉な闘いが始まった。

梁実秋版の『ハムレット』は、簡素で、趣味の好い、近代的なセットを用いていた。最初の場面は、白い幕の背後から照明を当てて、中世の城の砲塔の影を映し出すことによって、戦いを表していた。この工夫は成功だったといえるだろう。衣装は戦時下の自由中国のため、あまり贅沢なものではなく、形も色もそれらしいとは言い難いが、知的な時代考証を試みた形跡はあった。ハムレットは、黒い上着を着て、皺のよった白いタイツを身につけていた。

この舞台は、シェイクスピア劇として正しくみせようとしていたと言えるが、中国の俳優たちを中世のデンマーク人かイギリスの俳優のように見せようとするのは大仕事である。一番の冒険は、鼻を正しく見せることだったようで、国泰の俳優たちは、それぞれ、見るのも恐ろしい、偽物のつけ鼻を作り上げていた。国王は、笑劇に似つかわしい、下に垂れ下がった、怪物のような鼻をつけて現れ、ポローニアスはとがった鼻と（ドイツの）ホーエンツォレルン家タイプの、これまた先の尖った、ゆらめく炎のような口ひげの持ち主。ハムレットは、鋤の刃のような形の鼻で、突進していた。

しかし、役者たちの中国人的体型が、突出した鼻の効果を中和していた。その結果、火星から来た機械人間のような、奇妙な新人類のように見えた。また、西洋人の観客の観点からすると、最初の国王の謁見の場面で、ヘンデルの「ラルゴ」の感傷的なメロディーが流れると、何やら、登場人物の入場と退場が教会の聖列の儀式のように感じられ、違和感があった。また、ローゼンクランツとギルデンスターンが、ベートーベンの優雅なバイオリン曲である「Gのメヌエット」に乗ってハムレットを罠にかけようとするのも、驚きであった。

形式主義から自由になって、中国の俳優陣は常に動き回っていた。特に宮廷の儀式には遊び心があった。また、幽霊が出現する場面では常に天候が変化し、否妻が光り、雷が鳴り、風が吹き荒れるという劇的な効果が工夫されていた。

この『ハムレット』の上演が、いかに真摯で実直であっても、まだまだブロードウェイ入りできる段階ではない。十一時十五分になっても、まだ「ねずみとり」(劇中劇)の場面にすらなっていなかったのだから。墓堀が髑髏を掘り出す場面になるのは午前一時ごろであろう。人力車の車夫が、真夜中に丘を登るのを嫌がるので、我々は、ハムレットがポローニアスに旅役者たちの面倒を見るように言いつける場面で劇場を後にすることにした。それでも、結局、私たちは徒歩で丘を登り、人力車には、夜間シャッターの閉まった反対側に回ってもらって、そこで私たちを乗せるようにさせなければならなかった。

この劇評によると、「八時には、劇場ロビーは、若者、軍人、学生、事務員、若い女性、赤ん坊を連れた母親、洋装の知識人などで満ちあふれていた。」この『ハムレット』は重慶の各社会層の観客から支持されていたことが理解できる。

劇評は、『ハムレット』の舞台を肯定的に描写している部分もあるが、アトキンソンが感じた違和感をかなり率直に記してもいる。アトキンソンに特に強い印象を与えたのはつけ鼻だったようで、劇評の中で何度も言及している。西洋人に扮する時につけ鼻を用いるのは附章「日本のシェイクスピア受容略史」で触れたようにかつての日本演劇でもみられたことで、この時代の翻訳劇上演の限界である。アトキンソンはこのような印象を持ったため、劇評のタイトルを「まだブロードウェイへの段階ではない」としたと思われる。しかし、上演がまったくの低水準であれば、アトキンソンは劇評を書かなかっただろう。国立劇専『ハムレット』は、西洋人のアトキンソンに劇評を書く意欲をかき立たせる質は備えていたのである。

劇評などから伺われる国立劇専『ハムレット』公演の特徴は、陰鬱さが強調されていることである。そしてこの『ハムレット』が上演された一九四二年という年の重慶も、陰鬱な雰囲気に満ちあふれていた。抗戦はすでに五年におよび、戦線は膠着していつ終わるともしれなかった。抗戦初期に中国人に希望をもたらした第二次国共合作は、一九四一年一月の皖南事変で事実上崩壊していた。国民党政権の腐敗は露わになり、知識人を含む重慶市民の生活も困難さに満ちていた。この時期の重慶の重苦しく陰鬱な雰囲気は、たとえば巴金『寒夜』などに活写されている。

しかも、これらの困難は個人の奮闘で解決できるものではなかった。重慶の市民、特に知識人たちは、自己の無力を痛感しながら、あれこれ思い悩むほかなかった。

焦菊隠がどこまで自覚的だったかはわからないが、彼の演出は一九四二年の重慶市民・知識人の心情に合致したものであったと思われる。この公演が続演になるほどの歓迎を受けたことが、それを証明している。

この『ハムレット』公演には不思議な現象がある。主役のハムレットを演じた蔡松齢、温錫瑩は中華人民共和国建国後も中国に残り、俳優としてかなり活発な活動をしている。しかし、彼らの略歴[23]には国立劇専『ハムレット』公演出演が出てこないのである。演出の焦菊隠も、建国後はこの公演について語ってはいない。

その理由として、一九四九年以降長く続いた国民党タブーの影響が考えられるが、そのためこの『ハムレット』公演の詳細がわからなくなり、人々の記憶から忘れられている。上述のように上演期間を延長するほどであったから、その舞台には一定の水準はあったと思われるのだが、この公演を分析する困難は、ここにもある。

V

梁実秋訳の特徴と問題点

ただし、上演台本に使われた梁実秋訳『ハムレット』の文体については研究がかなり進んでいる。梁実秋訳『ハムレット』の本格的分析は国立劇専『ハムレット』公演研究の範囲を超えるところがあり、別の機会に譲らざるを得ないが、ここでは近年の研究の一端を紹介しておきたい。

梁実秋は、『ハムレット』冒頭に付した例言で次のように述べている。

一、訳文が依拠したのはオックスフォード本、W.J.Craing編、オックスフォード大学出版部刊行のものである。

二、原文の大部分は「無韻詩」で、一部は散文で、より一部は「押韻の排偶体」である。訳文は、口語散文を主とする。しかし原文の押韻している箇所や挿入曲などはすべて韻を踏んで訳し、区別を示す。

三、原文には、テキストの困難なところ、晦渋難解なところも多数存在する。訳者は自己の考えに基づき、必要な時には注釈を加える。

四、原文にの多くの「かけことば」や各種の典拠は、訳しようがない時は注で説明を加える。

五、原文には猥雑な言葉が多いが、すべて訳し、そのままを保存した。

六、訳者は努めて原作の句読点を保存した。

七、挿絵は、Charles and Mary Cowden Clarke が編集した一八六四年刊行のシェイクスピア全集からとった。[24]

梁実秋の翻訳姿勢がよく表れている。梁実秋の訳文については、序章で中国の研究者李衛民の評価を紹介したが、一九八〇年までのすべての『ハムレット』中国語訳を検討した香港の研究者周兆祥は、次のようにかなり辛辣に評している。

シェイクスピア劇の偉大さは、それが創造力に満ちた芸術作品であり、演じても読んでも味わいに満ちあふれていると感じさせ精神上の満足が得られるところにある。梁訳『ハムレット』はその創造力に欠けており、上演にはふさわしくなく、読んでも味わいに乏しい。その最も成功しているところは、おそらくシェイクスピアを研究する助けになるだけであり、シェイクスピアを認識し鑑賞し、シェイクスピアの生き生きとし陶酔させ感動させる芸術を分かち与えるものではないのである[25]。

正確だが面白みのない、悪い意味での学者の翻訳ということであろう。たとえば、「生きるべきか死すべきか」で知られる第四独白に対する翻訳態度は、周兆祥の批判を裏付けるものであろう。

死後還是存在，還是不存在②，――這是問題。

（②は訳文原文、訳文を直訳すると「死んだ後も存在しているのかいないのか――それが問題だ」）

そして次の注がつけられる。

②この段は最も著名な独白である。ハムレットは自殺しようとする考えがあり、第一幕第二景の独白の中ですでに示している。しかしハムレットは死後にあるいは生活があるかもしれないと信じており、だからこの顧慮して決断しない独白がある。"To be or not to be"という一語をつまるところどのように解釈するか、さまざまな議論がある。しかし結局やさしく平明な解釈が正しいものに近いと考え、本文のように訳した[26]。

梁実秋訳『ハムレット』を通読した筆者の印象では、周兆祥の指摘は当たっているところもあるが、通読が苦痛というほどではない。少なくとも中国最初の本格的シェイクスピア上演の台本である顧仲彝訳『ヴェニスの商人』よりははるかに読みやすかった。梁実秋訳の訳文研究は、筆者の今後の課題としておきたい。

VI

上演の歴史的意義

国立劇専『ハムレット』上演は、正確にシェイクスピアを認識し、それを翻訳劇として中国に移入させようという態度で上演された。学術性を重視した上演だからこそ梁実秋訳が使われたと考えることもできる。国立劇専の一連のシェイクスピア上演は、今日からみれば、西洋の模倣にみえるかもしれないが、シェイクスピアの自由な解釈をおこなうためには、まず正確なシェイクスピア認識が必要となる。模倣とみえるものでも、その上演には努力と知性が必要である。国立劇専は抗日戦争という物質的にも精神的にも困難な中で、そのような上演を実行したのである。

まただからこそ、一九四二年当時としては本文で紹介したような一定の反響を呼んだのであろう。すでに述べたように、資料の不足で公演の全貌を明らかにすることは困難が多いが、上演の意義を確認すると同時に、今後関係資料の掘り起こしが進むことを望みたい。本稿が国立劇専『ハムレット』研究促進の一つのきっかけとなれば幸いである。

註

1——孟憲強《中国莎学簡史》（東北師範大学出版社、一九九四）などによる。

2——《申報》全文データーベース（申報全文数拠庫）による検索結果。なお、関西大学東西文化研究所所蔵を使用した。

3——瀬戸宏「国立劇専とシェイクスピア上演—第一回公演『ヴェニスの商人』を中心に」『中国文学研究』第三十二期、二〇〇六

4——《劇専十四年》編集小組編《劇専十四年》（中央戯劇学院、一九九五）。ただし、この卒業公演に参加した第五期生（一九三九年入学）は三年制である。

5——《劇専十四年》附録（《歴届演出劇目統計》）による。なお李健吾『以身作責』は『以身作則』の誤植であろう。

6——魯西奇《梁実秋伝》中央民族出版社、一九九六、第五章抗戦歳月

7——毛沢東《在延安文芸座談会上的講話》（《毛沢東選集》第三巻、人民出版社、一九五三）。なお《毛沢東集》（北望社、一九七〇—一九七二）収録の一九四三年版《在延安文芸座談会上的講話》もみたが、引用部分はまったく同一である。

8——注全文の訳文「梁実秋は反革命の国家社会党の党員である。彼は長期にわたってアメリカ反動ブルジョア思想を宣伝し、革命反対を堅持し、革命文芸を呪い罵倒した。」

9——注全文の訳文「梁実秋（一九〇三—一九八七）、北京人。新月社の主要メンバー。かつて北京大学、燕京大学などの学校で教職に就く。五四運動時期に新文学の創作に従事する。いくつか文芸評論を書き、長期にわたって文学翻訳の仕事に力を尽くした。魯迅は梁実秋を批判した。『三閑集』「新月社批評家の任務」、『二心集』「〝硬訳〟と〝文学の階級性〟」などの文にみえる。（『魯迅全集』第四巻、人民文学出版社一九八一年版、第一五九、一九五—二一二頁）」

10——梁実秋文集編集委員会編《梁実秋文集》鷺江出版社、二〇〇二

11——北京人民芸術劇院戯劇博物館編《焦菊隠文集》十巻、文化芸術出版社、二〇〇五

12――この部分は、瀬戸宏「国泰大戯院―郭沫若『屈原』を上演した劇場」（日本郭沫若研究会編『日本郭沫若研究会報』第十二号、二〇一一年三月三十一日）と重複する部分がある。

13――《中央日報》掲載。

14――余上沅《我們為什麼演出莎士比亜》（《中央日報》一九三七年六月十八日付戯劇副刊）

15――曹樹鈞、孫福良《莎士比亜在中国舞台上》（哈爾浜出版社、一九八九）よりの引用で、初出は明記されていない。《余上沅戯劇論文集》（長江文芸出版社、一九八八）には収録されていない。

16 17――『焦菊隠文集』第一巻、文化芸術出版社、二〇〇五、初出不明。

18――国立劇専江安史料館所蔵。

19――ただし、記述の出典は明記されていない。

20――《莎士比亜在中国舞台上》

21――「ハムレットを抗戦の長引く中国の知識人に重ねて読む風潮は、このようにこの時期には広く見られた現象であったのだ。」西村正男「陰鬱なドン・キホーテ」『東方学』九五輯、一九九八年一月

22――訳文は瀬戸宏が初稿を作成し、シェイクスピア研究者である鈴木雅恵・京都産業大学教授に校閲・訂正していただいた。本書刊行にあたって、再度神崎舞・摂南大学講師の校閲を受けた。

23――たとえばインターネット上の百度百科など。

24 26――台湾・文星書店版《哈姆雷特》、一九六四

25――周兆祥『漢訳《哈姆雷特》研究』香港中文大学出版社、一九八一

English actor. Correctly diagnosing the nose as the chief hazard, the Kuo-Tsi actors have built up a series of proboscises fearful to behold. The King has a monstrous, pendulous nose that would serve valiantly in a burlesque show; Polonius has a pointed nose and sharply flaring mustache of the Hohenzollern type; Hamlet cuts his way through with a nose fashioned like a plowshare.

Nevertheless, it is curious how the build of the Chinese figure neutralizes the spurious noses. The result is a curious new race of automatons that might have come from Mars. To the Western visitor it is also disconcerting to hear the sentimental melody of Handel's "Largo" caressing the first throne-room scene, reducing exits and entrances to the style of a church processional; it is astonishing to hear Rosencrantz and Guildenstern beguile Hamlet to the graceful, bowing "Minuet in G" by Beethoven.

Released from formalism the Chinese players are in constant motion, delighting particularly in court punctillio. Whenever the Ghost appears the weather is alarming; lightning, thunder and wind give triumphant performances.

Sincere and painstaking though this "Hamlet" may be, it is not yet ready for Broadway. At 11:15 it had not reached the mousetrap play scene; the grave diggers would be turning up the skulls about 1 in the morning. Since the ricksha boys hate to go over the hill in the dead of the night we departed when Hamlet was asking Polonius to see that the players were well bestowed. As it turned out, we had to climb the hill on foot and let the rickshas roll us down the other side through streets locked up behind slat shutters for the night.

【資料】 ニューヨークタイムズ劇評原文

'Hamlet' at the Kuo T'ai Theatre in Chungking, Is Not Yet Quite Ready for Broadway

By BROOKS ATKINSON Wireless to THE NEW YORK TIMES

Chungking, China, Dec17-Although the Chinese version of "Hamlet" has been on view here for a fortnight, it was not ready for formal Broadway criticism untill last night at the Kuo T'ai Theatre, just around the corner from the New Life Centre and within a few steps of the banking district.

From the press hostel to the theatre is a half hour's ricksha ride through the dark, pungent streets, where food vendors sit over steaming bowls and behind candles flickering in the damp breeze.

At 8 the lobby was crowded with young people, soldiers, students, clerks, girls, women with babies and intellectuals in Western attire. By 8:30 the auditorium had been cleared of trash left from the afternoon performance of Maeterlinck's "The Bluebird" with sound and in technicolor, and students of Shakespeare were filling past the ticket taker into the modern playhouse, braced with bamboo scaffolding against bombing. For another half hour, the lights went nervously on and off; the audience clapped impatiently, and almost reluctantly the curtains parted on the ominous battlements of Elsinore.

Liang Shih Chiu's version of "Hamlet" has been put on in modern style, with simple settings and in good taste. The opening battlement scene-shadowed medieval turrents thrown sketchily on a white drop with rear lighting-may be accounted something of an achievement. Although the costumes are hardly sumptuous in wartime Free China nor authentic in style or color, there are intelligent attempts at period design. Hamlet wears a black tunic and wrinkled white tights.

The Chinese stage can be made to look correct for Shakespeare, but it is quite a job to make Chinese players look like a medieval Dane or an

第七章

昆劇『血手記』（一九八六年）と越劇『十二夜』（一九八六年）

——中国伝統演劇によるシェイクスピア上演

第七章

I

中国伝統演劇（戯曲）によるシェイクスピア上演の概略

中国は京劇を初めとする伝統演劇の大国である。中国伝統演劇を、中国語では戯曲という。ここでは、日本語の戯曲との混同を避けるため、用語として中国伝統演劇を使用する。

中国伝統演劇は、かつては全国に三百以上の劇種があるとされていた。能、狂言、歌舞伎、文楽という日本の伝統演劇が今日ではほぼすべて古典化されているのとは異なり、明代に生まれた昆劇のようにほぼ古典化（中国語では凝固化という）された劇種から、滬劇《こげき》（上海で一九四〇年代に形成された上海の地方劇）のように、現代人の生活を描いてもなんら違和感ない劇種までその幅は広い。中国伝統演劇に共通しているのは、台詞ではなく主に歌唱によって劇を進めていくことである。劇種の違いは、主に言語（方言）と曲調によってもたらされる。劇の内容は基本的に各劇種とも共通しているが、筋や演技の細部にその劇の内容がその土地に伝わった時期などを反映して、微妙な相違が存在していることもある。俳優のしぐさは、昆劇、京劇などのように型化（程式化）したものから、滬劇のように現代人の生活動作とほぼ同じものまでさまざまである。程式化の程度も、劇種によって異なっている。

近年、ポストコロニアリズムの影響などで、シェイクスピアの各国・各文化圏独自上演が注目されるようになっている。ここで扱う中国伝統演劇によるシェイクスピア上演もその一つである。

中国伝統演劇によるシェイクスピア上演が盛んになったのは、文化大革命が終結し改革開放政策が提起された後の一九八〇年代初めからである。その理由として、まず第一に文革終結後の思想解放や比較的自由な創作環境の出現により、上演・演目の幅を広げる演劇実験の試みへの意欲が高まったことがある。バロック的なシェイクスピア作品は基本的に中国伝統演劇となじみやすく、移入が比較的容易であるとみなされていることも理由としてあげられよう。

しかしそのような芸術的理由だけではない。後述するように、一九八〇年代以降中国社会の現代化、構造変動にともなって中国伝統演劇は大きく衰退しており、劇種の数も激減している。これは、日本で一九五〇年代後半以降の高度経済成長によって伝統演劇が大きな打撃を受け、農村地区地芝居の大半が壊滅状態になったことを想起すれば、理解しやすいであろう。中国伝統演劇がシェイクスピアを盛んに取りあげるようになったのも、「世界名作」としての権威が確立したシェイクスピア作品上演によって伝統演劇衰退、観客減少に突破口を見いだしたいという欲求があることも事実であろう。

中国伝統演劇によるシェイクスピア上演は中華民国期や中華人民共和国毛沢東時代（一九四九―一九七六年）にもなかったわけではない。曹樹鈞『中国でのシェイクスピアの春』〔1〕収録『中国戯曲編演莎劇紀事』などによれば、民国期・毛沢東期に伝統演劇では次のようなシェイクスピア劇上演がなされている。以下のリストのうち、川劇《せんげき》は四川省・重慶市の、粤劇《えつげき》は広東省の、滬劇は上海の地方劇である。

［中華民国期］

民国初年　川劇『殺兄奪嫂』（『ハムレット』脚色）

一九三三年　粤劇『嬌蛮公主』（『じゃじゃ馬ならし』原作）

一九四一年　滬劇『窃国盗嫂』（『ハムレット』脚色）
一九四二年　越劇『情天恨』（『ロミオとジュリエット』脚色）
一九四四年　滬劇『鉄漢嬌娃』（『ロミオとジュリエット』脚色）
一九四六年　越劇『孝女心』（『リア王』脚色）
一九四八年　京劇『鋳情記』（『ロミオとジュリエット』脚色）

［中華人民共和国期・毛沢東時代］
建国初期　越劇『公主与群主』（『オセロ』脚色）
一九五二年　粤劇『一磅肉』（『ヴェニスの商人』脚色、香港）
一九五三（五四？）年　粤劇『威尼斯商人』（『ヴェニスの商人』脚色）

一九五〇年代頃までの中国では、伝統演劇の上演は今日では想像もできないほど活発であった。上海での一九五三年の演劇を中心とした上演芸術の観客数内訳について、次の数字が残されている［2］。年間観客総数は二千五百三十八万人である。

越劇八百九十五万人、滬劇三百九十二万人、京劇三百七十二万人、淮劇三百三十二万人、
滑稽戯百八十九万人、雑技・奇術六十万人、話劇三十八万人、音楽・舞踊十八万人

一九五三年（第一次人口普査）の上海市の人口は六百二十万人であったから、上海市民は年平均四回何らか

の演劇など舞台芸術を観ていたことになる。人口の中には幼児なども含まれるから、実際の観劇率はもっと高くなる。この中で、狭義の現代演劇である話劇の観客は、音楽なども含む全観劇人口の一・五％程度にすぎなかった。

このような膨大な伝統演劇上演の中で、上記のシェイクスピア上演は文字通り九牛の一毛にすぎなかった。これらの上演は大きな反響を呼んだわけでもないので、民国期や毛沢東時代のシェイクスピア系統作品上演の詳細を検討することは別の機会に譲りたい。

今日につながる中国伝統演劇でのシェイクスピア上演は、一九八二年の京劇『奥賽羅』（『オセロ』脚色）が最初とされる。その後、一九八三年に粤劇『天之驕女』（『ヴェニスの商人』脚色）、一九八五年に越劇『天長地久』（『ロミオとジュリエット』）が上演されたという。

先に述べたように、中国伝統演劇でのシェイクスピア上演が一九八〇年代初めから本格化するのは、思想解放と同時に中国伝統演劇の衰退がこの頃から目立ってきたからである。一九八三年上海の上演芸術観客情況について、次の数字がある[3]。年間観劇人口総数は千三十四万人で、一九五三年に比べて半減している。

越劇百六十七万人、滬劇百四十七万人、京劇三十六万人、淮劇百九万人、滑稽戯百五十万人、雑技・奇術百七十九万人、話劇五十二万人、音楽・舞踊二百八十四万人

一九八二年（第三次人口普査）の上海人口は千百八十六万人であるから、上海市民は年に一回程度しか舞台・上演芸術に接しなくなっていることがわかる。越劇、滬劇、京劇、淮劇といった伝統演劇は一九五三年に比べて大きく観客数を減らしていることがわかる。これに対して、話劇は一九五三年との対比ではむし

ろ大幅に観客数を増やしている。滑稽戯はそれほど変化はない。雑技・奇術や音楽・舞踊という非演劇系上演芸術も観客数を大幅に増やしている。この「演劇の危機」への対処の一つとして、世界名作であるシェイクスピア作品が取り上げられるようになったのである。

一九八六年、中国伝統演劇によるシェイクスピア上演が大きく注目されるようになった演劇イベントがおこなわれた。北京、上海両地で挙行された（第一回）シェイクスピア演劇祭（莎士比亜戯劇節）である。この演劇祭には、越劇『第十二夜』（『十二夜』）、昆劇『血手記』（『マクベス』脚色）、京劇『奥賽羅』、黄梅戯『無事生非』（『空騒ぎ』）、越劇『冬天的故事』（『冬物語』）という五つの伝統演劇によるシェイクスピア上演が参加していた。

このほか、一九八六年には川劇『維洛那二紳士』（『ベローナの二紳士』脚色）、京劇『乱世王』（『マクベス』脚色）が上演されている。またこの年台湾で現代伝奇劇場によって京劇『欲望城国』（『マクベス』脚色）が上演された。この作品は、一九九三年に訪日公演をおこなっている。

これ以後の中国伝統演劇によるシェイクスピア上演を、各種資料［4］に基づき列挙しておきたい。再演は省略する。

一九八七年　婺劇《ぶげき》『血剣』（『マクベス』脚色）、豫劇《よげき》『羅密欧与朱麗葉』（『ロミオとジュリエット』）、二人転『羅密欧与朱麗葉』。婺劇は浙江省中部の地方劇、豫劇は河南省の地方劇、二人転は東北地方の二人でおこなう地方劇である。

一九八八年　東江戯《とうこうぎ》『温沙的風流娘児们』（『ウインザーの陽気な女房たち』）。東江戯は一九八〇年代に広東省恵陽地区で作られた地方劇。

一九八九年　盧劇『奇債情縁』（『ヴェニスの商人』脚色）。盧劇は安徽省の地方劇。
一九九〇年　京劇『王子復仇記』（『ハムレット』、台湾、当代伝奇劇場）。
一九九四年　越劇『王子復仇記』（第二回シェイクスピア演劇祭）。絲弦戯『李爾王』（『リア王』）。絲弦戯は河北省の地方劇。
一九九五年　京劇『岐王夢』（『リア王』）、粤劇『天作之合』（『十二夜』脚色）
一九九七年　雲南花灯戯《うんなんかとうぎ》『卓梅与阿羅』（『ロミオとジュリエット』）
一九九九年　川劇『馬克白夫人』（『マクベス』脚色）
二〇〇〇年　京劇『李爾在此』（『リア王』脚色　台湾・当代伝奇劇場）
二〇〇一年　河北梆子『憂郁王子』（『ハムレット』脚色）、越劇『案中案伝奇』（『尺には尺を』脚色）、粤劇『英雄叛国』（『マクベス』脚色、香港）
二〇〇四年　京劇『王子復仇記』（上海京劇院）
　　　　　京劇『暴風雨』（台湾・当代伝奇劇場）
二〇一三年　徽劇《きげき》『驚魂記』（『マクベス』脚色）、漢劇『馴悍記』（『じゃじゃ馬ならし』脚色）
二〇一四年　吉劇『温沙的風流娘児们』。吉劇は吉林省の地方劇。
時期不明　越劇『馬龍将軍』（『マクベス』脚色）
　　　　　潮劇『温沙的風流娘児们』
　　　　　川劇『維洛那的二紳士』（『ヴェローナの二紳士』脚色）

ここまで中国伝統演劇によるシェイクスピア上演を概観してきたが、伝統演劇による上演ではシェイクスピア戯曲をそのまま上演台本として用いることは不可能である。シェイクスピア作品は「基本的に西洋詩劇の伝統上に位置する『台詞の劇』」であるのに対して、中国伝統演劇は基本的に歌劇である。シェイクスピア戯曲（その中国語訳）の台詞を各劇種の習慣とメロディーに合うよう書き換えなければならない。中国伝統演劇は俳優がすべてを唱うのではなく、台詞劇の部分もあり、感情が高まった部分が歌に変わり、西洋のオペラよりもミュージカルに近い。どの台詞を唱わせるかも、脚色・演出の演劇観が問われることになる。

また、シェイクスピアの台詞を忠実に伝統演劇化すると膨大な上演時間になるため、適切な圧縮もしなければならない。劇の内容もシェイクスピアそのままでは各劇種の観客になじみがないので、中国古代の物語に脚色し翻案劇として上演する場合がほとんどである。これを古装化または中国化と言う。しかし、西洋の衣装のままで上演した舞台も存在している。これを西装化、西洋化と言う。西装化は、シェイクスピア作品では例は多くないが、他の西洋戯曲、西洋小説の中国伝統演劇による脚色上演も存在している。

ここでは、古装化の代表として昆劇『血手記』を、西装化の代表として越劇『十二夜』を取り上げ、その内容を検討することにしよう。

II

昆劇『血手記』

昆劇『血手記』は、上海昆劇団により一九八六年四月初演された。『マクベス』の翻案である。上演した

上海昆劇団『血手記』（上海昆劇団提供）

上海昆劇団は、一九六一年上海青年京昆劇団として上海戯曲学校卒業生を中心に創立された。初代団長は著名な昆劇俳優の兪《ゆ》振飛《しんぴ》である。一九七八年に現在の名称となった。中国を代表する昆劇劇団の一つである。

『血手記』は一九八七年再演され、第四十一回エディンバラ演劇祭に参加し、さらにデンマークなどを巡回公演した。その後俳優を若手に換えて二〇〇八年、二〇一〇年にも再上演された。昆劇は明代に成立し、古典化が最も進んだ劇種の一つである。その昆劇がシェイクスピアを上演し、かなり高い評価を得て再演も繰り返されたので、この上演は広く注目を集め、今日では中国伝統演劇によるシェイクスピア上演の代表例とされている。関連論文も多い［5］。映像資料は市販されていないが、土豆網など中国インターネット動画サイトで初演の全編をみることができる。二十一世紀の再演も、やはり土豆網などで抜粋（選段）を観ることができる。

初演のスタッフは次の通りである。脚色（改編）：鄭拾風《ていしゅうふう》、演出（導演）：李家耀《りかよう》、（副導演　沈斌、張銘栄）、芸術監督（芸術総監）：黄佐臨《こうさりん》、作曲：沈利群《しんりぐん》、顧兆林《こちょうりん》、出演：許鎮華《きょしんか》、張静嫻《ちょうせいかん》ら（再演では呉双、余彬ら）。

脚色にあたった鄭拾風（一九二〇—一九六六）は、上海の作家、ジャーナリストである。『解放日報』評論員を務めたほか、小説、ルポルタージュ、エッセイなど幅広い作品がある。昆劇脚本では、『血手記』のほか、郭沫若『蔡文姫』、木下順二『夕鶴』の昆劇化を手がけた。彼自身も、創作昆劇『釵頭鳳』を発表している。

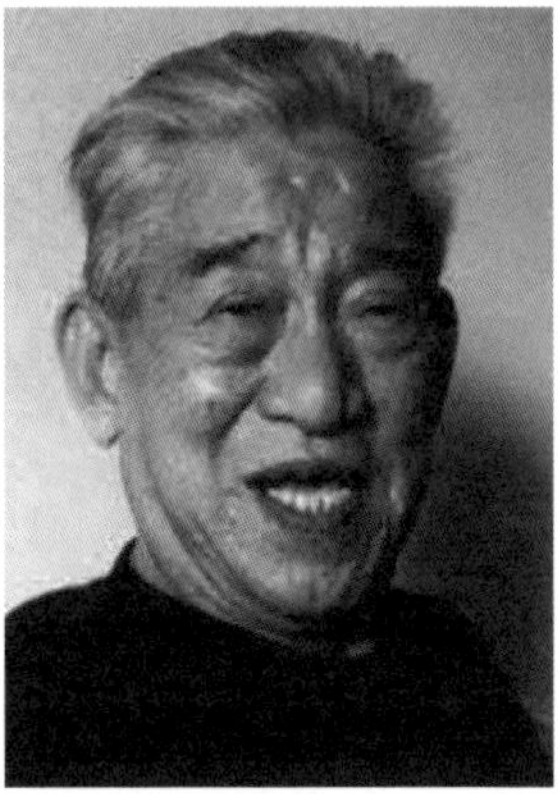
李家耀

演出の李家耀（一九三五年—）は、著名な俳優でもある。一九五九年に上海戯劇学院表演系を卒業し、その後上海青年話劇団（現、上海話劇芸術センター）に所属した。文革終結後は演出も始め、日本でも翻訳上演された王景愚『コカ・コー笑』などを手がけた。『血手記』は、彼の演出作品の中で評価が最も高いものの一つである。

芸術監督の黄佐臨（一九〇六—一九九四）は、著名な演出家、ブレヒト研究家である。初演時は上海人民芸術劇院院長であった。昆劇で『マクベス』を演じるという構想は、黄佐臨が三十数年来暖めていた構想で、かつて兪振飛らと企画を進めたが実現せず、一九八四年に至って鄭拾風の協力が得られ上演が実現したという。

この劇は『マクベス』の忠実な脚色ではなく、『マクベス』のあらすじは保持されているものの、時代・場所を中国古代に置き換え、人名も中国風としている。中国のいつの時代かは劇中に指定が無く具体的時代は不明だが、マクベスは鄭王に仕えている設定になっている。中国の歴史上で鄭国が存在したのは春秋時代だけである。

劇中の人物は、馬佩《ばはい》（マクベス）、鉄氏（マクベス夫人）、鄭王（ダンカン王）、杜戈《とか》（バンクォー）、梅雲（マクダフ）などの名前が与えられている。三人の魔女は、女巫となっている（これは朱生豪の訳本もそうである）。

現在見ることができる映像資料［6］はエジンバラ公演用の舞台のようで、七場に整理されている。初演では、九場だったようである。上演台本は公表されていないので、定本は存在しない。ここでは映像資料に基づき、場面とその概要を記すことにする。上演時間は二時間三十六分程度である。

晋爵：幕が開くと女巫が三人登場する。まもなく馬佩が杜戈らを引き連れ登場する。女巫より、馬佩は王になるとの予言を受ける。他の者には女巫がみえない。
密謀：野心に目覚めた馬佩は妻の鉄氏と鄭王殺害の陰謀をめぐらす。
嫁禍：鄭王を殺害し、その場面を見ていた鸚鵡（擬人化されている）が王の殺害をしゃべるので鸚鵡も殺す。鄭王殺しの罪を眠らせた鄭王の家来と逃げた子の鄭元になすりつける。
鬧宴：次に杜戈を暗殺するが、その幽霊が宴会に現れる。
問巫：馬佩は女巫に予言を求め、女巫は女の腹で育っていない者だけが馬佩を倒せ、林が動かない限り馬佩は倒れないと言う。
閨瘋：鉄氏は夢遊病にかかり、深夜さまよっている。鄭王、杜戈、鸚鵡らの亡霊が鉄氏を責め立てる。鉄氏は最後に息絶える。
血償：梅雲の軍が現れる。軍は木の枝を持って姿を隠しているが、それが林が動いているように見える。馬佩は、女の腹で育っていないものでなければ自分を倒せないと言うが、梅雲は自分は七ヶ月の早産で生まれたといい馬佩は倒される。最後に女巫が馬佩の運命を笑う。

全体として『マクベス』の筋をかなり簡略化しているが、鉄氏の夢遊病、死の場面は逆に大幅に加筆し、鄭王、杜戈、梅妻、鸚鵡の亡霊がかわるがわる鉄氏に迫り、呪い殺すようになっている。

馬佩を演じた許鎮華は、「昆劇『血手記』を演じて」[7]で、たとえば馬佩の最初の登場場面を中国伝統演劇の手法で表現したさまを次のように述べている。

頭には老爺夫子の盔をかぶり、赤い靠を身につけ、口には黒い鬚をつけ、勇壮な軍楽の音の中で、大勢の将軍兵士に取り囲まれて登場し、勇敢で戦いがうまく、敵将を切り捨て旗を奪い、叛乱を平定して凱旋する大英雄の気概を示す。〝国を挙げて馬侯を讃えます〟の称賛の声の中で、私は手にした馬の鞭を洒脱かつ力を込めて振り動かす。荘厳で功臣を任じている馬佩の生きたすがたを舞台の上に出現させるのである。ここでは武生の役柄のいくつかの手法を借りて、この三軍の統帥の生き生きとした勇姿を表現した。

また、三人の女巫の予言を聞く場面の演技についてこう述べている。

帰朝の途中で、ぼんやりと三人の女巫を見た。女巫は彼には〝大きな喜び〟があると祝賀する。彼は両手を伸ばして、わからないと意思表示する。しかし、女巫が彼はまもなく〝一字並肩王〟になると予言した時、彼の心に触れ、すぐに大きな野心が引き起こされた。この時、私は〝亮相〟の手法を注意して用い、人物の心理活動の段階につれて、これを一回ごとにより強烈にしていった。とりわけ、馬佩が女巫の〝将軍は万民に愛戴され、九王の尊称を受けるでしょう〟という言葉を聞いた時、私は前弓後箭の

上海昆劇団『血手記』（上海昆劇団提供）

動作と鬚をなでる演技を用いて、馬佩が聞いた後の恐れ、喜び、憧れという心理段階を描写した。この前置きがあって、鄭王が登場し、馬佩に〝一字並肩王〟の称号を与えた時、私はいへんに大きな動作を用いた。まず観客に背を向け、続いて突然〝亮相〟し、女巫の予言の的中への馬佩の驚きとこれによって生じた不明朗な心理や喜びの情を示した。

馬佩（マクベス）の心理表現にあたって、中国伝統演劇の技法が十分に用いられていることがわかる。女巫は丑旦《ちゅうたん》（道化の女性役）が演じ、一人は背が高く、二人は矮歩《わいほ》などの演技で背が低い女巫を演じる。女巫は馬佩の幻想とし、他の者には見えない。

これらはほんの一例で、同様の例はほかにも多い。たとえば、「閨瘋」の場で、亡霊は鉄氏に向かって火を噴いて怒りの感情を示すのである。

『血手記』については、左絃「『昆劇の味』と『シェイクスピアの味』の結合――昆劇『血手記』を観て」[8]が比較的まとまった記述をしている。これは、エジンバラ公演を終えた後の劇評である。左絃は冒頭で次のように述べる。

最近、上海昆劇団は鄭拾風がシェイクスピアの名作『マクベス』に基づき脚色した『血手記』を上演した。これは結局のところ適切かどうか多くの人が疑問の態度を抱いた。今回の昆劇脚色本は背景を中国古代に移した。しかしこのようにして、昆劇の味を際立たせるだけでなくシェイクスピアの味を保ちうるか、やはり人を心配させた。過去にも、中国伝統演劇の形式を用いてシェイクスピアの劇作を脚色したことがあった。それは原作の物語・筋を借りて別に伝統演劇の脚本を書いただけで、シェイクスピアの要素は多くはなかった。

昆劇『血手記』が成功するか、多くの人が懐疑的であったことがわかる。問題の焦点は「昆劇の味」（昆味）と「シェイクスピアの味」（莎味）が一つの劇の中で調和しうるか、ということであった。左絃はこう結論を述べる。

今回の上演がイギリス演劇界の友人たちの称賛を勝ちとったことと、昆劇の一部の古い観客の承認および新しい観客の受容を得たことからみて、試みは疑いなく成功であったというべきである。

従来からの昆劇ファンの間では『血手記』を受け入れない傾向が根強くあること、イギリスでの称賛（と伝えられたこと）が成功と判断される大きな背景になったことが理解できる。

左絃が成功と判断する理由は、「昆劇『血手記』の演出家と俳優が昆劇の特色を運用することによってシェイクスピア劇の長所を発揚させるよう注意した」ことである。昆劇の特色とは、計鎮華の上演記で述べた人物の性格創造・心理描写のための昆劇の各種の技法である。「シェイクスピア劇の長所」とは、「演劇的雰囲気を作り出し、矛盾を激化させ、人物の性格創造および内心の衝突」などに優れていることである。この両者の結合の例を、左絃は鉄氏の夢遊病の場面（闈瘋）で説明している。

昆劇の歌舞によって人物の内心世界を表現するという特徴を発揮するために、『血手記』は亡霊が次々に鉄氏に死を求める物語を追加した。次々に現れる鄭王、杜戈、梅妻らの亡霊はこの精神が朦朧とした悪辣な女性を刺激する。彼らの一歩一歩の迫りは、彼女に自制を困難にさせ、精神と肉体の二つとも崩壊の縁に至らせる。ここには、凄絶な狂った笑い、舞い動く水袖、痛苦な表情から、強烈なリズムの鑼鼓、惨烈な歌唱まで、彼女が自業自得の死に臨んでもがきあがく際の複雑な心理状態を、彫り込んでいないものはない。

同時に、左絃は『血手記』の欠点も指摘する。

たとえば、原作の削除・簡略化が多すぎ、台本を薄っぺらなものにし、人物の描写も深みに欠けるなどである。より主要なことは、脚色本は伝統演劇の倫理道徳に偏った審美意識の影響を受け、原作の社会・人生などへの哲理認識を十分には体現できていないことである。

限られた上演時間で『マクベス』の内容を表現しなければならないため、部分的な場面での人物描写はともかく、劇全体としてはシェイクスピア劇の持つ深みに欠けるということであろう。昆劇作品としてみても、一つ一つの場が簡略すぎ、昆劇の濃厚さに欠けることは否めない。たとえば、日本でも公演して好評だった江蘇省昆劇院の伝統演目『牡丹亭還魂記』（張継青主演）では、ヒロイン杜麗娘が夢の中で恋人を求めてさまよう「遊園驚夢」の場だけで二時間近い上演時間を費やしているのである。

問題はありながら、ともかく『血手記』はかなり鑑賞に堪える舞台となり、中国伝統演劇によるシェイクスピア上演の成功例とみなされるに至った。二〇一五年の今日でも、上海昆劇団公式ホームページには、成功した新作として『血手記』があげられている。

このように相当な好評を博した『血手記』であったが、その後上海昆劇団はシェイクスピア作品（脚色）上演を行ってはいない。古くからの昆劇ファンにはシェイクスピア上演に根強い抵抗があり、新しい観客は『血手記』は受け入れても昆劇ファンとしては定着しなかったことが伺われる。『血手記』上演が昆劇の観客を増大させたという記録はないのである。中国伝統演劇がシェイクスピア作品を取り上げる難しさを示しているといえよう。

III

越劇『十二夜』

越劇『十二夜』（中国語訳名は『第十二夜』）は、すでに記したように中国伝統演劇によるシェイクスピア西洋化上演の代表作とされている。越劇は、浙江省の謡い物が二十世紀一〇年代から二〇年代にかけて上海に入って他の演劇の影響でしだいに演劇化し、抗日戦争中の一九三〇年代後半から一九四〇年代前半にかけて演劇として確立した劇種である。上演の拠点は上海および浙江省で、二十一世紀の今日では京劇に次いで伝統演劇中第二位の観客数を誇っている。京劇などと異なり鑼鼓（銅鑼と中国太鼓）の使用は控えめで、刺激的な高音を使うこともあまりない。筆者は、京劇を油絵とすれば越劇は水彩画、と評したことがある。越劇の大きな特徴として女性だけの上演が相当数を占めていることがある。そのため日本では〝中国のタカラヅカ〟と呼ばれることもあるが、女優が結婚・出産しても演劇活動を続けること、男優が参加する上演もあることが、宝塚歌劇とは異なっている。この『十二夜』も、男優が参加している。

越劇『十二夜』は、シェイクスピア演劇祭に先立ち一九八六年二月に初演され、四月の演劇祭で再演、好評を博した。上演劇団は上海越劇院第三団、演出は胡偉民《こいみん》（上海青年話劇団）である。出演俳優は、孫智君《そんちくん》（ヴィオラ）、連玉《れんぎょく》（オリヴィア）、史済華《しさいか》（マルヴォーリオ）などである。

この上演は、『十二夜』の内容を比較的忠実に越劇化している。重要な台詞を越劇の歌唱とし、他は台詞である。越劇は二十世紀に入って形成された比較的若い劇種であるため、西洋化が可能になった、という側面もあるだろう。映像資料は市販されていないが、中国語動画サイトの土豆網などで、上演の主要部分の抜粋動画をみることができる。

演出の胡偉民は「調和―越劇『十二夜』の演出探求」[9]と題する長文の上演記を残し、彼の演出意図を詳しく説明している。胡偉民（一九三二―一九八九）は、中国青年話劇団所属の演出家であった。一九四八年国立劇専入学、一九四九年当時解放軍に参加するが、まもなく上海戯劇学院に再入学・卒業し、上海戯劇学院教師となる。一九五七年反右派闘争で右派分子とされ、下放させられる。文革終結後名誉回復し、上海

胡偉民

青年話劇団に配属される。これ以後めざましい活躍をみせ、実験演劇にも積極的に関与し、一九八〇年代の中国演劇界で林兆華と並び称せられ、北林南胡と呼ばれた。一九八九年心臓発作で急逝し、人々に衝撃を与えた。越劇『十二夜』は彼の代表作の一つとされている。

胡偉民「調和—越劇『十二夜』の演出探求」の主要内容を確認しておくことにしよう。

胡偉民はまず「シェイクスピア劇の上演を話劇に限るのは誤りである」と主張する。

中国地方劇にシェイクスピアが成功裡に持ち込まれたら、その裾野の広がりは世界中類を見ないものになることは明白である。我々は、中国におけるシェイクスピアが決して話劇の独占物ではなく、中国演劇すべてのものであることを認識しなければならない。

そのうえで、胡偉民は今回の上演の意義を次のように整理する。

この認識のもと、理論面では、二つの演劇文化が自覚的に対話し、相互の比較検討を進め、やがては新たな局面での結びつきを求めることに繋がっていく。それは演劇芸術の規律性を探索することでもある。また実践面では、シェイクスピア劇を我が国に幅広く伝播させ、観客にその優れた精神的遺産を享受させることに繋がる。

胡偉民は「けいこを通じ、自分が演出しているのは〝越劇のシェイクスピア〟だということを、私は常に念頭に置いていた」と述べる。

〝シェイクスピア劇として〟〝越劇として〟それぞれ成り立たせるという矛盾を抱えながらのことであった。両者の個性を固持しつつ、結びつけて一つのものとし、〝独立性〟を冒してはならなかった。

では、〝越劇的〟なものとは何であろうか。

男女の恋愛物語を主とする題材、感情表現に長け、精緻かつ纏綿とした演技、優美で人を引きつけ、様々な流派が存在している音楽、色彩鮮やかで、柔らかな動線の舞踊など枚挙にいとまがない。中でも最も独特なのはその〝ふしまわし〟である。

胡偉民らがけいこの過程で突き当たった問題の焦点は、やはりシェイクスピアの台詞をいかに越劇の歌唱化するかであった。胡偉民は、「従来のうたいかた、ふしまわしを直接用いるべきではないのは言うまでもなかった」と指摘し、マルヴォリオを例にとって「史済華扮するマルヴォリオのうたは、范（瑞娟）派を基礎とし、徐（玉蘭）派、紹興大班（紹劇、紹興の地方劇）、果ては京劇、川劇、河北梆子などの音楽や歌唱法が取り入れられている。」と説明する。その結果、『十二夜』の山場の一つである黄色い靴下をはいたマルヴォリオが伯爵令嬢オリヴィアに求愛する場面は、次のようになった。

登場した彼は四句の歌をうたう。『頭にカツラ、顔にはおしろい、黄色い靴下はいて、結び紐は血管を締め付ける……』。〝黄色い靴下〟のところは〝高腔〟（打楽器の伴奏での歌唱法）が用いられ、京劇の〝嘎調〟（ある一文字の音程を突然上昇させる歌唱法）及び徐派の特色が用いられている。続く一句では、范派の濃厚な節回しが巧妙に用いられている。史済華は西洋の発声法を取り入れ、地声裏声を上手く運用し音域を拡大し、意を得たあまり呵々大笑するマルヴォリオの精神状態を表現しきった。旧套にこだわらなかったことで、表現力が増したのである。

登場人物表現のために、越劇の伝統的歌唱ではなく各流派さらに他劇種の唱い方から適切な部分を選びそれを組み合わせたのである。

このように、胡偉民演出『十二夜』は、まずシェイクスピア作品を上演するということを大前提にして、越劇『十二夜』を作っていった。その結果舞台はかなり見応えのあるものとなり、シェイクスピア演劇祭でも好評を博し、今日では胡偉民の代表作に数えられているのはすでにみた通りである。

しかしそれでも、当時の劇評には「〝越劇の味〟がない、劇の中に越劇の伝統を探し出せない」「舞台の出来は良くても問題がある。越劇に似ていない」[10]という声が出ていた。

この越劇版『十二夜』のその後の評価はどうであろうか。上海越劇院は一九九四年第二回シェイクスピア演劇祭に際して再びシェイクスピアに取り組み、趙志剛主役の『王子復仇記』（『ハムレット』）を上演して成功した。その成功は『十二夜』を反面教師としていたのである。上演台本作成に当たった薛允璜《せついんこう》は『十二夜』の経験をこう評している。

越劇『十二夜』初演の後、観客は騒然とした。劇院幹部は連日応急修正して劇（特に音楽、歌唱）を引き戻そうとしたが、全体の調子はすでに定まっており〝シェイクスピアの味を主とし、越劇の味を補助とする〟局面を変えることは難しかった。その結果、老観客はほんとうに追い出され、新しい観客は殆ど来なかった。理由は簡単である。もしシェイクスピアを味わいたいのなら話劇を観に行ったほうがいい。なぜ越劇の劇場に来る必要があるのか[11]。

胡偉民がすでに逝去しているためか、かなり辛辣な筆致である。薛允瑛はこの教訓に基づき、『王子復仇記』の基本前提を『十二夜』とは逆にした。

『王子復仇記』の脚色上演では、『十二夜』のスタイルを用いず別の道を歩み、中国化、戯曲化の道を歩み、観客に喜んでもらおうと思った。（中略）越劇の味を主とし、シェイクスピアの味を従とし、両者を結合させ一体とするのである。

上海越劇院『十二夜』（上海越劇院提供）

上海越劇院『王子復仇記』（上海越劇院提供）

『王子復仇記』は主役を演じた趙志剛の魅力もあり、興行的にも成功した。上演DVDも市販されている。しかし、上海越劇院はその後越劇によるシェイクスピア作品を上演していない。中国伝統演劇によるシェイクスピア上演の難しさを示すものだといえよう。なお、この『王子復仇記』では、『十二夜』でヴィオラを演じた孫智君、マルヴォーリオを演じた史済華がシェイクスピア作品の経験を買われてか、それぞれガートルード、クローディアス役に起用されている。

Ⅳ

伝統演劇でシェイクスピアを取り上げる意義――〝中国化〟か〝西洋化〟かの論争

本稿の最後に、中国伝統演劇でシェイクスピアを演じる問題を整理しておこう。孫叢叢《そんそうそう》「伝統演劇が外国文学名著を脚色する問題についての探求」[12]は、シェイクスピアだけを扱った論文ではないが、この問題を考えるにあたって参考になる。

すでに『血手記』と『十二夜』を通して具体的にみたように、中国伝統演劇によるシェイクスピア上演には、中国化と西洋化の二つの方式がある。中国化といっても、現代中国の服装で演じられることはなく、実質的には古装化である。

中国化の長所としては、物語の大衆化と同時に、中国の観客の観劇習慣、観劇期待に合致することが挙げられている。物語の〝中国化〟と同時に上演風格も中国化するので、舞台での上演もその劇種の特徴と合致するのである。

中国化の問題としては、以下の点が指摘されている。

最大の問題は、脚色者が作品内容をよく吟味せず、脚色内容が混乱していることである。たとえば、『ハムレット』ではノルウェイがデンマークを攻めたり、またデンマークに服従したり、レアティーズがフランスに行ったり、ハムレットがイギリスに送られようとしてまたデンマークに戻るなど、一国の範囲を超えた内容が描かれている。脚色者はこのような当時の国際関係を中国に置き換えようとするが、これらの部分と中国の歴史・地理の違いは大きく、うまく脚色できないため観客が混乱する。時には、原作内容から大きく離れてしまうこともある。逆に、原作を生かすため劇種の特色を無視して脚色することもある。

シェイクスピア作品の内容が、中国演劇関係者とくに伝統演劇関係者にまだあまりよく知られていないことを示している。

それでは、西洋化はどうか。その長所は、やはり原作に比較的忠実であることである。また、原作すべてを伝統劇の様式と結合させずに、高度な総合のもとで伝統劇の要素を分解して利用し、同時に西洋の要素も取り入れるので、新しい表現形式追求の可能性があることも指摘されている。

西洋化の問題としては、やはり伝統劇の特色、形式美を破壊することがあげられている。

これまでみてきた中国伝統演劇のシェイクスピア上演でも、演出家は多くが話劇関係者を招いたものであった。話劇関係者による演出では、シェイクスピア作品の理解や一つの一貫した劇世界を創造するという点では優れていても、その劇種の特性に対する配慮はやはり弱くなるだろう。

このような問題があるため、なによりも観客動員という点では期待したほどの効果はあがらないため、二十一世紀以降は伝統演劇のシェイクスピア上演は減少している。

筆者は、実験演劇として中国伝統演劇によるシェイクスピア上演に反対ではない。しかし、シェイクスピア上演の主流は、中国においても話劇ないし話劇系現代演劇が中心になるべきではなかろうか。

註

1 曹樹鈞《莎士比亜的春天在中国》香港、天馬図書有限公司、二〇〇二

2 一見《上座率与舞台芸術的趨向》（上海《文匯報》一九八四年五月十日）

3 一見《上座率与舞台芸術的趨向》（上海《文匯報》一九八四年五月十日）

4 主にインターネット上で収集した資料。

5 昆劇『マクベス』に関する資料は参考文献参照。

6 筆者は曹樹鈞提供DVDを参照した。初演テレビ中継の録画のようである。

7 許鎮華《我演昆劇《血手記》》（《戏剧报》六期、一九八七）

8 左紘〝昆味〟与〝莎味〟的结合——昆剧《血手记》观后

9 胡偉民《和諧—越劇〈第十二夜〉的導演探求》（《導演的自我超越》中国戯劇出版社、一九八八に収録。この論文は藤野真子の訳文（一部省略）がある。胡偉民、藤野真子訳「調和—越劇『十二夜』演出をめぐる探求」（『シアターアーツ』十一号、二〇〇二）。

10 朱士場《莎味与越味—観越劇《第十二夜》有感》
そのほかの越劇『十二夜』に関する資料は参考文献参照。

11 薛允璜《莎劇戯曲化的一次嘗試—越劇〈王子復仇記〉改編演出的幾点思考》（孫福良主編《九四年上海国際莎士比亜戯劇節論文集》上海文芸出版社、一九九六）

12 孫叢叢《関於戯曲改編外国文学名著問題的探求》（《芸苑》五期、二〇〇九）

第八章

戯劇工作室『ハムレット』（一九九〇年）
——実験演劇としてのシェイクスピア

第八章

一九九〇年に至って、中国ではそれまでとまったく異なるシェイクスピア上演が現れた。林兆華演出『ハムレット』である。林兆華が中国における実験演劇の創始者であり代表者であることは、日本でもすでによく知られている。だが、彼の演劇活動の全貌は日本ではまだ十分には知られているとは言えない。ここでは、林兆華の略伝を紹介した後、『ハムレット』の内容、芸術的意義と林兆華の演出活動が中国演劇に占める位置について考察することとしたい。

I

林兆華は一九三六年に天津で生まれた。馬中駿の略伝[1]によれば、林兆華の出身家庭は貧しく、中学を中途退学して天津市工業器材公司に統計員として勤務せざるを得なかったという。しかし、彼は芸術を愛好して仕事に身が入らず、まもなく八一電影制作所に録音員として移り、さらに一九五七年に制作所の同僚たちと中央戯劇学院表演（演技）系を受験して彼だけが合格した。彼とともに戯劇学院を受験して不合格となった同僚は、数カ月後に右派分子とされ中国北方の広大な荒れ地である北大荒に送られたという。林兆華は、もし不合格であったら自分も下放させられただろうと回想している。

一九六一年の卒業公演では、林兆華は『ロミオとジュリエット』のロミオを演じた。現在、周恩来役者として著名な王鉄成とのダブルキャストであった。この時乳母の役を演じた何炳珠は、後に林兆華夫人となった。卒業後は、現在は中国最高の劇団とされる北京人民芸術劇院（北京人芸）に配属された。だが、当時の北京人芸は著名な俳優が揃っており、林兆華は俳優としては芽が出ず、端役での出演はあっても長い不遇の時期を過ごさなければならなかった。

文革期の林兆華の状況については、不明なことが多い。林兆華自身も、この時期のことを語りたがらない。北京人芸の造反派を支持したが、積極的な造反派でもなかったという。下放先では、焦菊隠と同じグループで、彼から演出を学んだともいう。

林兆華は、北京話劇団と名前を変えた北京人芸が文革中の一九七三年九月上演の『爆破之前』に作者と

『ハムレット』上演当時の林兆華

して、一九七六年一月上演の『工農一家』には演出家として刁光《ちょうこう》覃《たん》、藍天野《らんてんや》とともに参加した。『爆破の前』は劇本が『解放軍文芸』七四年七期に発表され、一九七六年一月に単行本が発行されている[2]。その内容は、階級闘争派と修正主義派の「二つの路線の闘い」を通して工事現場での英雄的な生産活動を描いたものである。文革期の思想的雰囲気が濃厚な作品であり、文革中に創作活動に従事し得たことは当時の林兆華の思想傾向を推測しうるものである。だが、『爆破の前』は江青ら文革派の立場に立って〝走資派〟との闘いを描いた〝陰謀文芸〟でもない。林兆華はこれらの作品によってその才気を劇院幹部に認められたという。これが、文革終結後に劇院党書記の趙起楊が林兆華に劇作家か演出家になるように勧めることに繋がった。彼は半年考えて演出家を選んだという。

こうして、林兆華は一九七八年三月に蘇叔陽《そしゅくよう》『丹心譜』で演出家として登場する。この作品は、上級知識人の文革後期の生き方を描いたもので、当時大きな反響を呼んだ。もっとも、この時は梅阡との共同演出で、実際には梅阡の助手であったと思われる。林兆華の単独演出は一九八〇年の水運慶『幸福のために乾杯!』で、この後高級幹部の腐敗問題を描いた一九八一年の梁秉坤《りょうへいこん》『誰が強者か』のような当時の話題作はあるものの、まだ無名の域を出なかった。林兆華は『劇本』一九八二年一期に『誰が強者か』演出ノートを発表している。それを読めば、林兆華はすでに伝統的話劇に不満を抱きつつも、伝統的話劇の枠をまだ越えることができなかったのを知ることができる。

その時、北京人芸に一人の作家が劇作家（編劇）として転任してきた。それが、高行健《こうこうけん》である。高行健はこの時すでにイヨネスコ、ベケットなど西洋不条理劇の研究を開始していた。林兆華は高行健が北京人芸第一副院長である于是之《うぜし》に『バス停』の構想を話しているのを傍で聞き、強い興味を感じた。『バス停』は、郊外のバス停でいつまでも来ないバスを待っている一群の人々を描いた作品で、明らかに『ゴドーを待ちながら』に示唆を得ていた。しかし、高行健が転任してきた一九八一年は白樺『苦恋』批判が吹き荒れている時であり、強い思想引き締めが行われ、『バス停』のような西洋不条理劇の影響を受けた作品はとても上演できなかった。劇院も高行健に「わりあいにリアリズムのもの」を要求し、高行健は劉会遠《りゅうかいえん》と合作して『絶対信号』を書いた。林兆華は演出を担当し、この『絶対信号』は建国後最初の小劇場演劇として上演回数が百回を越える華々しい成功を収めた。こうして、林兆華と高行健はこのあと『バス停』(一九八三)『野人』(一九八五)を送りだし、一九八〇年代中国実験演劇の先頭をきることになる。林兆華は高行健作品を上演する中で、演出家として成熟していった[3]。

林兆華と高行健の協力関係は、一九八六年に『彼岸』上演が北京人芸に認められなかったことで終わりを告げた。高行健はまもなく出国し、六四天安門事件の際パリで政府批判の言動を発表したことで共産党除名・北京人芸解雇処分を受けた。高行健はその後パリに留まって創作を続け、二〇〇〇年には中国語で創作する作家として最初のノーベル文学賞受賞者となった。

このように、林兆華は実験演劇の代表者としてまず広く知られるようになった。しかし注意しなければならないのは、一九八〇年代の林兆華は一九八四年の魏敏《ぎびん》他『紅白喜事』や一九八六年の錦雲『犬だんなの涅槃』のように、高行健作品の演出以外にも注目される舞台を作っていることである。しかも、その舞台は、実験演劇とは別種の演劇であった。『紅白喜事』は、高行健などの実験演劇とは異なる農村を描いた純写実の舞台であり、『犬だんなの涅槃』は鮮明な個性をもった人物を主人公とし、その内面心理の表現に伝統演劇や現代演劇の各種の技法を採り入れ、どちらも高い肯定的評価を受けた。『犬だんなの涅槃』について「ここには、林兆華同志の過去の芸術実践の中で少数の作品の探索は程度が甚だしすぎて失敗した経験の総括が含まれているのではないだろうか」という評が出た。これに対して林兆華は「私は過去の失敗がわからないだけでなく、『犬だんなの涅槃』の演出が何を突破したのかもわからない。私はこの劇はあのように演じるべきだということを知っていただけである」[4]と答えている。林兆華の演出作品のこの幅の広さは、一九九〇年代以降も引き継がれていくことになる。

II

一九八九年の六四天安門事件で中国の一九八〇年代は終わった。中国は三年間の引き締め期に入る。林兆華も、中央実験話劇院ソ連公演のため演出した曹禺『北京人』の国内公演を諦めざるをえなかった。北京の劇場では、時間が十年前に逆戻りしたような作品ばかりが上演された。林兆華もこの時期の北京人芸でいくつか演出作品があるが、概して成果に乏しい。しかし、厳しい引き締めが続くこの時期、林兆華は新しい実験演劇を秘かに行った。それが一九九〇年秋上演の『ハムレット』である。

なぜ『ハムレット』なのか。林兆華の回想[5]によれば、彼が最初に『ハムレット』に接したのは北京人芸に配属されたばかりの頃だったという。当時、北京人芸第一副院長の焦菊隠は『ハムレット』を上演する構想を持っており、まず俳優の身体訓練から始めた。『ハムレット』は最後に決闘シーンがあり、フェンシング技術が必要になる。林兆華は中央戯劇学院でフェンシングを習得していたので、彼に北京人芸の俳優たち――于是之、鄭榕《ていよう》、田沖《でんちゅう》にフェンシングを教える任務が与えられた。この『ハムレット』は結局実現せず、林兆華と『ハムレット』との関係もひとまず終わった。

それから約二十年が経過し、『ハムレット』は戯劇工作室という林兆華自身のプロデュース組織で行われた。林兆華は一九八八年頃から独自の戯劇工作室を開く構想を持ち始めていたという。一九九〇年の北京では何らかの政府公認団体でなければ上演行為はできなかったので、中央戯劇学院『戯劇』雑誌の名義を借りたが、実質は林兆華が資金も用意した自主公演である。二〇〇三年に至って林兆華の名前を付け、〝林兆華戯劇工作室〟という名称になったが、それ以前はただ戯劇工作室と呼ばれていた。

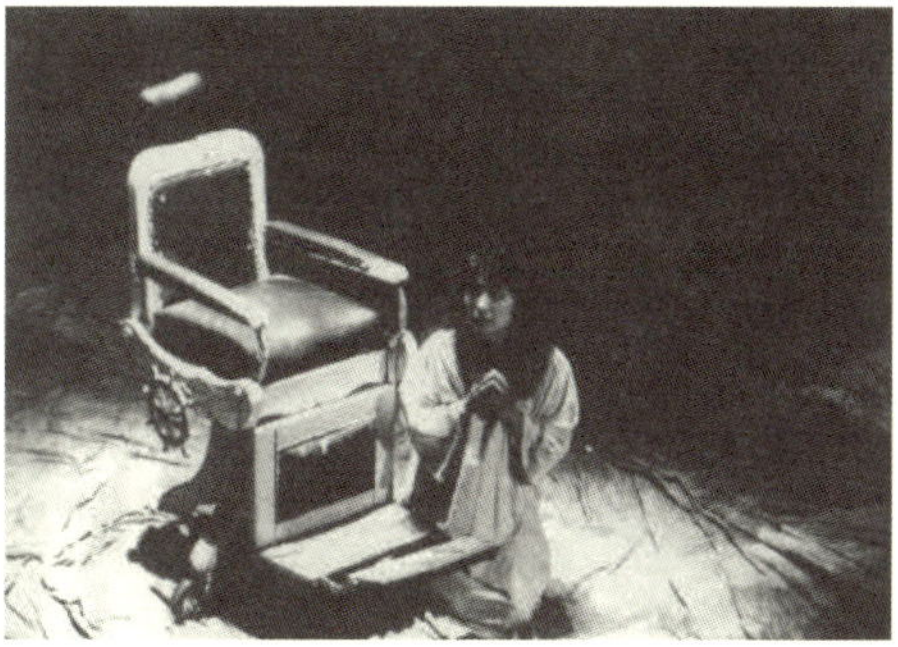
戯劇工作室『ハムレット』

戯劇工作室の目的は、劇団から任務として与えられる劇ではなく、林兆華が演出したい作品を上演することである。一九九〇年前後、中国の創作劇には彼の演出意欲をかき立てる作品がなかった。そこで世界名作劇から演じる作品を選ぶことにした。一つには、世界名作なら上部の審査（検閲）を通りやすいからであった。一九八〇年代の中国でシェイクスピアはかなり上演されていた。しかし林兆華はこれらのシェイクスピア上演に不満であった。調子やクセが強い。自分がやるなら、必ず彼らとは違ったものをやらなければならない。しかし、彼はシェイクスピア劇を演出した経験がなく、ためらっていた。

その時林兆華と『ハムレット』を結びつけたのは、上海青年話劇団の胡偉民であった。林兆華と胡偉民は一九八〇年代に〝南胡北林〟と称された実験演劇のホープであった。第七章で考察した越劇『十二夜』の演出家である。胡偉民は林兆華に、自分はきっと『ハムレット』を上演するのだ、とよく語っていた。その胡偉民が一九八九年六月二十日に心臓病で急逝した。林兆華は亡友の追悼会で「自分はきっと『ハムレット』を上演するのだ」と述べた。追悼会で林兆華は子供のように泣いていたという[6]。こうして『ハムレット』が上演作品として選ばれた。

この『ハムレット』は、シェイクスピア作品の単純な上演ではなかった。林兆華が上演にあたってプログラムに書いた演出家あいさつ（原文は無題目）の全文を訳出しておこう。

ハムレットは私たちの中の一人である。大通りで私たちは毎日すれ違っているかもしれない。あの彼を苦しめた思想は毎日私たちをも苦しめている。彼が直面した選択も、私たちが毎日直面しているものである。生きるべきか死すべきか、という哲学の命題も、生活の中のあらゆる具体的な大事や小事である。これかあれか。その中の一つを選択できるだけなのだ。

ハムレットが私たちから離れて久しい。人々は彼を空中にぶら下げ、あたかも彼は生まれつき高貴で、彼は〝あたま全部にかつらをかぶった男が舞台上でわめきちらしているかのように〟させ、〝にぎやかさだけを求めるレベルの低い観客をうっとりさせる〟かのようである。いま私たちは彼を私たちの中に連れ戻し、私たちの兄弟、私たち自身にしなければならない。

私たちが今日対面するハムレットは、正義のために復讐する王子でもなければ、ヒューマニズムの英雄でもない。私たちが対面するのは、私たち自身である。自己と直面できるのは、現代人が備えている最も積極的な、最も勇敢な、最も豪快な姿勢である。これ以外に、私たちにはほかのものはない。

ハムレットは幸運である。彼はやはり正義を代表し、正義を行動に移し、一人の英雄として死んでいった。しかし現代演劇の中では、トレープレフは一羽のかもめを撃ち殺すように自己を撃ち殺すしかない。ベランジェは犀に変わろうとして変われず、絶望の中でどうすることもできない。そしてウラジミールとエストラゴンは、ゴドーを待ち続けるのである。
本当に、私たちは自己に直面する以外に、別の方法はないのだ。
〝誰もがハムレットなのだ〟、この考えはしっかりと私にまとわりついている……[7]。

林兆華は、名作劇上演にあたって新たな内容は加えず、原作を削り、構造を調整するだけである。もう一つは、シェイクスピアを通して自分自身の主題を伝達する。林兆華はこれを、演出家の〝第二主題〟と呼んでいる。林兆華によれば、この劇の最も重要な〝第二主題〟は、〝誰もがハムレットなのだ〟ということである。林兆華は、この第二主題についてこう語っている。

この主題は、どうやって絞り出してきたのか。あの頃、私自身はかなり困惑していた。すでに劇院の中で四五年副院長をやっていた。ほんとうに自分がやりたいことをやるのは、非常に難しい。(中略)そのほか、この劇をけいこしていた時は、ちょうど学生運動が退いた時で、当時人々はかなり茫然とし、理解できず、考えのある人はみないささか困惑していた。思考があれば孤独であり、群衆はマヒしている。現代人は、困難と孤独から逃れがたい。それで、私は〝誰もがハムレットなのだ〟をひねり出したのだ[8]。

林兆華『ハムレット』は、やはり六四天安門事件後の思想混迷に抗う中から生まれてきたのである。
演劇評論家の林克歓《りんこくかん》は、林兆華『ハムレット』の主題を次のように整理している。

『ハムレット』については、すでにあまりにも多くのことが語られている。ソ連のアーニクストはハムレットの復讐を人民の理想と一致した壮麗な事業だと述べ、この神秘的なデンマークの王子を、人類を解放する光栄な戦闘のなかの一戦士とした。英米の評論家たちは逆に、ハムレットをまったく解きようのない未知数、或いは振りだされてはいるが金額の書き込まれていない小切手だとみなした。林兆華はハムレットの性格のなかの善悪、美醜が溶け合って分かちがたい様相を、人間性自身の深刻な矛盾だとした。ハムレットの「生きるべきか死すべきか」のパラドックスを、人類の普遍的な生存状況としたのである。汚れ、転倒し、錯乱した異常な世界を意識的に創り出し、誰もがハムレットなのだという舞台の意味と形象を示したのである[9]。

III

上演は北京電影学院のけいこ場で七ステージ行われた[10]。北京電影学院がけいこ場を無料で提供してくれたからであった。チケットは販売しなかったが、各ステージとも満員だった。上演台本は、朱生豪訳などを基礎に李健鳴が作成した。

上演プログラムには、次のような「上演グループ一同」のあいさつ文が掲載された。

〝舞台の上と下とがみな故郷の懐かしく親しい人々のようであれば、演劇は故郷に戻ったのである。〟

一群の浮浪者のように、私たちは偶然に集まった。ただ『ハムレット』を一度上演するためだけに。

道のゴミを掃き清め、体の埃を振るい落とす。眼は時として見開く事が出来ず、両足は震えている。私たちがぶつかった困難を述べる時間はないし、あの様々な失意と打撃についての愚痴をこぼすゆとりもない。だが、私たちは、次の事を覚えている：私たちは労働をし、困難のなかに喜びと慰めがあったことを。

あるいは、私たちは永遠に一群の通行人、行きずりの客、漂泊者にすぎないかもしれない。しかし、私たちはすでに旅に出てしまったのであり、あの果てし無い荒野に踏み出した時の歩みの強靭さと戸惑いの二つともを引き続き味わうことになるだろう。故郷に帰る道の途上では、時にはやはり乞食と化すかもしれない。しかし、それが何の妨げになろうか。

やはり感謝しなければならないのは、真剣に私たちを支持してくれた友人と仲間たちである。それと、夏の暑さを和らげてくれた雷鳴と豪雨にも。このほかに、残されたのはただ沈黙のみである[11]。

上演プログラムは七十四頁におよぶ長文で、写真はまったくなく、上演関係者のあいさつ文のほかは、ニーチェ、ブレヒト、ベリンスキー、アーニクストらの『ハムレット』評論・研究論文が大量に収録されていた[12]。プログラムには配役表がないので、正確に配役を記すことができないが、プログラムには林兆華のほか倪大宏《げいだいこう》、任鳴《じんめい》、牟森《ぼうしん》、易立明《えきりつめい》、李健鳴《りけんめい》ら二十四名の上演チームメンバーが記されていた[13]。メンバーのうち十六名がプログラムに言葉を寄せている。

この『ハムレット』は舞台全体が暗い灰色で統一され、舞台には廃物の電気器具、各時代の壊れた電話、十六ミリ映写機が積み上げられ、国王や王妃の玉座は中古の床屋の椅子であった。舞台の上には回っては停まる一九三〇年代の古い扇風機がつり下げられていた。林克歓が言うように、「これらすべてが、生命力や

戯劇工作室『ハムレット』

活力のない機械が統治する世界を構成していた。」[14]俳優の衣裳も、自分たちが着慣れた古着であり、欧州中世宮廷の服装ではなかった。

舞台は、墓堀人が鉄のシャベルをぶつからせる音から始まる。原作では、墓堀人は第五幕第一場で初めて登場するのだが、林兆華は墓堀人の台詞を原作から取り出していくつかに分割し、劇の随所で登場させ、劇全体を貫かせた。

この『ハムレット』で特に異彩を放ち効果をあげているのが、三人の俳優がハムレットを演じ、彼らは上演が進むなかで間断なく役が入れ替わることである。一人の人間がハムレットにもクローディアスにもなりうる、肯定的人物にも否定的人物にもなりうる、ということである。始めけいこの時に二人の俳優が同時にハムレットを演じるようにしてみたが、さして効果をあげなかった。その時突然、複数の俳優が相互に役を入れ替わるやり方を思いついたという。当初は、ガートルートとオフィーリア役の女優も入れ替えることを考えたが、これは取りやめになった。

林兆華はこの俳優交替を通して、絶対的価値観の崩壊した世界における人間存在を提示することになった。この『ハムレット』の世界は、絶対的価値観の崩壊を身をもって体験せざるを得なかった林兆華の中国の歴史に対する一つの総括ではなかろうか。林兆華は私のこの考えに賛成していないようだが、彼自身がどう言おうと、私はこのように考えたい。

林兆華はさらに、劇の最後で死んだハムレットが突然すわってサングラスをかけてハイナー・ミュラー

『ハムレットマシーン』の台詞を読むことも試みた。結局一九九〇年の上演ではこの試みは放棄されたが、二〇〇八年の再演では復活させたという。

『ハムレットマシーン』のその台詞（焦洱訳）は、林兆華『導演小人書』「ハムレット」に引用されている。

わたしはもう食べることも、飲むことも、息をすることも、女や男や子供や動物を愛することもしたくない。わたしはもう死にたくない。わたしはもう殺したくない。わたしはわたしの封印された肉体をこじあける。わたしはもう死にたくない。わたしはわたしの血管の中に、骨の髄に、頭脳の迷宮に住むつもりだ。わたしはわたしの内臓に引きこもる。わたしの居場所はわたしの排泄物、血管の中だ。わたしがわたしの排泄物の中に住むために、どこかでたくさんのからだが破られる。どこかでたくさんのからだが切り開かれ、わたしに残されるのはわたしの血だけとなる。わたしの思想はわたしの脳の傷。わたしの脳はひきつった傷痕。わたしはマシーンでありたい。掴む手、歩く足。痛みもなく、思想もなく[15]。

林兆華は『導演小人書』で、「私はこの戯曲（『ハムレットマシーン』――筆者）がわからない。でも、私の感覚では必要なものだ。私はこの台詞が好きだ。」と述べている。

そして林兆華『ハムレット』は次のように終わる。再び林克歓の劇評を引こう。

ハムレットの決定的一撃の瞬間、舞台の上から大量の液体が流れ落ち、やがてポタポタと落ちる水滴に変わる。水か、雨か、血か。それは世界の汚れと垢を洗い流すのか。それとも世界をもっと汚らしくよごすのか。竇娥の死後に血が白絹にほとばしる悲壮さもなく、ファウストが倒れた時天の大門が開かれ魂が昇天するロマンのようでもない。だが、これが結局のところこの冷酷な世界の反応なのである[15]。

この『ハムレット』は思想引き締めが強調された当時の北京では公開上演できず、新聞には一切報道がなかったが、少数の専門家からは高い評価を受けた。思想引き締めが最も厳しい時期の北京でこのような実験演劇上演を敢行した林兆華の意思に、敬意を感じざるをえない。

林兆華の実験演劇は、戯曲に一般的な読みとは異なった彼自身の解釈を持ち込み、それに従って舞台を構成していく。林兆華は、林兆華がシェイクスピアに奉仕するのではなく、シェイクスピアが林兆華に奉仕するのだ、と述べている。ここから、彼の舞台には強い個性が現れる。林兆華の実験演劇では、戯曲は林兆華の内面世界を表現する素材にすぎない。そして内面表現のために、各種の演劇表現技法が自由に選択される。芸術家の内面表現は現代芸術の根幹であり、ここから彼の実験演劇は掛け値なしの芸術となる。

では何が彼の内面なのか。その最大の内容は、固定、停滞の中での欺瞞的な安定を嫌い、事物を常に流動の中でみようとする姿勢である。このような彼の内面世界を表現するために選択された演劇技法は、戯曲が直接要求するものとは大きく異なっている。『ハムレット』の俳優交代もそうだが、デュレンマット『ロムルス大帝』では人間と人形が共演する。過士行『棋人』では戯曲が直接描いているのは北京の四合院での物語であるが、林兆華は舞台に金網で家を作り、そこで劇を展開させ、最後に金網の家を崩壊させる。『三人姉妹・ゴドーを待ちながら』では、チェーホフとベケットが結合され、『故事新編』では廃止された工場に石炭を積み上げ、そこで俳優たちが魯迅『故事新編』の抜粋に基づく自由な身体表現をおこない生命感の発露が示される。『リチャード三世』（二〇〇一、中央実験話劇院俳優を用いた上演）ではジャズダンスや遊戯で陰謀が渦巻きその中で陰謀にマヒ状態になったイギリス宮廷の人間関係が表現され、さらに映像が大胆に挿入される。だが、観客は林兆華のこのような舞台から意外感を感じても、違和感・不快感は感じない。彼の近年の舞台は、年齢の関係か一九九〇年代に現れた孟京輝《もうけいき》や牟森のような観客の神経に直接鋭く突き刺さるような刺激性は弱い。従って、この意外感は感性の若々しさと舞台創造全体の円熟性として観客に肯定的印象を引き起こすことになる。『故事新編』『リチャード三世』は、林兆華の精神の若さを示す佳作である[17]。林兆華のシェイクスピア作品は、ほかに『コリオレーナス』を『大将軍寇流蘭』（二〇〇七）の名で上演した舞台がある。それほど実験要素は強くない。『大将軍寇流蘭』は二〇一三年に再演された。『リチャード三世』『大将軍寇流蘭』の詳細は、別の機会に譲りたい。

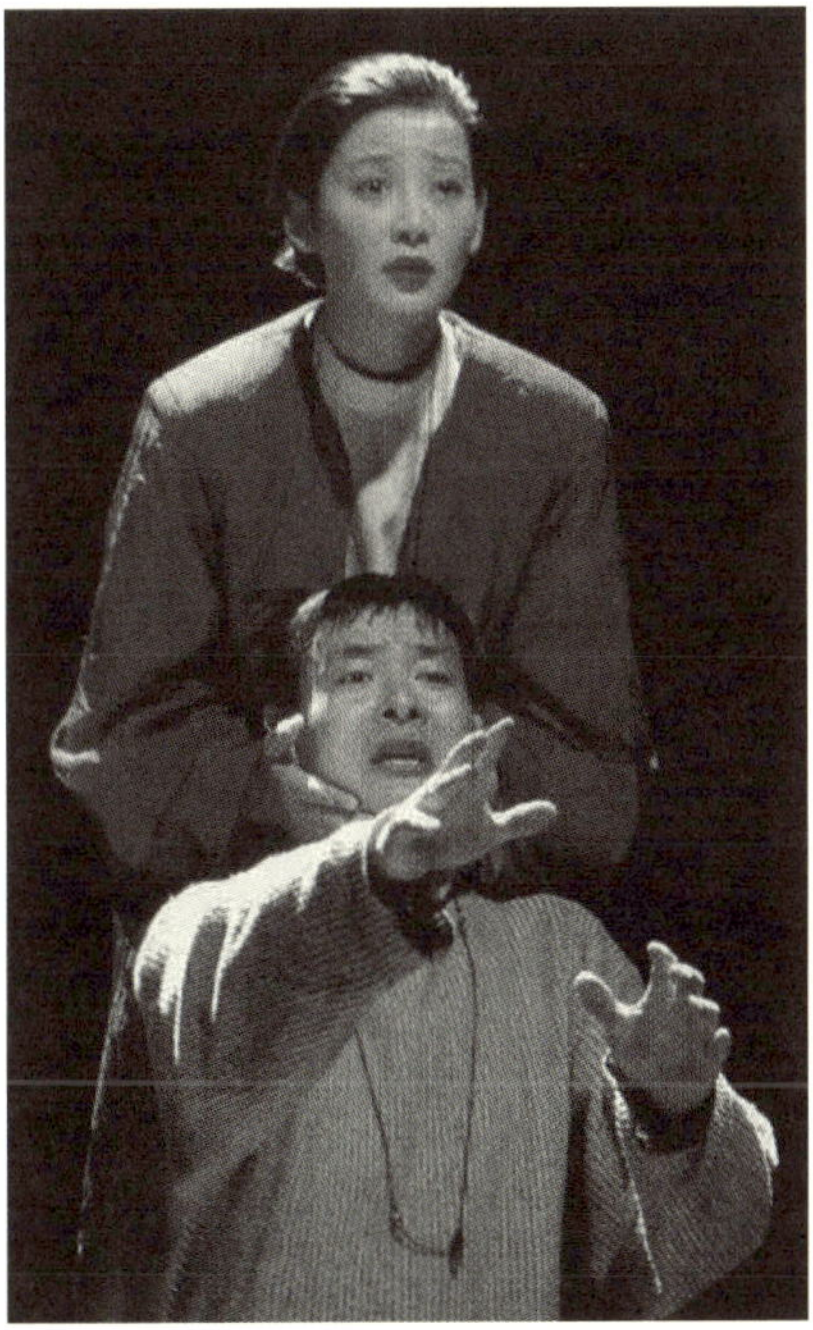

北京人芸『ハムレット』

ここで、林兆華『ハムレット』は一九九五年一月に日本演出家協会主催の日中演出家会議にあわせて東京グローブ座で上演されたことを付け加えておきたい。中国文化部は戯劇工作室という民間団体では海外公演を許可しなかった。林兆華はやむなく北京人芸と相談し、北京人芸の公演とするよう求めた。北京人芸は試みに北京で三ステージ試演してみたところ、すべて満席であった。林兆華自身もその理由がわからなかったという。北京人芸は人芸公演とすることを認め、文化部も日本公演を許可した。濮存昕《ぼくそんきん》、梁冠華《りょうかんか》、徐帆《じょはん》、陳小芸《ちんしょうげい》ら北京人芸の俳優のほか、中央実験話劇院から倪大宏が引き続き参加している。濮存昕、倪大宏、梁冠華の三人がハムレット、クローディアス、ポローニアスを交互に演じた。ガートルートは徐帆が、オフィーリアは陳小芸が扮した。現在は北京人芸院長の任鳴も、演出助手および墓堀人の役で上演チームに参加している。北京人芸版『ハムレット』は、衣装は俳優の私服ではなくより洗練されたものになっているが、劇の基本構造は戯劇工作室の初演と同様である。北京人芸版は、東京公演からの帰国後北京で再演され、ＶＣＤ、ＤＶＤも市販されている。

　東京公演にあたって、今度は日本側でビザ手続きの問題が起きた。当時は、中国人の入国ビザ手続きは今日よりもはるかに煩雑であった。そのため来日が遅れ二ステージしか上演できなかったが、上演は高い評価を得た[18]。松岡和子の劇評は、こう記している。

　考えてみると、アジア諸国のシェイクスピア劇の舞台が日本の観客の目に触れることはほとんどなかった。（中略）そういった情報不足の状況の中に、北京人民芸術劇院は世界的に見ても極めて高度な『ハムレット』をいきなり登場させ、私たちに喜ばしい驚きを与えた。（中略）ドーキンズが提唱した利己的な遺伝子という学説がある。人間をはじめとするあらゆる生物は、その生物独自の遺伝子が生き延びるための乗物にすぎないという考え方だ。この舞台でハムレットとクローディアスの役者が瞬時に入れ替わるその最初のとき、利己的な遺伝子のことが頭をよぎった。ハムレットという役とその精神が、四百年にわたって無数の俳優を「乗物」として今日まで生き延びてきている。――それを早回しで見た思い。めまいをもよおしそうな興奮を感じた[19]。

この松岡和子の劇評は、引用部分の中国語訳がおおむねそのままで林兆華の近作エッセイ集『導演小人書』に転載されている[20]。

IV

『ハムレット』は林兆華の上演活動の一つの転機となった。林兆華はこの転機を次のように述べている。

『ハムレット』は、私が現代演劇に突き進んでいった始まりというべきである。『ハムレット』の前には、私の演劇に対する認識と創作方式はリアリズムの枠を超えてはいなかった。伝統演劇の基礎の上でのいささかの変異にすぎなかった。『絶対信号』『バス停』『野人』はまだ伝統演劇だ。『ハムレット』は、戯曲の読解、芸術の伝達方式、舞台視覚の設計などかなり現代演劇に近くなった。演劇観念は変わった。けいこのやり方は、写実演劇と大きく異なった[21]。

林兆華が追求する演劇は実験演劇であり、それは必然的に話劇の変革に繋がるが、北京人芸の風格は話劇の深化であった。林兆華と北京人芸の主流との間には、創作上の矛盾が生じつつあった。『ハムレット』以後、林兆華の本領である実験演劇は彼の戯劇工作室または他劇団で行われることになった。『ハムレット』のみが、日本公演の関係で北京人芸で再演された。彼の実験演劇のすべてが成功したわけではなく、大劇場での『三人姉妹・ゴドーを待ちながら』のように上演が途中で打ち切りになった失敗作もあるが、概して

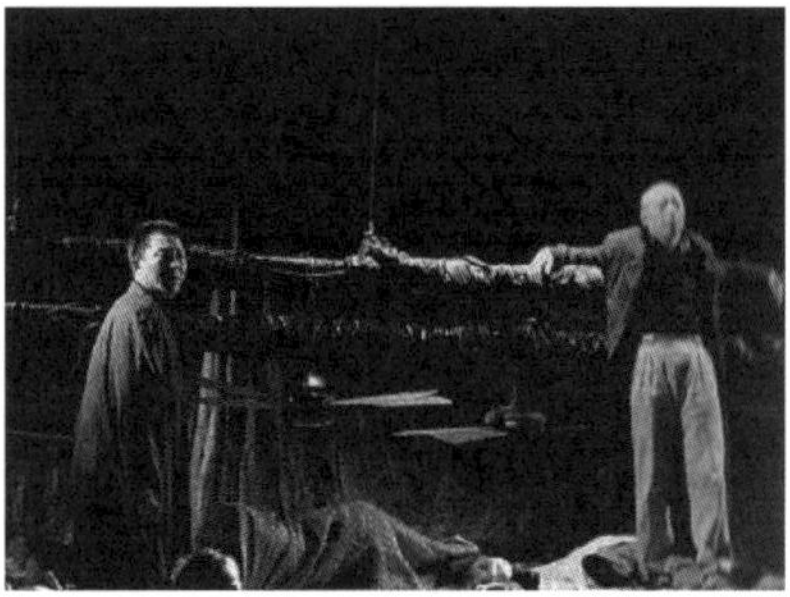

北京人芸『ハムレット』

『ハムレット』以降も林兆華の実験演劇は高い評価を受けた。二十一世紀に入っての林兆華の実験演劇には、イプセン『建築大師』(『棟梁ソルネス』、二〇〇六)、メーテルリンク『盲人』(二〇〇八)などがある。

林兆華の実験演劇は、このように北京人芸の風格である写実話劇とは対立するものであった。しかし、それにもかかわらず、北京人芸での林兆華の位置は一九九〇年代以後もますます大きくなっていったのである。それは、林兆華が実験演劇以外の演劇上演にも実験演劇の要素を活用しつつ、高い成果を収めたからである。

その代表を、北京の愛鳥家を通して人間心理を描いた過士行『鳥人』(一九九三)、老舎の名作を新たに演出した新版『茶館』(一九九九)、李漁の伝記劇である劉錦雲『風月無辺』(二〇〇〇)、陳忠実の農村小説を脚色した『白鹿原』(二〇〇六)、北京解放一年前の状況を描いた劉恒『窩頭会館』(二〇一一)などにみることができる。これらの作品は、戯曲が要求する内容に比較的忠実に上演されている。この系統の作品では、演出家は戯曲に奉仕している。これらの作品は良い意味での職人仕事であり、実験演劇と呼ぶことはできない。だが、戯曲の内容を平明に表現しつつそこに新鮮な技法と美感を盛り込む林兆華の北京人芸上演作品は、改革開放政策の結果生じた都市富裕層の嗜好に合致し大きな成功を収めた。これらの作品は、どん底におちこんでいた北京の話劇を救い(『鳥人』)、首都劇場再開場のこけら落としの演目となり(『茶館』)、ロングランが続き(『風月無辺』)、二十一世紀の新しい演劇状況へと北京人芸を導いていった。

一九八〇年代中期以後、中国の演劇界は話劇系・伝統演劇系を問わず長い危機状態にあったが、北京に限れば一九九九年頃から観客が特に話劇系演劇に戻りはじめた。経済成長によって生じた都市の富裕層が演劇に再び関心を示し始めたのである。これは北京人芸に限らない。話劇の危機が最も深刻であった一九九〇年代前半には、北京ですら話劇の上演が一日もない日が何日も続いたが、二十一世紀の今日では、北京では一日に数本の話劇系演劇が上演されるのが当たり前になっている。観客数も、話劇系が伝統演劇を上回っている。北京においては、演劇の危機はもはや底を打ったのである。ただし、上演される劇の多くは、商業的な演劇であるが。

このような中で林兆華の名声もあがり、今日の新聞は林兆華を大演出家（大導）と呼ぶようになった。大演出家がいることが、北京人芸の集客力をいっそう増すのである。近年は京劇劇団からも演出を依頼され、テレビドラマを京劇化した新作京劇『宰相劉羅鍋』（『宰相のせむしの劉』）などでやはり高い成果を収めている。

このように、林兆華は『ハムレット』以後二十年以上にわたって常に中国実験演劇の先頭を走り、中国演劇界に強い刺激を与えつづけてきた。九〇年代には、林兆華よりもはるかに若い孟京輝・牟森らが新しい演出家として登場した。だが、孟京輝・牟森が二十一世紀の今日すでに壁に突きあたっているにもかかわらず、林兆華は依然として質の高い実験演劇やその他の演劇を創造している。なぜ、彼はこのような若さを保ちえているのだろうか。一つは、文革などの関係で演出家としての出発が遅く、それだけ蓄積した演劇的可能性も大きかったことがあげられるだろう。もう一つは、すでにみた彼の演出の幅の広さである。七十を越えてなお試行錯誤を恐れない林兆華は、これからも中国演劇の先頭を走りつづけるに違いない。

附記

以下の文章は、筆者が北京人芸『ハムレット』東京公演パンフレットに寄稿した文章である。本章と密接な関係があるので収録する。

林兆華の『ハムレット』

林兆華演出の『ハムレット』がついに日本にやって来た。林兆華——一九八二年の高行健他『絶対信号』を演出して以来、常に中国実験演劇の先頭を走ると同時に、八四年の『紅白喜事』のように写実的な舞台の演出にも高い成果を示す、文字通り現代の中国演劇を代表する演出家である。

私が初めて林兆華演出の『ハムレット』に関する消息に接したのは、九〇年夏、北京・帽児胡同にある林克歓氏の自宅であった。林克歓氏は中国青年芸術劇院所属の演劇評論家で、実験演劇の支持者として広く知られている人である。評論集『林兆華導演芸術』の編者でもある。恐らく、私は林兆華『ハムレット』について最初に情報を得た日本人であるだろう。

九〇年夏といえば、天安門事件後の厳しい思想引締めが続いていた時で、北京の演劇界では時代が十数年逆戻りしたような作品ばかりが上演されていた。林克歓氏も青芸の芸術委員会主任を解任されてそれほど日がたっていなかった。私は、興奮げに『ハムレット』の準備と内容について語る林克歓氏の話を聞きながら、この時期の北京でかくのごとき実験的上演が行なわれようとしていることが、ちょっと信じられなかった。しかも、台詞の一部にはハイナー・ミュラー『ハムレットマシーン』が使われているという。（後に『ハムレットマシーン』からの引用は取り止めになった。）

だが、公演は実際におこなわれた。夏の試演を経たその初演は、一九九〇年晩秋、上演場所は北京電影学院小劇場、上演回数は四回であった。初演の上演団体は中央戯劇学院『戯劇』雑誌演劇研究工作室であったが、これは中国では公的団体でなければ劇場等を借りて公演を行なえないことによる名義上のもので、実際には林兆華氏が俳優・スタッフを組織し、上演資金も彼が準備した事実上の自主公演とのことであった。新聞等には広告が出せず、中国の代表的な演劇雑誌『中国戯劇』(中国戯劇家協会機関誌)にも上演に関する消息がまったく掲載されなかった。しかし、このような時期であっても、内部上演であれば実験的、革新的な公演が可能であったのである。

優れた舞台は優れた劇評を生み出す。まもなく、私は中央戯劇学院学報『戯劇』九一年一期に掲載された四本の劇評を読み、『ハムレット』の舞台成果を確信した。特に、本パンフレットにも訳出した林克歓氏のもの[22]が刺激的であった。

思想引締めの時期は、九二年春に一応の終わりを告げた。そして九三年十一月には北京で小劇場演劇フェスティバルが開催された。上演予定演目に林兆華『ハムレット』が入っていることを知った私は期待で胸を膨らませた。あの『ハムレット』が観られるのだ。できるだけ多くの日本の演劇人に中国現代演劇の最良の部分に接してもらおうと、私は訪中観劇団の組織に奔走し、観劇団の派遣元である話劇人社が作成した演目紹介の『ハムレット』の部分を執筆し「今回のフェスティバルで最も注目される作品」と記した。

だが、北京に到着し正式上演演目のリストを受け取った私は愕然とした。『ハムレット』がないのである。同じようなことは以前にもあった。八九年九月の第二回中国芸術祭で当初上演が告知されていた徐暁鐘演出『桑樹坪紀事』が直前に上演取り止めになったのである。取り止めの理由が天安門事件後の思想引締めにあることは明らかであった。『桑樹坪紀事』を観るために中国芸術祭に参加した私は、中央戯劇学院で『桑樹坪紀事』のビデオをみせてもらった。

この時のことを思い出した筆者は、ただちに林兆華氏の自宅に電話した。今回の上演中止には政治的な背景はなく、映画撮影等で俳優が揃わないのがその理由とのことであった。しかし、何人もの日本の演劇人が『ハムレット』に期待して北京までやって来たのだ。何とかビデオだけでも観ることはできないのだろうか。林兆華氏もビデオ上映に同意した。ビデオは質が悪いとのことであったが、それでもかまわないと思った。

こうして、即席の『ハムレット』ビデオ上映会が開かれることになった。会場は、やはり林兆華演出の『鳥人』を観終わった後の首都劇場ロビーであった。暖房のきかない広いロビーの一角に椅子を並べただけの上映会には、予想よりも多い十数人の参加者があった。大笹吉雄、石沢秀二、西川信広、流山児祥、坂手洋二、丹羽文夫氏らの顔が記憶に残っている。ビデオは果して質が悪かったが、写りの悪い画面からもその優れた舞台成果が伝わり、約二時間の上映が終わった時には拍手する参加者もいたのである。筆者もその一人であった。

そして、『ハムレット』の舞台成果を認めた石沢秀二氏らの努力により、日中演出家会議の期間中にこうして『ハムレット』の公演が実現することになったのである。上演実現の為に筆者はその後も多少のお手伝いをしたが、それはここでは省略したい。生の舞台をまだ観ていない筆者は、ここであえて『ハムレット』の内容について語ることは禁欲した。後は観客の皆さんが直接舞台から林兆華氏のメッセージを受け取っていただきたい。筆者もまたこの公演を機に新たにこの『ハムレット』と林兆華の演出芸術の意義について考えていきたいと思う。

註

1——馬中駿《猜測林兆華》（林克歓編《林兆華導演芸術》北方文芸出版社、一九九二）。第一節はこの略伝と、瀬戸宏「世界の演劇人：林兆華」（インタビュー、『シアターアーツ』七号、一九九七年一月）および林兆華《導演小人書》（林兆華口述、林偉瑜・徐馨整理、作家出版社、二〇一四）に基づく。

2——林兆華は、「世界の演劇人：林兆華」で、あのような作品は歴史に残すべきではない、と語っている。《導演小人書》自伝部分では《爆破之前》などの作品名をあげない。

3——高行健については、瀬戸宏『中国の同時代演劇』（好文出版、一九九一）「高行健」参照。

4——林兆華《涅槃》（《文芸研究》一期、一九八八）

5——《導演小人書》《我和名劇》で『ハムレット』について三十四頁にわたって語っている。《我和名劇》で取り上げられた作品の中で最も長い。

6——《導演小人書》に引用された童道明の回想。

7——このあいさつは《導演小人書》に全文が引用されている。「誰もがハムレットなのだ」は、本章の原型では「人々は皆ハムレットである」としていたが、ここでは「誰もがハムレットなのだ」に改めた。

8——《導演小人書》二三六頁

9——林克歓《人人都是哈姆莱特》（《林兆華導演芸術》）

10——《導演小人書》

11——《導演小人書》に全文引用。

12——収録評論のタイトルは以下の通り。（この部分と次の註13は、記述の関係で簡体字を用いる）
有关《哈姆莱特》的评论（摘）：尼采《悲剧的起源》、马雅贝尔斯《悲剧与超越》、布莱希特《戏剧小工具篇》、弗洛依德《梦的解析》、杨、科特《本世纪中的哈姆莱特》、基托《戏剧中的形式和意义》、别林斯基《莎士比亚的剧本〈哈姆莱特〉—莫恰洛夫扮演哈姆莱特的角色》、阿尼克斯特《文学教学》
文论选辑：弗罗姆《爱的艺术》（摘）、丹尼尔、贝尔《资本主义文化的矛盾》（摘）、刘小枫《拯救与逍遥》（摘）、王音《关于格拉多夫斯基和他的〝贫困戏剧〞的理解》

13――プログラムに記されたメンバーは次の通り（筆画順）
《哈姆莱特》剧组成员（依姓氏笔划为序）：王音、王家涛、石海涛、任鸣、牟森、李健鸣、李利宏、李雷、李羚、成曙一、杨青、孟秀、陈军、邱建华、林兆华、易立明、郭冬临、倪大宏、徐秀林、黄多、董丹军、娄迺鸣、普空、曾力

14――林克歓《人人都是哈姆莱特》

15――この『ハムレットマシーン』訳文は、「鴎座」上演第II期題活動『ハムレット／マシーン』（上演準備稿／060920　翻訳＝中島裕昭・近藤弘幸・新野守広、構成・演出＝佐藤信）より。http://members3.jcom.home.ne.jp/kamome-za/HMtext.pdf（二〇一六年二月四日最終閲覧）

16――林克歓《人人都是哈姆莱特》

17――ただし、『リチャード三世』の興行成績はよくなかった。《導演小人書》には『リチャード三世』に触れた部分はまったくない。

18――主な劇評は次の通り。飯塚容「〝幻のハムレット〟にたどりついて」（『幕』三十四号、一九九五年三月一日）、松岡和子「林兆華『ハムレット』を観て」（『幕』三十四号）、扇田昭彦「円環に描かれた歴史『ハムレット』」（『ダンスマガジン』四月号、一九九五）、七字英輔「今月のベストスリー」（『テアトロ』四月号、一九九五）、江森盛夫「北京人民芸術劇院による『ハムレット』」（『噂の真相』一九九五年四月号）、無署名「訳者逆転は、逆転続く社会の鏡―『北京版』演出の林兆華に聞く」（『朝日新聞』夕刊、一九九五年二月一日）

19――『幕』三四号、一五―一七頁

20――《導演小人書》二五一頁

21――《導演小人書》二四〇頁

22――《人人都是哈姆莱特》

附章

日本のシェイクスピア受容略史

中国でのシェイクスピア受容の性格を明確化するためにも、アジアの隣国であり文化的に中国と密接な関係にある日本のシェイクスピア受容の概略を確認しておきたい。

日本のシェイクスピア受容史の区分については、いくつかの説が研究者によって唱えられている。筆者の考えでは、日本のシェイクスピア受容も、中国と同様に次のように三段階に分けることが出来る。

・第一段階　幕末明治維新から一九一一年前後まで
・第二段階　一九一一年前後から一九七〇年代中期まで
・第三段階　一九七〇年代中期から現在まで

この三段階は、河竹登志夫の説に依拠している[1]。しかし、河竹登志夫は第三段階の起点を一九五五年文学座『ハムレット』公演に置いているのに対して、筆者は一九七〇年代中期の小田島雄二訳の出現とそれに基づくシェイクスピア・シアター（出口典雄主宰）の連続上演に置いている。その理由は後述する[2]。

I

第一段階　幕末明治維新から一九一一年前後まで

シェイクスピアの名前が日本に最初に伝わったのは一八四一（天保十三）年刊行のリンドレイ・マリ著、渋川六蔵訳『英文典』とされる。ここでは、シャーケスピールと記されていた。中国より三年ほど早い。一八六一（文久元）年には中国からトーマス・ミルナー著、慕維廉（ミュアヘッド）訳『英国志』が伝わり、長州藩で翻刻された。これは舌克斯畢と表記していた。しかし、これらはシェイクスピアの名前が現れたにすぎなかった。

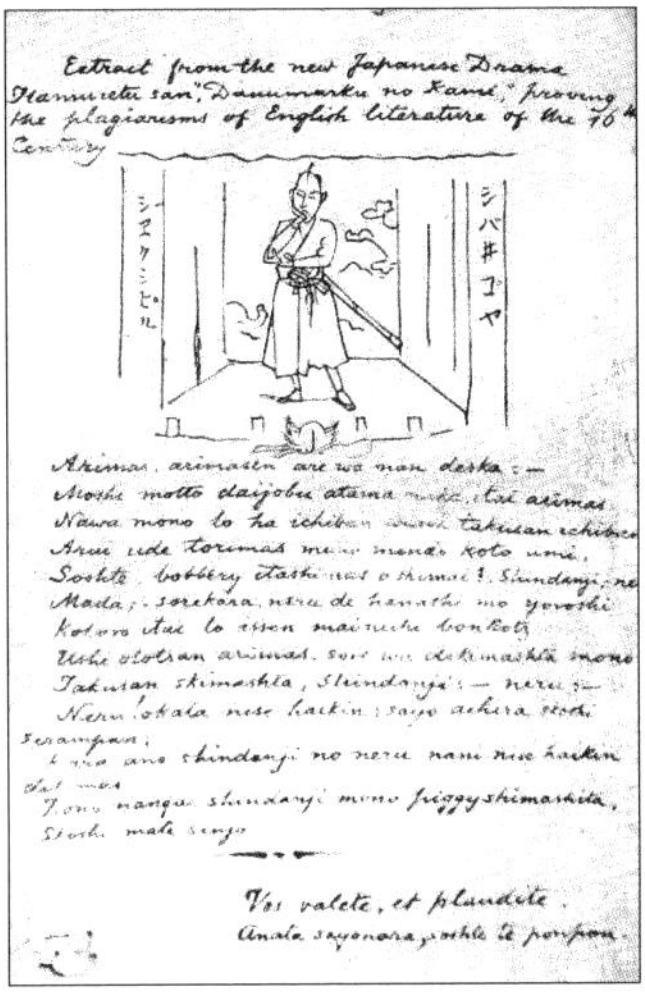

1874年“The Japan Punch”掲載の
日本最初の『ハムレット』上演スケッチ

明治維新後、次第に本格的なシェイクスピア紹介が始まった。一八七一（明治四）年刊行のサミュエル・スマイルズ著、中村正直訳『西国立志編』では、『英国志』と同様に舌克斯畢の表記が用いられている。

文字での紹介で最初に現れたのは、シェイクスピアの戯曲を正確に日本語に翻訳するのではなく、小説体に翻案したものだった。シェイクスピア作品の

1907年上演の歌舞伎『はむれっと』（明治座）、市川女寅の折枝姫（オフィーリア）
（早大演劇博物館提供、FA1-003724）

舞台化も現れたが、いずれも歌舞伎など当時の日本伝統演劇の形式に書き直したものだった。

　日本人による日本最初のシェイクスピア上演は明治初年に横浜で上演された『ハムレット』らしいが、これは『ザ・ジャパン・パンチ』一八七四（明治七）年一月号に断片的な記録が残っているだけで、公演の存在は推定されるものの、その実情はいっさい不明である。今日文献で確かめ得る最初のシェイクスピア上演は、ラム『シェイクスピア物語』の『ヴェニスの商人』部分の翻訳を翻案したものを歌舞伎に脚色した『何桜彼桜《さくらどき》銭世中《ぜにのよのなか》』である。一八八五（明治十八）年大阪・戎座で上演された。最初期の日本シェイクスピア上演も、中国と同様にラム『シェイクスピア物語』の脚色翻案だった。

　一八八六（明治十九）年には、仮名垣魯文（一八二九―一八九四）が『葉武列土《はむれっと》倭錦絵《やまとにしきえ》』を東京絵入新聞に発表した。この作は、『ハムレット』の内容を浄瑠璃時代物の文体で南北朝時代の物語に翻案したもので、ハムレットは葉叢丸、オフィーリアは実刈屋姫となっていた。日本シェイクスピア受容史の中では重要な作品である。魯文は歌舞伎での上演を望んでいたようだが、魯文存命中に上演されることはなかった。日本のシェイクスピア受容史研究で大きな成果を挙げた河竹登志夫は、この作を「彼らは、この異国の異質の材料をば、従来彼らが日本の中で珍らしい素材を発見した場合と少しも変らず、なんの苦もなく伝来の鋳型に流しこみ、家伝の器に盛って提供したのである。鋳型からはみ出したものは、それが本質的に重要であると否とを弁別することなく、強引に変質させ、または平然と削り捨てたのであった」[3]と評している。基本的には旧時代に属し積極的な意義はない、ということである。河竹登志夫がこのように判断した重要な根拠は、この作がハムレットの第四独白[4]を欠いているからであった。

新派の『ヴェニスの商人』（川上音二郎、藤沢浅二郎）
（早大演劇博物館提供、FA1-03608）

『葉武列土倭錦絵』は、発表から百年以上たった一九九一年に歌舞伎で上演され（東京グローブ座、織田紘二脚色演出、市川染五郎主演）、ロンドンでも上演され再演もされた。上演時にはハムレットに独白がなければ観客が納得しないという理由で、逍遥訳を使って第四独白が付け加えられた[5]。

二十世紀に入ると、新派がシェイクスピア受容に大きな役割を果たすようになる。まず一九〇一（明治三十四）年新派による『該撒奇談《しいざるきだん》』が明治座で上演された。これは、日本のシェイクスピア受容に重要な役割を果たす坪内逍遙（一八五九—一九三五）の『ジュリアス・シーザー』の翻訳『該撒奇談 自由太刀余波鋭鋒《じゆうのたちなごりのきれあじ》』から、二場を選んで抜粋上演したものである。続いて一九〇二（明治三十五）年に『リア王』の翻案『闇と光』が新派・福井茂兵衛一座で上演されている。

さらに一九〇三（明治三十六）年には、川上音二郎一座で『オセロー』が上演された。川上の正劇運動の最初でもある。題名は『オセロー』だが実際はオセローが台湾総督・室鷲郎、イヤゴーが陸軍中将・伊屋剛蔵、デズデモーナが鞆音というように、明治日本に置き換えている。この公演で川上貞奴が女優として登場した。なお、この新派『オセロー』も一九九一年東京グローブ座で再演された（石澤秀二脚色演出）。

川上一座は一九〇三（明治三十六）年には、本郷座で『ハムレット』を演じている。これも、山岸荷葉、土肥春曙が時代を明治に移した翻案上演で、ハムレットは葉村年丸となっていた。この上演でも、当時の新派俳優の演技術の限界により独白がカットされた。

翻訳について述べると、一八八四（明治十七）年に刊行された坪内逍遙訳『該撒奇談 自由太刀余波鋭鋒』が、シェイクスピア作品の最初の日本語完訳とされている。題名から、当時の政治小説ブームに触発されその一つとして翻訳したことがわかる。逍遙はその「附言」で「原本はもと台帳の粗なるものに似てただ台詞のみを用いて綴りなしたる者なれば所謂戯曲にはあらず、ここの院本とは全く体裁を異にしたる者なるを（後略）」と述べている。明治十年代は、戯曲の意味内容は〝文学作品としての脚本〟という現在の用法とは異なり、中国伝統演劇を指す現代中国語の用法と近いものであったことがわかる。訳文も、第一齣に〝だいいちまく〟とルビをつけ、台詞ごとに分かち書きしていないなど、院本（浄瑠璃本）の影響が伺われるものだった。

ラム『シェイクスピア物語』は、中国でのシェイクスピア受容に大きな役割を果したが、日本語訳は、一八八三（明治十六）年に翠嵐訳『仏国某州領主麻吉侯情話』（春夢楼、『御意のまま』）と井上勤訳『人肉質入裁判』（今古堂、『ヴェニスの商人』）が出版されたのが最初らしい［6］。『人肉質入裁判』は上述のように『何桜彼桜銭世中』の原作となった。これ以降も翻訳出版が続く。しかし、一八八四（明治十七）年に『該撒奇談自由太刀余波鋭鋒』が、一八八六年に河島敬蔵『春情浮世の夢』（『ロミオとジュリエット』）が現れるなど、日本ではシェイクスピア作品そのものの翻訳も割合に早く進み、日本のシェイクスピア受容では中国ほど大きな位置は占めなかったようである。

坪内逍遙は、一八九一（明治二十四）年に自らも関わって創刊された『早稲田文学』第一号に「シェークスピア脚本評註」を発表し「予がシェークスピヤの作を甚だ自然に似たりといふは、彼が描ける事件、人物が、実際のに同じとにはあらず。彼れが作は読む者の心々にて、如何やうにも解釈せらるることの酷だ造化に肖たるをいふなり」と述べ、シェイクスピア作品の特徴を「没理想」と概括している。シェイクスピア作品の特徴を、多義性、直接のメッセージ性なしとして理解したのである。この逍遙の一文は、没理想論争を引き起こすことになったが、この論争を通してシェイクスピアを特定の主義主張を持たない作家、作品ととらえる解釈は日本に定着していったと思われる。

明治時代のシェイクスピア受容、特に上演の特徴は、当時の日本人の理解能力の範囲内に止まっていたことである。明治期のシェイクスピア紹介は、今日からみれば文化誤読としかいいようのないものも多い。この文化誤読の中には中国と同様に多くの興味深い問題が含まれているのだが、残念ながらここでは詳細に紹介している余裕がない。

II

第二段階　戦前――一九一一年から一九四五年まで

二十世紀に入って、日本では正確な信頼できるシェイクスピア翻訳が出現した。舞台においても、シェイクスピア作品を翻案ではなく厳格な翻訳として上演することが一般的になった。日本の欧米文化理解が、基本的に正確といっていい程度に達したことの反映であろう。日本シェイクスピア受容は第二段階に入ったのである。この第二段階は私見では一九七〇年代中期まで続くが、日本社会は一九四五年第二次世界大戦敗北を境に大きな変動を遂げるので、ここでは一九四五年までとそれ以後の二期に分けて記述する。

この第二段階の開始を告げる上演が、坪内逍遙訳、演出による一九一一（明治四十四）年六月（後期）文芸協会第一回公演『ハムレット』である。この公演は帝国劇場で一週間にわたって上演された。土肥春曙のハムレット、東儀鉄笛のクローディアス、松井須磨子のオフィーリアなどの配役であった。坪内逍遙は、公演に先立って一九〇九年に『ハムレット』の翻訳を刊行していた。

文芸協会はこれ以前のいわゆる前期文芸協会の時期に、一九〇六（明治三十九）年十一月に演芸部大会として歌舞伎座で『ヴェニスの商人』法廷の場を、一九〇七（明治四十）年十月に演芸部第二回大会として本郷座で『ハムレット』（抜粋だが筋は通す）を逍遙訳で上演していた。これらは、翻案劇ではなくポーシャやハムレットという西洋の名前を持つ人物が舞台上に登場する翻訳劇としての公演であった。しかし、これらの

後期文芸協会第一回公演『ハムレット』(早大演劇博物館提供、FA1-03741)

上演は試演的なもので、すべての女性役が女優によって演じられたのでもなかった。『ヴェニスの商人』では、主役のポーシャは男優の土肥春曙が演じていた。

それに対して、後期文芸協会第一回公演『ハムレット』は、商業劇場である帝国劇場第四回興業でもあり、社会的反響の大きさは前期文芸協会公演の比ではなかった。ほぼ完全な全幕上演であり、独白の場面も削除されることがなかった。女性役はすべて女優が演じていた。当時は演出という言葉はなかったが、坪内逍遙が稽古を取り仕切り、実質的に演出の役割を果たした。残っている舞台写真をみると、西洋の衣装を身につけ、エルシノア城を再現するかなり写実的な舞台装置であった。文芸協会の再出発となる第一回公演にシェイクスピア作品を選んだのは、シェイクスピア紹介というよりもシェイクスピア上演を通して「わが国劇の向上に資する為」すなわち新しい日本演劇を作り出すことを逍遙が目指したからであった。

この公演は大劇場公演にもかかわらず全上演が九割以上の入場率で、帝劇開場以来最高の成績だったという。特に土肥春曙のハムレットが好評であった。社会反響の大きさを示すエピソードがある。それまでの文芸協会公演は試演的性格なので問題なかったが、この帝劇公演では出演者が家庭から猛反対され、変名を使ったり何人かは出演を断念し裏方に回ったりせざるを得なかった[7]。明治末年にはまだ、知識階層たる学生が演劇に参加することに強い偏見があったのである。

公演成功のため七月には大阪角座で一週間の公演が行われ、これも好成績だった。この『ハムレット』公演は興行成績とは逆に、芸術的には逍遙訳の台詞の日本語が古雅すぎること、一部を除く俳優たちの演技の未熟など問題もあったとも言われるが、その後一九七〇年代頃までの日本シェイクスピア上演の基本的要素は出揃っている。第二段階の最初の上演は、やはり後期文芸協会による帝劇公演とみなしていいであろう。この『ハムレット』は、日本シェイクスピア受容第二段階の発端となっただけでなく、第二段階を上演面で主に担った新劇と呼ばれる上演形態の嚆矢ともなった。

特に紹介しておきたいのは、後期文芸協会『ハムレット』上演に、陸輔《りくほ》という名の中国人留学生が参加していることである[8]。この陸輔は、春柳社の中心メンバーとなる陸鏡若であった。春柳社は今日、中国話劇の開始とみなされている芸術団体である。

しかしながら、当時の知識階層、特に若い知識階層がすべてこの『ハムレット』公演を支持したわけではなかった。自然主義系の文学者たちを中心に、当時の最新演劇で問題意識の鮮明なイプセンに傾倒する傾向も強かった。自然主義派に属する正宗白鳥は後に「文芸協会の演劇新運動が帝劇にまで進出して、ハムレットを上演したときに、『今の時代に沙翁物を有難がつて出すようでは』と、イプセン会の或る人々は笑っていた」[9]と回想している。シェイクスピアが長く新劇の傍流となる傾向は、新劇の発端からすでに存在していたのである。

ともあれ、これ以後もシェイクスピアは上演され続けていく。佐々木隆編『日本シェイクスピア総覧』によれば、後期文芸協会『ハムレット』公演以後第二次世界大戦終結までの三十四年間に再演を含めて百八回のシェイクスピア公演がある。近代劇協会、芸術座、舞台協会、無名会、劇術会、地球座などが戦前の新劇でシェイクスピアを上演した主要な劇団である。文芸協会系の劇団が多いが、築地小劇場もシェイクスピアを四回上演している。また、帝国劇場、宝塚国民座、松竹少女歌劇部も、シェイクスピアあるいはシェイクスピア関連の作品を上演している。その一つ一つを紹介検討することは紙幅の関係からも困難であり、別の機会に譲りたい。戦前の日本シェイクスピア上演では、太平洋戦争が勃発した一九四一（昭和十六）年以降は空白になっていることも指摘しておきたい。

日本の新劇は西洋演劇の翻訳劇上演を重要な内容とするのだが、新劇運動がとりあげた西洋演劇作品がイプセンなど近代劇系あるいは左翼演劇系に傾く中で、シェイク

無名会『オセロー』（早大演劇博物館提供、F64-01485）

築地小劇場『ウィンザーの陽気な女房たち』
（早大演劇博物館提供、FA1-03677）

坪内逍遙訳『シェークスピア全集』
（早大演劇博物館提供、ZB2-2-1-40）

スピアはその後の戦前日本で「読む作品」として翻訳紹介されていった。早くも一九〇五（明治三十八）年から一九〇九（明治四十二）年にかけて戸沢姑射・浅野馮虚『沙翁全集』全十巻が大日本図書から刊行されている。明治末以後一九四五年以前に、『ハムレット』だけで二十一回刊行されている。昭和初期の円本ブームによる各種文学全集、戯曲全集にも多くのシェイクスピア作品が収録されている。

そのような戦前日本のシェイクスピア翻訳で最も功績があったのは、やはり坪内逍遙であろう。彼は一九〇九年以来陸続とシェイクスピア作品を翻訳し、一九二八年には個人訳の日本語版シェイクスピア全集である『沙翁全集』を完成させた。しかも助手や下訳の類はいっさい使っていない。個人でシェイクスピア全作品を翻訳したのは、アジアでは坪内逍遙が最初である。序章でみたように、逍遙のシェイクスピア全集完訳は中国にも刺激を与えている。

逍遙訳の特徴は、「読むシェイクスピア」が主流の第二段階にあって上演を念頭に置いて翻訳をおこなったことである。逍遙はその後も訳文に手を入れ続け、一九三三年から『新修シェークスピア全集』を刊行し、その完結とほぼ同時に逝去した。

翻訳では、三神《みかみ》勲《いさお》（一九〇七—一九九七）も戦前から翻訳を始め、築地小劇場などの上演台本になっている。

III

第二段階　戦後——一九四五年から一九七〇年代中期まで

第二次世界大戦での日本の敗北とアメリカによる日本占領、それに伴う日本民主化は日本社会の構造を大きく変えた。しかし演劇の場合は、戦前と戦後では本質的な変化はなかった。これは、一九四九年の中華人民共和国建国が社会上は中国に大きな変化をもたらしながら、演劇においては演劇形態上の本質的変化が生じなかったことと類似している。

太平洋戦争敗戦後の日本シェイクスピア上演は、一九四六（昭和二十一）年六月の東京芸術劇場『真夏の夜の夢』（帝国劇場）から始まった。二十世紀六〇年代中期までは、日本新劇の全盛期であった。この時期の日本新劇の主流は左翼系演劇であった。左翼演劇人はシェイクスピアをあまり重視しなかった。シェイクスピア作品は傾向性・啓蒙性に乏しく、新劇の主流が理解した〝リアリズム〟とは距離があったとみなされたからであろう。それでも、俳優座や文学座は一九六〇年代中期までにかなりシェイクスピアを上演しているが、劇団民芸は一九六八（昭和四十三）年『ヴェニスの商人』（浅利慶太演出）までシェイクスピアを演目として採りあげていない。新劇が一種の模範としたソ連では、シェイクスピアは相当に上演されており、しかも本書序章でみたように反封建のメッセージ性を持つ作家とみなされていた。しかし、日本ではソ連系のシェイクスピア観は、中本信幸らによる紹介はあったがあまり普及しなかった。

俳優座『ウィンザーの陽気な女房たち』（早大演劇博物館提供、FA1-03675）

文学座『ハムレット』（1955）（早大演劇博物館提供、FA1-03719）

新劇主流がシェイクスピアにそれほど関心を示さなくても、大正から戦後にかけての日本でシェイクスピアはやはり世界名作とみなされ、日本の新劇が上演したシェイクスピア作品はかなりの量に達している。日本新劇全体からみるとシェイクスピア上演の量は一部であったが、それでも同時期の中国と比べるとずっと多かった。

戦後から一九七〇年代中期までのシェイクスピア上演をみると、戦後すぐに前進座が『ヴェニスの商人』を連続上演したのが目立つ。このほか近代劇場と文学座から分離した劇団雲が繰り返しシェイクスピアを上演している。

福田恆存（一九一二―一九九四）は、第二段階の後期を代表する翻訳家・演出家である。福田は一九五二年に文学座に入座し、一九五四年イギリスを訪問しオールド・ビィック劇場でマイケル・ベントール演出、リチャード・バートン主演の『ハムレット』をみて感動し、新劇にもシェイクスピアを取り入れることができると考えシェイクスピア上演を志した。帰国後の一九五五年五月文学座で芥川比呂志主演による心理主義の『ハムレット』を上演し、高い評価を受けた。続けてシェイクスピア作品を翻訳し、十八本の訳を完成させた。文学座から分裂して成立した劇団雲は旗揚げ公演に福田訳の『真夏の夜の夢』を上演し、その後もシェイクスピアを上演し続けた。

この一九五五年文学座『ハムレット』上演によりシェイクスピアの演劇的魅力が再発見され、それ以降日本でのシェイクスピア上演は増加していった。敗戦から文学座『ハムレット』までの十年間（昭和二〇年代）のシェイクスピア上演は四十八回だった。その後昭和三〇年代では五十三回にやや増加し、昭和四〇年代は百四十八回、昭和五〇年代は三百二十九公演と増え続けている[10]。日本のシェイクスピア研究者の中には、河竹登志夫、安西徹雄などに代表されるようにこの文学座『ハムレット』を日本シェイクスピア受容の新しい時期の始まりとみなす人もいる。しかし、イギリスの舞台に啓発されて新しい試みをすること自体が、やはり西洋を模範とした上演態度ではないだろうか。西洋を規範としているという点では、福田恆存の姿勢は他の同時期のシェイクスピア紹介と比べて決定的に異なったものではない。また「言葉が行動」という福田恆存の主張は、言語（台詞）に依拠した劇という新劇の性格を掘り下げれば本来なら自ずと到達する筈の思考である[11]。福田恆存の主張が新しいものとして受け取られたことに自体に日本新劇の問題がある。筆者は、福田・芥川『ハムレット』は、第二期の最も優れた舞台の一つではあるが、新しい時代を画するものという考えはとらない。

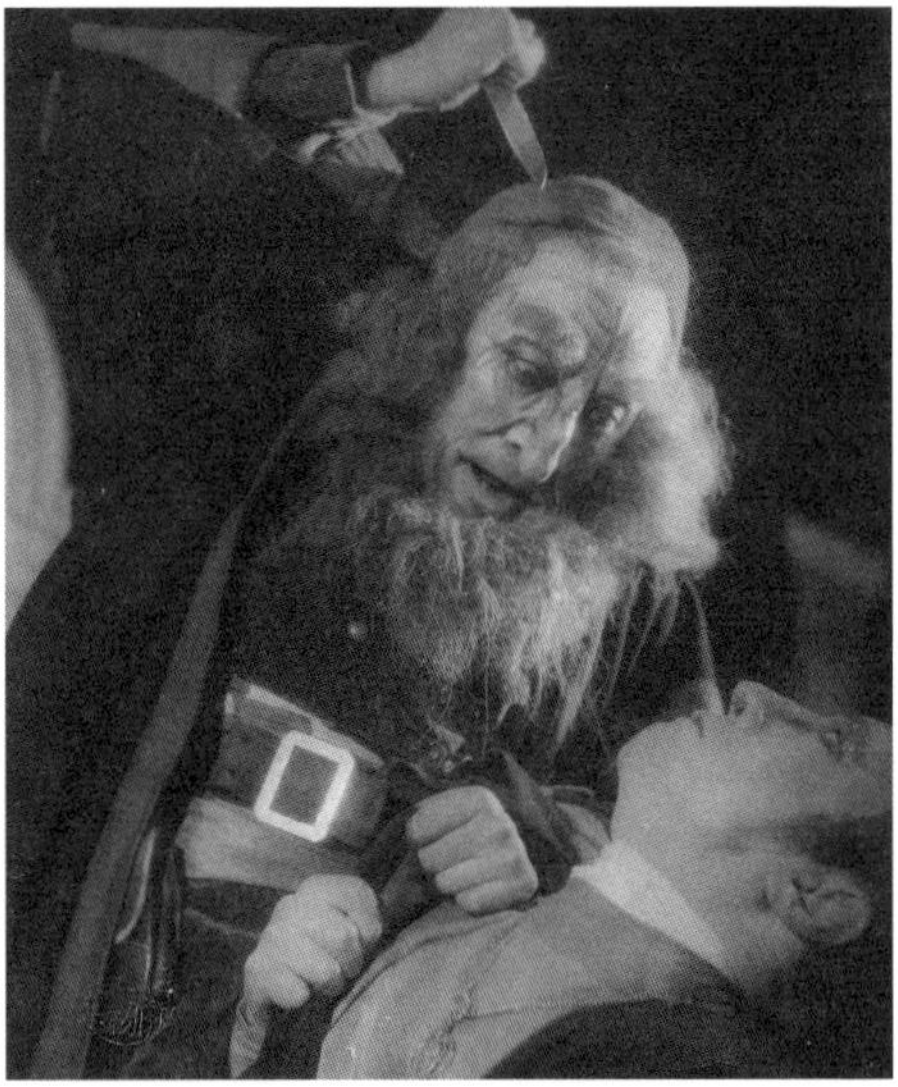

前進座『ヴェニスの商人』
（早大演劇博物館提供、FA1-03612）

翻訳では、三神勲、中野好夫、木下順二、大山俊一、小津次郎などの訳が現れた。木下順二以外は、大学に勤務するシェイクスピア研究者で、三神勲を別にすると彼らの訳の多くは読むための翻訳で上演面には考慮がほとんど払われていなかった。研究者訳の一つの集成として、筑摩書房版『シェイクスピア全集』（一九六七）が刊行されている。『ハムレット』だけで、一九七三年の小田島雄志訳まで二十七種の訳が刊行されている[12]。また多くのシェイクスピア研究書・解説書が研究者によって書かれ、一九一一年から一九七五年までにその総数は百冊以上に達している[13]が、その内容はここでは触れない。

これらの活動を通して、日本のシェイクスピア理解はほぼその本質に達しシェイクスピアは日本に普及した。坪内逍遙、福田恆存らを代表とする第二段階の時期のシェイクスピア紹介者の態度、仕事ぶりの特徴は厳粛さであった。彼らは西欧、特にイギリスのシェイクスピア解釈・上演を〝正統〟〝模範〟〝古典〟とみなし、西欧古典であるシェイクスピアを正確に日本に紹介することを自己の基本任務とした。こうして、ある年代以上の演劇ファンがシェイクスピアといえばいまだにすぐ連想する十九世紀イギリスの舞台を規範としたシェイクスピア像が成立した。なお、第二段階では、戦前戦後を通して最も人気のあった上演演目は『ヴェニスの商人』であること[14]を記しておきたい。

この第二段階の日本シェイクスピア上演を、次の第三段階を切り開くことになる出口典雄は、一九五〇年代、六〇年代を対象に次のように批判的に概括している。

> 五〇年代、六〇年代のシェイクスピアは大劇場、中劇場が中心でした。そして、舞台は観客から遠ざかれば遠ざかるほどいいのだという考えに支えられていました。シェイクスピアはわれわれとはあまりなじみのない、われわれとは無縁な別の世界の出来事として上演されます。古典とはそういうものだという考え方です。（中略）舞台には壮大な装置が飾られます。訳者たちは王侯貴族のきらびやかな衣装に身を包まれています。髪を染めます。鼻をつけます。できるだけ西洋人に似せるためです。（中略）シェイクスピアはまたイプセン、ゴーリキーに代表される近代リアリズムにも強く支配されていました。一つの部屋があるとします。ドアがあり、窓があり、机があり、イスがあることになります。暖炉もあります。煙突もあります。戸棚も調度品もあります。現実の姿にできるだけ似せてつくってあります。（中略）写実的リアリズムです[15]。

早大最終講義で『リア王』を講じる坪内逍遙
（早大演劇博物館提供、F73-00135）

この出口典雄の概括は、一九五〇、六〇年代だけではなく、文芸協会以降の第二段階の上演全体にあてはまるものであろう。また、第二段階の新劇は、結局シェイクスピアでは繰り返し再演される決定的な舞台を作り出すことができなかった。翻訳劇でも民芸『セールスマンの死』、文学座『欲望という名の電車』などが何度も再演を重ねたが、シェイクスピアではそのような舞台はなかった。文学座『ハムレット』も、主要俳優が移った劇団雲の時期を含めてその後同一俳優では再演されていない。日本独自のシェイクスピア役者と呼ばれる俳優も出現しなかった。

今日からみると、第二段階を担った新劇系演劇人の歴史的限界は明確である。二十一世紀の日本人には、この時期の日本のシェイクスピア上演は単なる西洋の模倣にすぎないように見えるかもしれない。しかし、中国を扱った本書本文でも述べたのだが、模倣はそんなに簡単なことなのだろうか。舞台上で自国の言語によって異文化である西洋の物語を表現するためには、相当な努力と知性が必要とされるのではなかろうか。さらに演劇の場合は、模倣といえども外国の舞台の単純な複写は不可能である。言語も俳優の肉体条件も異なるうえに、創作（上演）時に外国とは異なる文化背景を持つ観客の関与が必要になるからである。日本の観客に受け入れられる舞台でなければ、模倣としても上演は成功しない。坪内逍遙は『ハムレット』上演にあたって「日本特有の西洋料理を試みつつあるのである」[16]と述べた。提供する料理は西洋料理（西洋の模倣）だが、同時に日本人のお客が味わえるものでなければならない、ということであろう。

次の第三段階に入ると、第二段階とは逆に日本独自の解釈が強調されるようになる。坪内逍遙の比喩を使えば、西洋料理としてのシェイクスピアから日本料理としてのシェイクスピアである。しかし第二段階シェイクスピア紹介・上演の蓄積によって、演出家は「日本料理」化する場合でもシェイクスピア作品のどこは変えてよく、どこは変えてはならないか、もし本質におよぶ部分を変更するならどのような舞台手続きをとらなければならないかを、理解し実行することができるのである。少なくとも、成功した上演の演出家はそうである。演出家がシェイクスピアの本質を理解しているからこそ、彼らの日本化したシェイクスピア上演作品はイギリスなど西欧諸国の観客に対しても説得力を持つことができるのである。

IV

第三段階　一九七〇年代中期から現在

この時期の特徴は、欧米を〝正統〟とみる意識から脱却し、日本人自身の理解・解釈をシェイクスピア上演に注ぎ込むようになったことである。

一九五〇年代半ばから日本は高度経済成長が続き、日本社会に大きな構造変動を引き起こした。一九六〇年代中期から、日本ではアングラ演劇、小劇場演劇運動が起きた。彼らは日本新劇を強く批判し、日本新劇の権威は大きく揺らいだ。これらの社会的、芸術的変動は、日本のシェイクスピア上演にも新しい動態をもたらした。しかし初期のアングラ演劇はシェイクスピアをとりあげていないので、一九六〇年代中期を日本のシェイクスピア受容第三段階の開始とはしない。唐十郎の赤テント（情況劇場）、佐藤信らの黒テント（演劇センター68／71）は、基本的に創作劇上演であった。鈴木忠志の早稲田小劇場がシェイクスピアを取りあげるようになるのは、一九七五年『夜と時計』からである。

この期のエポックとなるのは、小田島雄志訳とそれに基づくシェイクスピア・シアター（出口典雄主宰）の渋谷ジァン・ジァンでの連続上演である。その重要な背景として、上述の社会変動やアングラ演劇勃興のほか、一九七三年のロイヤル・シェイクスピア劇団による『真夏の夜の夢』訪日公演（ピーター・ブルック演出）があげられる。それまでのシェイクスピア上演の概念を破ったブルック演出は、日本の演劇人にシェイクスピアは自由に演じていいのだということを示した。

小田島雄志（一九三〇―）は、翻訳に当たって若い世代の言語感覚を盛り込んだ翻訳をめざした。台詞は口語を使った平明なものとなり、シェイクスピア戯曲中の言葉遊び、冗談、洒落を日本語の訳文に生かすなど、シェイクスピアを若者世代が親しみやすい娯楽性に富んだものにするよう努力が重ねられている[17]。

シェイクスピア・シアターは、文学座に所属していた出口典雄（一九四〇―）が一九七五年に創立した劇団である。旗揚げ公演は一九七五年五月『十二夜』である。ジァン・ジァンは渋谷山手教会の地下にあった客席数二百足らずの小劇場で、もともとは喫茶店であった。シェイクスピア・シアターはここで毎月五日間程度の公演をおこなった。

出口典雄は文学座在籍時から小田島雄志訳を使ってシェイクスピア作品を演出したり、小田島の研究会に参加したりするなど、交流があった。シェイクスピア・シアターの俳優たちは養成所を出たばかりの無名の若者だった。経費の問題もあったろうが、衣装はジーパンにセーター、Tシャツで、装置は椅子が二、三脚だけ、効果音は支配人の要望もあり三、四人のロック風バンドの生演奏を用いた。青年の生活感に合わせて二時間程度で上演を終わらせるために、若い俳優たちは機関銃のように早口でシェイクスピアの台詞を語り、若いエネルギーとリズム感にあふれた舞台になった。現代の衣装でシェイクスピアを演じることは、二十一世紀の今日ではもはやありふれたものになっているが、一九七〇年代中期当時の日本では、確かに画期的なことであった。

シェイクスピアシアター『真夏の夜の夢』
（早大演劇博物館提供、F64-01359）

元ジァン・ジァン、現在は喫茶店（筆者撮影）

シェイクスピア・シアターは六年後の一九八一年五月にシェイクスピア全作品上演を達成し、出口典雄は日本初のシェイクスピア全作品の演出家となり、俳優の河上徳恭は、『ハムレット』『リア王』『マクベス』『オセロー』の四大悲劇の主役をすべて演じた日本で数少ない俳優となった[18]。

シェイクスピア・シアターの舞台は、出口典雄が語るようにそれまで神だったシェイクスピアを身近な隣人に変えた。第三段階では、後述のようにシェイクスピア作品が自由に解釈され改編された上演が広範になされるが、それは「世界名作」という「権威」が打破されて初めて可能になるものであった。シェイクスピア・シアターを第三段階の開始とする所以である。

シェイクスピア・シアターは、いくつかのトラブルを乗り越えて現在も存続し出口典雄の下でシェイクスピア作品の上演を続けているが、現在の舞台はジァン・ジァン時代とはかなり異なったものとなっている。

この段階を代表する演出家には、さらに蜷川幸雄（一九三五―）がいる。蜷川は、一九六〇年代から七〇年代初頭のアングラ演劇に属し成果をあげていた演出家だったが、一九七四年に東宝に招かれ『ロミオとジュリエット』を演出して成功したのを機に、東宝と協力関係を続けた。一九八〇年には台詞をまったく変えることなく日本の安土桃山時代に移した『NINAGAWAマクベス』を演出し、外国も含めて極めて高い評価を受けた。蜷川幸雄は、日本人としてシェイクスピアなど翻訳劇を上演する際の姿勢を「翻訳劇をやるとき、日本人の我々が外国人を演じる気恥ずかしさは常につきまといます。たいてい劇の冒頭や劇の途中、ラストなどに我々日本人が演じていますよという劇中構造を示しています。」[19]と述べている。たとえば、『NINAGAWAマクベス』では、劇の冒頭二人の老婆が客席から舞台に上がって仏壇を開ける。そのあとの劇は、仏壇の中で演じられることになる。

蜷川幸雄演出作品の中で、シェイクスピアは重要な位置を占めている。蜷川幸雄は一九九八年以降彩の国さいたま劇場を拠点に、彩の国さいたまシェイクスピアシリーズとしてシェイクスピア作品の連続上演をおこない、現在まで二十七作品を上演し、全作品の上演をめざしている。彩の国シリーズでは、翻訳は松岡和子訳を使用している。蜷川演出では再演と銘打たない限り、同一作品の上演でも常に新しい演出を試みている。二〇〇五年には歌舞伎で『NINAGAWA十二夜』を上演したが、この舞台は後述する。

蜷川幸雄演出『ハムレット』（早大演劇博物館提供、F01-00335）

鈴木忠志（『リア王』一九八八）、野田秀樹（『三代目、りちゃーど』一九九〇、『真夏の夜の夢』一九九二など）らも、独自のシェイクスピアを追求している。

こうして、一九八〇年代後半から九〇年代にかけて、日本ではシェイクスピア作品の上演が相次ぎ、シェイクスピアブームと呼ばれる情況が出現した。一九九〇年には、日本、外国劇団あわせて十一の『ハムレット』が上演された。このシェイクスピアブームを象徴するのが、一九八八年四月の主にシェイクスピア作品上演を主目的とする東京グローブ座開場である。イギリス・シェイクスピア劇団（ＥＳＣ）のばら戦争七部作連続上演で開場した。外国劇団の優れたシェイクスピア作品や日本人俳優によるユニーなシェイクスピア作品を上演し、建築様式もロンドンのグローブ座を模して作られていた。一九九一年には「日本文化の中のシェークスピア」を企画、新派、歌舞伎の黎明期シェイクスピア作品や新作狂言としてのシェイクスピア上演を実現している。一九九五年一月には、第八章でみたように北京人民芸術劇院『ハムレット』（林兆華演出）も上演された。しかし、二十一世紀に入って赤字のため二〇〇二年七月にいったん休館した。その後ジャニーズ事務所が買取り再開したが、現在は一般劇場となっている。

ともあれ、第三段階に入って日本では膨大な数のシェイクスピアおよびシェイクスピア関連作品が上演されてきており、その全体像をここで示すことは難しい。あえて佐々木隆、扇田昭彦らの分析[20]に基づいて一九八〇年代以降の日本シェイクスピア上演のおおまかな方向性を示せば、これらの上演は大きく三方向に分けることができるのではないかと思われる。ミュージカル化、創作化、日本化である。この三方向はきれいに分離しているのではなく、複数の方向性がからまりあったものも少なくない。また、原作に比較的忠実で重厚さ、あるいは逆に簡素さを追求したシェイクスピア上演ももちろん存在している。外国人の演出家を招き上演することも多い。

ミュージカル化は、シェイクスピア作品をミュージカルに書き換えて上演するものである。宝塚歌劇団の上演がその典型であるが、これ以外にもさまざまな劇団・上演団体がミュージカル化したシェイクスピア上演を試みている。ミュージカル化は、同時に娯楽化ということでもある。

創作化は、シェイクスピア作品にその時々の演出家の思いや考えを盛り込み、創作に近い大幅な書き換えをおこなうものである。たとえば、流山児★事務所『流山児マクベス』は、アジアと思われる場所で男たちの野望を描いた壮大なアクションドラマとして上演している。比較的最近のものでは、劇団☆太陽族が二〇一一年に上演した『大阪マクベス』(岩崎正裕 台本・演出)は、『マクベス』の世界を近未来の大阪に置き換え、「橋桁のぼる」知事の野望と破滅を描いている。

日本化は、能、狂言、歌舞伎などの日本伝統演劇の技法を取り入れてシェイクスピアを上演するものである。たとえば、りゅーとぴあ(新潟市民芸術会館)は、二〇〇四年から付設の能楽堂で、りゅうとぴあ能楽堂シェイクスピアシリーズとしてシェイクスピア上演を続けている。演出は栗田芳宏(一九五七―)である。その特色は、能楽堂を用いて日本伝統演劇（能・狂言）の要素とシェイクスピアを結合させたことにある。栗田芳宏はりゅーとぴあ創立時（一九九八）にたまたま委託を受けて演出し、それ以後りゅーとぴあとの協力を継続している。先に『マクベス』上演計画があり、たまたま能楽堂で上演がなく空いていたので使用したところ、能楽堂の空間とシェイクスピア作品がたいへんマッチすることに気がついたという。ただしこの試みは二〇一一年の『ペリクリーズ』以降新しい上演がない。

『流山児マクベス』上演チラシ

二〇一四年はシェイクスピア生誕四百五十年ということもあり、日本ではシェイクスピア上演が相次いだ。文学座がシェイクスピア祭の名称で『尺には尺を』『お気に召すまま』交互連続上演をおこない、「あうるすぽっとシェイクスピアフェスティバル二〇一四」では劇団昴から柿喰う客のようなポストゼロ年代演劇劇団まで十五劇団が十七演目を上演した。ポストゼロ年代演劇のシェイクスピア上演は、「シェイクスピアを今日に生きるものとして現代劇化した際にいずれも既成の翻訳はいっさい使わず、かといって原典の筋だけを借りて換骨奪取してしまうこともなく、原テキストと真摯に向かい合いながらも上演のためのテキストを新たに作り直すという作業を選んだ」[21]という。二十一世紀一〇年代の日本シェイクスピア受容の一つのあり方を示すものであろう。

シェイクスピア作品は、「主義」の類を提出せず、演出家は自己の理解と構想に基づいて自由に自己の独特の舞台を作り出すことができる、とみなされている。だから、多くの劇団、演出家はシェイクスピア作品上演を好み、その結果日本にシェイクスピアブームが形成されたのであろう。

シェイクスピア翻訳では、女性の立場も踏まえてシェイクスピア全訳をめざす松岡和子や河合祥一郎などが出現している。

このように、一九八〇年代以降の日本ではシェイクスピアおよびシェイクスピア関連作品の上演が日常化し、基本的に毎日どこかで上演されている、と言っても決して過言ではない状況が続いている。中国の演劇人、演劇研究者にこの状況を説明すると彼らは一様に驚く。日本在住の外国人向け英語上演なのか、と反問する人もいるが、ほとんどは日本語による上演なのだ、と話すと、彼らはもっと驚く。

この隆盛を支えているのは「シェークスピアは、もはや英国だけのものでも、昔のものでもない。たとえば日本語で上演されるシェークスピア劇も私たちのシェークスピアとして視野に収めていくべきだとするのが今日的なスタンス」[22]というシェイクスピア観の変化であろう。

V

日本伝統演劇によるシェイクスピア上演

能・狂言・文楽・歌舞伎という日本伝統演劇によるシェイクスピア上演についても、触れておきたい。ここで言う日本伝統演劇によるシェイクスピア上演は、伝統演劇俳優・スタッフによって伝統演劇の形式で上演される舞台を指す。歌舞伎俳優が出演したシェイクスピア作品はかなりあるが、これらは現代演劇の形式で上演されており、この節でいう日本伝統演劇によるシェイクスピア上演ではない。たとえば、坂東玉

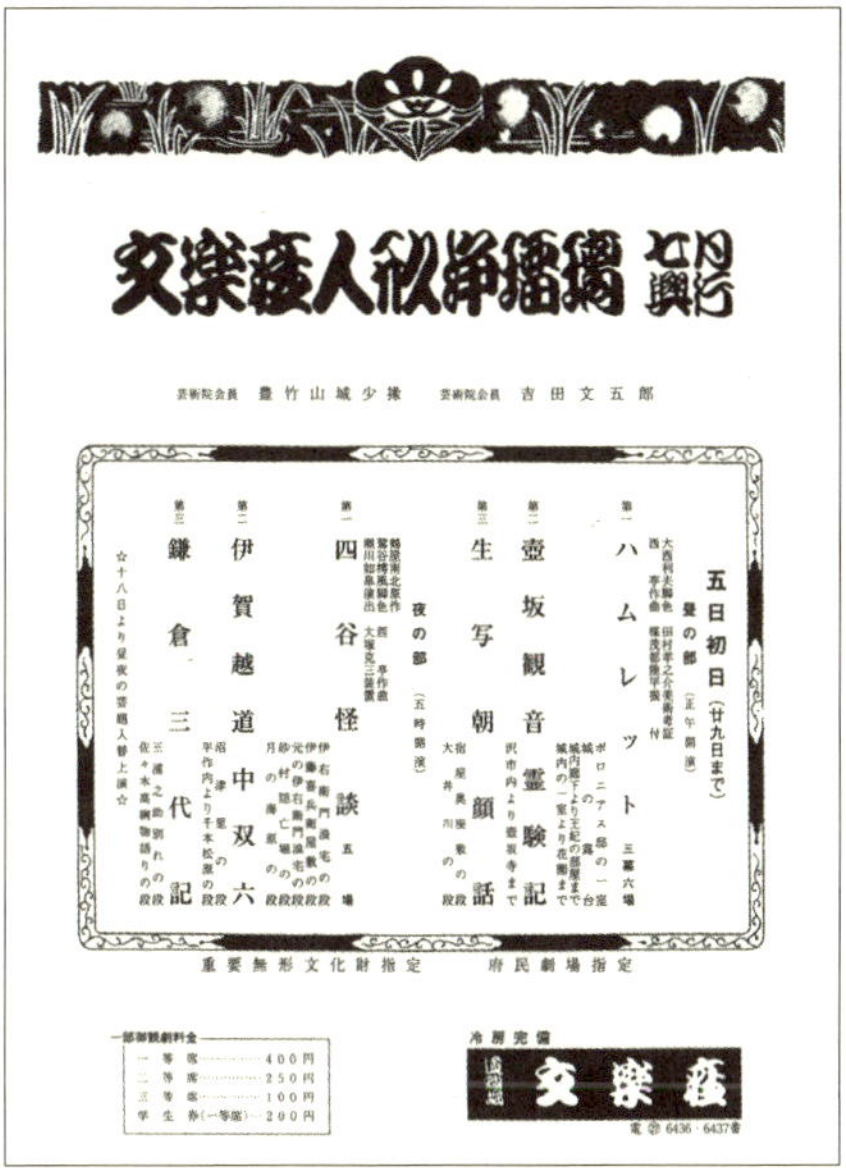

1956年7月文楽プログラム

三郎が女形でマクベス夫人を演じた『マクベス』（一九七六、増見利清演出）は、演劇形式は現代演劇でマクベス夫人以外の女性役は女優が演じている。またりゅうとぴあの一連の舞台やク・ナウカ『ク・ナウカで夢幻能なオセロー』などは伝統演劇の技法を用いた現代演劇であり、これもここで言う日本伝統演劇によるシェイクスピア上演ではない。

こうしてみると、日本伝統演劇のシェイクスピア上演は第二段階で新劇によるシェイクスピア上演が確立した後は、それほど多くはないことがわかる。日本伝統演劇によるシェイクスピア上演は第二段階の時期にもあったが、近年に入ってむしろ試みられているので、第三段階で述べておきたい。

文楽では、第二段階に属する一九五六（昭和三十一）年七月、松竹系因会で『ハムレット』が上演された。西洋の衣装を用い原作をかなり忠実に圧縮した舞台であった。脚色大西利夫、作曲西亭（野沢松之助）、初代玉男がハムレットを遣った。第四独白は〝「生くるか、生きざるか」それこそはわが惑いなれ〟[23]となっており、八代目綱太夫が語った。

この公演は次のように評された。

文楽の起死回生ということを浮動票をつかむことのみに専念して、それも今や紙芝居の動的表現と見えるような「ハムレット」の上演にまで堕落した。（中略）

私が紙芝居的といつたのは、この脚本は筋を、しかもダイゼスト式にあの名作の一部を、即ちデンマーク王家のお家騒動を背景に父の仇を討つハムレットというただそれだけのものである。原作に見るような王子の懐疑も、追いつめられる王の苦悩、妃の自責も、政治背景も何もない、一つのいと簡単な物語りである。だからこの脚本の限り人物に生きた人格的苦悩がないので語るにしても、使う《ママ》にしても芸にたよる必要がないのである。（中略）

新作もよし、今の古典、即ち昔の新作の意味はよくわかるが、その新作にしてそれ相当の用意と、良心をもつて作られていることを知らねばならぬ。（中略）一時の思いつきによつて（中略）『「ハムレット」は劇の構成の上でも世界的名作の一つ』としてこれを見ることはシエクスピアへの冒瀆といわねばならぬ。（中略）

客寄せのみをねらって秀曲十何番かを無理に作ろうとしている誤った人形浄瑠璃改革論をふりかざして、これを文楽再生の策とするのならば、私は寧ろ、今の山城少掾、文五郎の健在な内に人形浄瑠璃三百年の栄光と共に亡んでくれることを望むものである。（中略）

私としても見るまでは何とかと思つていたが今はもう何も書く勇気はない。それは既に文楽以外のものであるからである[24]。

かなり長く引用したのは、この文楽『ハムレット』劇評が中国伝統演劇のシェイクスピア上演を考える上でも示唆するところが多いと思われるからである。この公演があった一九五六年は高度経済成長が始まり、文楽、歌舞伎など日本伝統演劇の観客が雪崩を打つように消え始めた時期である。ただ客寄せのみを狙い上演理念や準備を欠いた「世界名作」上演が何をもたらすか、よく理解できる。この『ハムレット』上演は結局大阪公演だけに留まり、その後再演もされていない。日本のシェイクスピア関係資料を網羅的にとりあげた佐々木隆編『日本シェイクスピア総覧』にも取りあげられていない。この一九五六年文楽『ハムレット』からは、第七章で概観した衰退を続ける中国伝統演劇のいくつかのシェイクスピア上演と同様の、観客確保のため「一時の思いつき」で「世界名作」を上演して失敗し、その後はほとんど顧みられない舞台、という悲哀が感じられてならない。

文楽では『ハムレット』に懲りたのかその後長くシェイクスピア上演は途絶えたが、一九九二年に『テンペスト』を翻案した『天変斯止嵐後晴《てんぺすとあらしのちはれ》』（山田昭一脚色、鶴沢清治作曲）を上演しており、これは二〇〇九年に再演された。また二〇一四年にはフォルスタッフの物語を桃山時代に置き換えた『不破留寿之太夫《ふあるすのたいふ》』を河合祥一郎脚本、鶴沢清治作曲で上演した。準備に時間をかけて練り上げられて上演されており、人生の哀愁を感じさせる優れた舞台となった。

純粋に歌舞伎の様式で演じられたシェイクスピアも、第二段階以降は多くはない。戦前では二世市川左団次一座が一九二五（大正十四）年に『ヂュリヤス・シーザー』『オセロオ』を上演している。戦後は、菊五郎劇団が一九五七（昭和三十二）年に三世市川左団次のシャイロック、七代目中村福助（後の七代目中村芝翫）のポーシャで『べニスの商人』法廷の場を上演した後は、歌舞伎によるシェイクスピア上演は長く途絶えた。第三段階に入っても、一九九一年『葉武列土倭錦絵』（市川染五郎主演、ロンドン公演有り、一九九七年再演）と二〇〇五年『NINAGAWA十二夜』ぐらいではないか。『葉武列土倭錦絵』は第一段階ですでに述べた。

『NINAGAWA十二夜』は、蜷川幸雄が歌舞伎に留学するとして、尾上菊之助主演で歌舞伎として歌舞伎座で上演されたものである。上演台本は小田島雄志訳を基礎とした今井豊茂の作で、時代を十四世紀南北朝時代の日本に置き換え、紀伊国が舞台になり、ヴィオラは琵琶姫、オーシーノー侯爵は大篠左大臣など人名も日本に置き換えられている。

正反対のものが互いをうつしあう鏡の関係こそ、この劇の基本構造である。船の中、菊之助が驚異の早変わりで、男女を行き来するが、これも鏡の関係。もうひとつの早変わり、菊五郎の阿呆《あほう》とうぬぼれの二役も、愚と賢をうつしあう鏡。（中略）異質なものを衝突させ、めまいに似たショックを、美しいイメージとして見せ切る[25]。

この舞台は好評を博し、二〇〇七年、二〇〇九年に再演された。関連する論文も多い。

能によるシェイクスピア上演は、シェイクスピアの原文を能の形式で上演する英語能で始まった。宗片邦義（静岡大学教授）が一九八一年に能シェイクスピア研究会を創立し、翌年『能ハムレット』を上演した。その後も『能オセロ』『能マクベス』を上演している。英語能については、ここではこれ以上触れない。

日本語による能シェイクスピア上演では、二〇〇五年初演の新作能『マクベス』を挙げなければならない。この上演は、泉紀子（羽衣国際大学教授）を中心に、英文学、日本文学、演劇学などの研究者と能の実演者が参加するプロジェクトとして企画され、初演は羽衣国際大学主催であった。詞章は泉紀子、演出・主演は辰巳満次郎である。スコットランドを訪れた巡礼僧がある荒れ果てた古城でその主の亡霊からマクベスの物語を聞き、亡霊がマクベスであることがわかり、さらにマクベス夫人などが登場するという夢幻能の形

新作能『マクベス』（羽衣国際大学日本文化研究所提供）

式をとっている。登場人物は、マクベス、マクベス夫人、異形の者、僧の四人しかいない。

この上演は成功し、その後も四回再演されている。上演詞章や上演映像DVDを含む詳細な上演報告集[26]も刊行されており、同書によって上演成功の背景には明確な上演理念と周到な準備があったことが理解できる。このプロジェクトは、二〇一三年にも新作能『オセロ』を上演し、二〇一五年に再演されている。

狂言で初めてシェイクスピアが取りあげられたのは、一九五二（昭和二十七）年の片山博通（片山九郎右衛門）作・主演『二人女房』（『ウィンザーの陽気な女房たち』翻案）という[27]。その後シェイクスピアものは長く途絶えたが、東京グローブ座「日本文化の中のシェイクスピア」の一つとして一九九一年『法螺侍』（『ウィンザーの陽気な女房たち』脚色、二〇〇九年再演）が上演され、ロンドンでも上演された。野村万作が洞田助右衛門（フォルスタッフ）に扮した。そのほか一九九〇年から九一年にかけて和泉宗家が

『ぢゃぢゃ馬ならし』、『夏の夜の夢』『十二夜』を上演した。二〇〇三年には『間違いの狂言』（『間違いの喜劇』脚色）、二〇〇七年には『国盗人』（『リチャード三世』脚色）が上演されている。

近年の日本伝統演劇によるシェイクスピア上演は、準備に十分な時間をかけ、シェイクスピア研究者も上演に参加し、伝統演劇の実験公演として上演されるものが多い。近年の歌舞伎、文楽などの相対的な盛況を反映して、上演する側もこれで衰退を盛り返そうという意識はまったく感じられない。

註

1――河竹登志夫「一近代日本演劇とシエークスピア」『続比較演劇学』第三部、第三章、南窓社、一九七四

2――このほか、安西徹雄が『日本のシェイクスピア一〇〇年』（荒竹出版、一九八九）で次の時期区分を提唱している。
第一の時期　明治一〇年代からほぼ明治の終わりまで。
第二の時期　大正の初期から昭和の前半まで。
第三の時期　昭和三〇（一九五五）年から昭和四〇年代まで。
第四の時期　昭和四〇年代から現在まで。
この時期区分は、河竹登志夫の第三段階を更に二つに分けたもので、一九五五年文学座『ハムレット』公演を重要な転換点としている点は、河竹と同一である。

3――河竹登志夫『日本のハムレット』南窓社、一九七四、一六一頁

4――「生きるべきか死すべきか」で知られる独白は、第四独白とも第三独白とも呼ばれるが、本書では河竹登志夫に従い第四独白とする。

5――神山彰「翻案と翻訳の間」明治大学人文科学研究所『シェイクスピアと日本』風間書房、二〇一五年、

四四頁

6　加藤精一「文芸協会時代」(『演劇界』一月号、一九五〇)。

7　『逍遙選集』別冊五巻、第一書房、一九七七

8　陸輔(陸若鏡)については、瀬戸宏『中国話劇成立史研究』(東方書店、二〇〇五)ほかを参照されたい。

9　正宗白鳥「小山内薫」『作家論』第二巻、創元社、一九四二、八五頁

10　福田逸「シェイクスピア・福田恆存・その翻訳」『シェイクスピアと日本』、五五頁

11　たとえば、北京人民芸術劇院第一副院長を務め老舎『茶館』などを演出した焦菊隠は、言語の行動性、行動の言語性という発言をおこなっている。焦菊隠(瀬戸宏訳)「演出家・作家・作品」参照(早稲田大学演劇博物館HP・演劇研究基盤整備:舞台芸術文献の翻訳と公開収録)。http://kyodo.enpaku.waseda.ac.jp/trans/modules/xoonips/detail.php?id=china09(二〇一六年二月十二日最終閲覧)

12　佐々木隆編『シェイクスピア研究資料集成』別巻二所収「シェイクスピア翻訳書志」二十三　ハムレットの項による。同一訳者テキストの再刊は刊行数に数えていない。

13　佐々木隆編「シェイクスピア研究編1」『日本シェイクスピア総覧I』(エルピス、一九九〇)による。翻訳は含まない。なお同書はシェイクスピアに触れた論文集も収録しているが、ここではシェイクスピア専門研究書、解説書と判断されるものに限定した。

14　河竹登志夫『続比較演劇学』、五三〇頁

15　出口典雄『シェイクスピアは止まらない』講談社、一九八八、九六頁

16　坪内逍遙「『ハムレット』公演後の所感」『逍遙選集』第十二巻(春陽堂、一九二六、六七三頁、第一書房、一九七七年復刻)

17　門野泉「小田島訳とシェイクスピア受容」(安西徹雄編『日本のシェイクスピア百年』荒竹出版、一九八九年)収録。

18　シェイクスピアシアターに河上徳恭と同時期在籍した佐野史郎のブログ記事(二〇一一年四月十二日)によれば、河上徳恭は自宅マンションで逝去約一ヶ月後に発見されたという。事件性はない。http://

www.kisseido.co.jp/column/kawakami.html」、二〇一五年十一月二日閲覧。

19 『コリオレイナス』（プログラム、二〇〇六）。野田学「現代日本におけるシェイクスピア上演―蜷川幸雄、あるいは日本人がシェイクスピアを上演すること」『シェイクスピアと日本』からの再引用。

20 荒井良雄・大場健治・川崎淳之助編集主幹『シェイクスピア大事典』、佐々木隆「XIV日本のシェイクスピア、§五　上演史五　昭和戦後期―昭和四〇年以降」、扇田昭彦「§六　現代日本のシェイクスピア―一九六〇年代から九〇年代まで」（日本図書センター、二〇〇二）など。

21 中西理「ポストゼロ年代演劇とシェイクスピア」Web Theatre Arts 2015.1.2 http://theatrearts.aict-iatc.jp/201501/2406/（二〇一六年二月十二日最終閲覧）

22 河合祥一郎「シェークスピアと日本人　英国だけのものではない」（『朝日新聞』二〇一四年八月十七日）

23 国立文楽劇場資料室所蔵『ハムレット』床本。河合祥一郎訳『新訳　ハムレット』（角川文庫、二〇〇三）「訳者あとがき」の独白集には、この一九五六年文楽『ハムレット』の台詞は収録されていない。

24 沼艸雨「亡ぶるからには荘厳に」『幕間』八月号、一九五六

25 梁木靖弘「博多座『NINAGAWA十二夜』基本構造は映し合う鏡」『朝日新聞』西日本本社版二〇〇七年六月十五日

26 泉紀子編『新作能マクベス』和泉書院、二〇一五

27 菊地善太「シェイクスピア劇と狂言の出合い―新作狂言『二人女房』と『ぢゃぢゃ馬ならし』について」『日本大学大学院総合社会情報研究所紀要』No.13、二〇一二

参考文献

・まず全体に関わる文献をあげ、次に各章別に記した。各章内では、中国語文献、日本語文献、英語文献の順とし、単行本、刊行物掲載論文に分け、発表年代別に記した。中国語・日本語・英語の間、単行本・刊行物掲載論文の間に空き行を入れた。
・一般シェイクスピア研究評論および中国、日本現代演劇史関連研究書は、本書と特に密接な関係がある場合を除き省略した。
・論文集を記した場合、収録論文は原則として省略した。

本書全体に関わるもの

周兆祥《漢訳〈哈姆雷特〉研究》中文大学出版社、一九八一
中国莎士比亜研究会編《莎士比亜在中国》上海文芸出版社、一九八七
曹樹鈞、孫福良《莎士比亜在中国舞台上》哈爾濱出版社、一九八九
田本相主編《中国現代比較戯劇史》文化芸術出版社、一九九三
孟憲強《中国莎学簡史》東北師範大学出版社、一九九四
孫福良主編《'94上海国際莎士比亜戯劇節論文集》上海文芸出版社、一九九六
張泗洋《莎士比亜大辞典》商務印書館、二〇〇一
曹樹鈞《莎士比亜的春天在中国》天馬図書有限公司、二〇〇二
梁実秋《梁実秋文集》鷺江出版社、二〇〇二
洪忠煌《莎士比亜与二十一世紀》天馬図書有限公司、二〇〇三
陳世雄《三角対話》厦門大学出版社、二〇〇三
李偉民《中国莎士比亜批評史》中国戯劇出版社、二〇〇六

熊傑平・任暁晋主編《多重視覚下的莎士比亜　２００８莎士比亜国際学術討論会論文集》湖北人民出版社、二〇〇九
曹樹鈞・趙秋棉・史璠主編《二十一世紀莎学研究》中国広播電視出版社、二〇一〇
李偉民《中国莎士比亜研究　莎学知音思想探析与理想建設》重慶出版社、二〇一二

楊世彭《香港話劇団的莎劇演出》《戲劇芸術》二期、一九九九
李偉民《台湾莎学研究情況総述》《西華大学学報（哲学社会科学版）》一期、二〇〇六
梁燕丽《全球化和本土化 莎士比亚戏剧的香港演绎》《文学評論》一期、二〇一三

台湾莎士比亜資料庫 http://shakespeare.digital.ntu.edu.tw/shakespeare/home.php?Language=ch（二〇一六年二月四日最終閲覧）
邱懋景《〈莎士比亜戲劇在臺灣〉——專訪雷碧琦教授》http://ts.ntu.edu.tw/e_paper/e_paper_c.php?SID=63（二〇一六年二月四日最終閲覧）

河竹登志夫『比較演劇学』南窓社、一九六七
河竹登志夫『続比較演劇学』南窓社、一九七四
狩野良規『シェイクスピア・オン・スクリーン　シェイクスピア映画への招待』三修社、一九九六
河合祥一郎『ハムレットは太っていた』白水社、二〇〇一
荒井良雄・大場健治・川崎淳之助編集主幹『シェイクスピア大事典』日本図書センター、二〇〇二
河竹登志夫『続々比較演劇学』南窓社、二〇〇五
小林かおり『じゃじゃ馬たちの文化史』南雲堂、二〇〇七

Xiao Yang Zhang（張曉陽）: *Shakespeare in China : a comparative study of two traditions and cultures*, University of Delaware Press, Associated University Presses, 1996
Andrew Parkin, Terry Siu-han Yip, Kwok-kan Tam（譚国根）: *Shakespeare global/local*, the Hong Kong imaginary in transcultural production, Peter Lang, 2002
Li Ruru（李如茹）: Shashibiya, *staging Shakespeare in China,* Hong Kong University Press, 2003

Murray J. Levith: *Shakespeare in China*, Continuum, 2004
Alexander C.Y.Huang: *Chinese Shakespeares two centuries of cultural exchange*, Columbia University Press, 2009

序章（第一章から第八章関連は各章参照）

朱双雲《新劇史》新劇小説新劇社、一九一四
魯西奇《梁実秋伝》中央民族出版社、一九九六
朱尚剛《詩侶莎魂　我的父母朱生豪、宋清如》華東師範大学出版社、一九九九
邱坤良《漂流萬里：陳大禹》行政院文化建設委員会、二〇〇六
包天笑《釧影楼回憶録》中国大百科全書出版社、二〇〇九
張奇虹《奇虹舞台芸術》文化芸術出版社、二〇一三

鐘欣志《走向現代：晩清中国劇場新変》（台北芸術大学博士論文）、二〇一二

戈宝权《莎士比亚作品在中国》《戯劇報》一九五四
徐述綸《清除莎士比亜介紹中的資産階級思想》《戯劇報》四期、一九五五
卞之琳《評英国電影〈王子復仇記〉》《大衆電影》十六期、一九五八
卞之琳《莎士比亜戯劇創作的発展》《文学評論》四期、一九六四
辛午《英雄胸中有朝陽光―賛光輝的無産階級英雄典型楊子栄》《人民日報》一九六九年十一月九日
無署名《狠批〝四人幇〟文化専政主義，〝文芸黒線専政〟論　北京図書館開放多批中外図書》《人民日報》一九七八年一月七日
楊世彭《香港話劇団的莎劇演出》《戯劇芸術》二期、一九九九
李偉民《台湾莎学研究情況総述》《西華大学学報（哲学社会科学版）》一期、二〇〇六
邱懋景《〈莎士比亜戯劇在臺灣〉――専訪雷碧琦教授》http://ts.ntu.edu.tw/e_paper/e_paper_c.php?SID=63（二〇一六年二月四日最終閲覧）

モローゾフ、中本信幸訳『シェイクスピア研究』未来社、一九六一
アレクサンドル・アーニクスト、中本信幸訳『シェイクスピア』明治図書、一九七二
ソ連科学アカデミー研究所編、山村房次訳編『マルクス・レーニン主義美学の基礎』啓隆閣、一九七五
樽本照雄編『清末民初小説目録』X（ＰＤＦ版）清末小説研究会、二〇一五 http://www.biwa.ne.jp/~tarumoto/qmbookx.pdf
（二〇一六年二月八日最終閲覧）

第一章

無署名《澥外奇譚》達文社、一九〇三
林紓・魏易《吟辺燕語》商務印書館、一九〇四
范石渠《新劇考第一集》中華図書館、一九一四

李長林・杜平《中国対莎士比亜的了解与研究―〈中国莎学簡史〉補遺》《中国比較文学》第四期、一九九七
黄愛華《上海笑舞台的変遷及演劇活動考論》袁国興編《清末民初新潮演劇研究》広東人民出版社、二〇一一
鍾欣志《清末上海聖約翰大学演劇活動及其対中国現代劇場的歴史意義》袁国興主編《清末民初新潮演劇研究》広東人民出版社、二〇一一

チャールズ・ラム著、松本恵子訳『シェイクスピア物語』新潮文庫、一九五二

佐々木正哉『「海国図志」余談』『近代中国』第十七巻、巖南堂書店、一九八五
佐々木正哉「近代中国における対外認識と立憲思想の展開（二）」『近代中国』第十七巻、巖南堂書店、一九八五
岩田高明「士達薩、Who are you?」『安田女子大学図書館報・図書独娯』創刊号、安田女子大学図書館運営委員会、二〇〇三

第二章

鄭振鐸編《中国新文学大系・第二集文学論争集》良友図書公司、一九三五
湯真訳《莎士比亜歴史劇故事集》中国青年出版社、一九八一
薛綏之・張俊才編《林紓研究資料》福建人民出版社、一九八三
林薇編《百年沉浮－林紓研究総述》天津教育出版社、一九九〇
張俊才《叩問原題的消息》中国社会科学出版社、二〇〇六
張俊才《林紓評伝》中華書局、二〇〇七

クキラ・クウチ原著、課外読物刊行会編集部訳編『シェクスピア史劇物語』課外読物刊行会、一九二五
丸山昇『魯迅　その文学と革命』平凡社、一九六五
増田渉『中国文学史研究』岩波書店、一九六七
樽本照雄『林紓冤罪事件簿』清末小説研究会、二〇〇八
樽本照雄『林紓研究論集』清末小説研究会、二〇〇九

宮尾正樹「林紓―外国語のできない翻訳者」『しにか』三月号、大修館書店、一九九五
平田昌司「胡適とヴィクトリアン・アメリカ」『東方学』第百十五輯、東方学会、二〇〇八
李慶国「吟辺燕語留余韻―林訳小説書・篇名一瞥」『清末小説』第三十三号、清末小説研究会、二〇一〇

第三章

《戯劇魂　応雲衛紀念文集》応雲衛紀念文集編集委員会出版、二〇〇四
邱坤良《人民難道没錯嗎？〈怒吼吧，中國！〉特列季亜科夫与梅耶荷徳》国立台北芸術大学、二〇一三
諍《戯劇協社排演威尼斯商人訪問記》《申報》一九三〇年五月一日
無署名《戯劇協社十四次公演人選》《民国日報》一九三〇年五月三日

無署名《戯劇協社定期公演　莎翁名劇威尼斯商人》《申報》一九三〇年五月六日

無署名《「威尼斯商人」演員速写　戯劇協社将於十六日公演》《民国日報》一九三〇年五月九日

無署名《劇場消息》《申報》一九三〇年五月十日

無署名《戯劇協社公演肉券》《民国日報》一九三〇年五月十四日

顧仲彝《莎士比亜略伝》《民国日報》一九三〇年五月十四日

谷剣塵《舞台装置与莎士比亜劇演出之転変》《民国日報》一九三〇年五月十四日

無署名《上海市場　威斯商人今日公映》《申報》一九三〇年五月一七日

莫若强《威尼斯商人》《申報》一九三〇年五月一八日（申報煤刊）

無署名《戯劇社公演威尼斯商人》《申報》一九三〇年五月十九日

無署名《威尼斯商人》《民国日報》一九三〇年五月二十一日

天聲《威尼斯商人之反響》《申報》一九三〇年五月二十四日

鄭爔《觀威尼斯商人後》《申報》一九三〇年五月二十五日

周世勳《威尼斯歸來》《申報》一九三〇年五月二十八日

楣《看〈威尼斯商人〉後》《申報》一九三〇年六月六日

無署名《戯劇協社複演　威尼斯商人》《申報》一九三〇年六月十五日

無署名《戯劇協社復演威尼斯商人》《民国日報》一九三〇年六月十五日

美《獻給愛好演劇的女同學》《申報》一九三〇年六月十六日

公卓《威尼斯商人將複演》《申報》一九三〇年六月十八日

顧仲彝《我們爲什麼演莎士比亞的戲》《申報》一九三〇年六月十九日

無署名《戯劇協社復演莎翁傑作》《民国日報》一九三〇年六月十九日

無署名《威尼斯商人　今日復演》《民国日報》一九三〇年六月二十一日

無署名《「威尼斯商人」今日複演》《申報》一九三〇年六月二十二日

謙《威尼斯商人中之沈澹》《申報》一九三〇年六月二十二日

毓楣《夏勞克的女兒》《申報》一九三〇年六月二十四日

季平《青年應該努力的戯劇運動》《申報》一九三〇年七月十二日

無署名《全國職業閔育會議要訊》《申報》一九三〇年七月十七日
無署名《中華職業閔育社第十一屆年會全國職業閔育機關聯合會第七屆年會、昨日在華龍路法國小學舉行》《申報》一九三〇年七月二十一日
顧仲彝《中国新劇運動的命運》《新月》一期、一九三三
顧仲彝《戲劇協社的過去》《戲》第五期、一九三三
応雲衛《回憶上海戲劇協社》《中国話劇運動五十年史料集》第二集、中国戲劇出版社、一九八五年版
張逸生・金淑之《記応雲衛》《中国話劇芸術家伝》第三集、文化芸術出版社、一九八六
曹樹鈞《顧仲彝生平紀事》《顧仲彝戲劇論文集》中国戲劇出版社、二〇〇四

第四章

文化部党史資料征集工作委員会編《中国左翼戲劇家連盟史料集》中国戲劇出版社、一九九一
葉永烈《江青伝》作家出版社、一九九三
袁鷹《長夜行人　于伶伝》上海文芸出版社、一九九四

業余劇人協会《業余劇人協会的抱負》《光明》一九三七年五月二十五日
《娜拉》上演広告《申報》一九三五年六月二十七日
無署名《業余劇人三次公演》《申報》一九三六年一月十六日
無署名《業余実験劇団征求研究団員》《申報》一九三七年四月二日
無署名《「業余」的陣容和組織》《申報》一九三七年五月十日
無署名《『羅密欧与朱麗葉』的進展》『申報』一九三七年五月九日
何家槐《関於「羅密欧与朱麗葉」》《申報》一九三七年六月四日
《羅蜜欧与朱麗葉与武則天》上演広告《申報》一九三七年六月四日
無署名《伶影春秋：影評：羅密欧与朱麗葉》《天文台》第五十五期、一九三七
台生《対於「武則天」的意見》《申報》一九三七年六月十九日

無署名《公演中的「武則天」趙慧深臨時飾中宗》《申報》一九三七年六月二十一日
宝松《羅密欧与朱麗葉与武則天》《新華月報》第二巻第八期、一九三七
張庚《関於『羅密欧与朱麗葉』―「業余実験劇団」演出」《戯劇時代》第三期、一九三七
于伶《戦闘的一生》《人民戯劇》八月号、一九八二
岩間一弘ほか編著『上海　都市生活の現代史』風響社、二〇一二

第五章

国立戯劇学校《国立戯劇学校一覧》国立戯劇学校、民国二八年十二月＊中央戯劇学院、図書館で閲覧可能。
閻折梧編《中国現代話劇教育史稿》華東師範大学出版社、一九八六
《劇専十四年》編集小組編《劇専十四年》中国戯劇出版社、一九九五
中央戯劇学院《中央戯劇学院校友録1950-1995》中央戯劇学院、一九九五（非売品）
李乃忱編《国立劇専史料集成》中国戯劇出版社、二〇一三
余师龙《读莎士比亚的威尼斯商人》《新京日报》一九三七年六月十六日
何琭璋《介绍威尼斯商人》《新京日报》一九三七年六月十六日
王澧泉《威尼斯商人的意义》《新京日报》一九三七年六月十六日
夏易初《威尼斯商人本事》《新京日报》一九三七年六月十六日
余上沅《我们为什么公演莎氏剧》《中央日报》一九三七年六月十八日
达波《关于莎士比亚剧作的上演》《中央日报》一九三七年六月十八―二十五日
其良《夏洛克》《中央日报》一九三七年六月二十五日
無署名《張道藩先生事略》張道藩《酸甜苦辣的回味》台湾・伝記文学出版社、一九六八（民国五七）年

第六章

毛沢東《在延安文芸座談会上的講話》《毛沢東選集》第三巻、人民出版社、一九五三
《毛沢東集》北望社、一九七〇―一九七二
《毛沢東選集》第二版第三巻、人民出版社、一九九一
北京人民芸術劇院戲劇博物館編《焦菊隠文集》文化芸術出版社、二〇〇五
呉往（欧陽凡海）《談哈姆雷特》《新華日報》一九四二年十二月十二日副刊
憶湘（廖沫沙）《哈姆雷特式的悲劇》《新華日報》一九四三年十月七日副刊
西村正男「陰鬱なドン・キホーテ」『東方学』九十五輯、東方学会、一九九八年一月
Brooks Atkinson; 'Hamlet' at the Kuo T'ai Theatre in Chungking, Is Not yet Quite Ready for Broadway, The New York Times, 1942.12.28

第七章

一見《上座率与舞台芸術的趨向》上海《文匯報》一九八四年五月十日
李如茹《莎士比亜与中国戏曲》《戏剧报》五期、一九八六
胡偉民《和諧―越劇〈第十二夜〉的導演探求》、《導演的自我超越》中国戲劇出版社、一九八八
马力《中西文化在戏剧舞台上的遇合――关于〝中国戏曲与莎士比亚〟的对话》《戏剧艺术》第三期、一九八六年十月
易凯《崭新的天地巨大的变革――首届莎士比亚戏剧节五台戏曲演出观感》《戏曲艺术》四期、一九八六年十二月
黄佐臨《昆曲为什么要排演莎剧》《戲曲芸術》四期、一九八六
朱士場莎味与越味―観越劇《第十二夜》有感、上海戏剧、一九八六年四月一日
周本义　尝试――关于越剧《第十二夜》的舞美设计构思、上海戏剧、一九八六年四月一日
左紘《〝昆味〟与〝莎味〟的结合――昆剧《血手记》观后》

許鎮華《我演昆劇《血手記》》《戏剧报》五期、一九八七
郑利《上海昆剧团首次出访演出》《上海戏剧》三期、一九八七
沈斌《中国的、昆曲的、莎士比亚的——昆剧《血手记》编演经过》《戏剧报》三期、一九八八
霍华球・伯曼《对话：莎士比亚与现代戏剧》《艺术百家》八期、一九九一
田雨《本刊将举办〝昆曲表演艺术家计镇华艺术研讨会〟》《上海戏剧》一期、一九九六
薛允璜《莎劇戲曲化的一次嘗試—越劇〈王子復仇記〉改編演出的幾点思考》孫福良主編《'94上海国際莎士比亜戲劇節論文集》上海文芸出版社、一九九六
赵莱静《后生可爱》《上海艺术家》八期、一九九六
许寅《赞计镇华》《上海戏剧》六期、一九九七
老血手记《人生十六七》掲載誌不明、二〇〇二年四月
徐宗洁《从《欲望城国》和《血手记》看戏曲跨文化改编》《戏剧》三期、二〇〇四
刘晴《对《麦克白》和《血手记》的比较分析》《湖南商学院学报》二〇〇三年三月八日
陈芳《演绎莎剧的昆剧《血手记》》《戏曲研究》三期、二〇〇八
沈斌《是昆剧 是莎剧——重排昆剧《血手记》的体验》《上海戏剧》四期、二〇〇八
钱洪波《新编昆曲散议——以上海昆剧团《血手记》为例》《戏剧文学》十一期、二〇〇九
黄蜀芹《三生有幸》《上海戏剧》三期、二〇〇八
《专家建议名著改编切莫一窝蜂》《语文教学与研究》十二期、二〇〇八
唐慧丽《人性中善恶力量的冲突与较量——评新编昆剧《血手记》与莎剧《麦克白》的多重》《艺术百家》三期、二〇〇八
孙丛丛《关于戏曲改编外国文学名著问题的探究》《艺苑》五期、二〇〇九
李小林《野心／天意——从《麦克白》到《血手记》和《欲望城国》》《外国文学评论》二期、二〇一〇
信芳《李家耀：从《阿巴贡》到《血手记》》《上海采风》九期、二〇一一
秦岭《计镇华：不做〝第一〟，要做〝更好〟》《上海采风》四期、二〇一三
孫叢叢《関於戲曲改編外国文学名著問題的探求》《芸苑》五期、二〇〇九
胡偉民、藤野真子訳「調和—越劇『十二夜』演出をめぐる探求」『シアターアーツ』十一号、晩成書房、二〇〇二

第八章

林克歓編《林兆華導演芸術》北方文芸出版社、一九九二
林兆華《導演小人書》林兆華口述・林偉瑜・徐馨整理、作家出版社、二〇一四

飯塚容「〝幻のハムレット〟にたどりついて」『幕』三十四号、話劇人社、一九九五年三月一日
松岡和子「林兆華『ハムレット』を観て」『幕』三十四号、話劇人社
扇田昭彦「円環に描かれた歴史『ハムレット』」『ダンスマガジン』四月号、新書館、一九九五
七字英輔「今月のベストスリー」『テアトロ』四月号、カモミール社、一九九五
江森盛夫「北京人民芸術劇院による『ハムレット』」『噂の真相』四月号、株式会社噂の真相、一九九五
無署名「訳者逆転は、逆転続く社会の鏡——『北京版』演出の林兆華に聞く」朝日新聞、一九九五年二月一日夕刊
鴎座上演第Ⅱ期題活動『ハムレット／マシーン』（上演準備稿／060920　翻訳 中島裕昭、近藤弘幸、新野守広、構成・演出 佐藤信）より http://members3.jcom.home.ne.jp/kamome-za/HMtext.pdf（二〇一六年二月七日最終閲覧）。

附章

立木曄子、朱凝訳《莎士比亜与日本戯劇—聚焦表演形式的変化》《戯劇》第一届亜州戯劇論壇専輯、二〇〇八
野田学、朱凝訳《蜷川幸雄莎士比亜作品中的鏡像与錯位》《戯劇》第四期、二〇〇九

河竹登志夫『日本のハムレット』南窓社、一九七二
『逍遥選集』第一書房、一九七七—一九七八
出口典雄『シェイクスピアは止まらない』講談社、一九八八
安西徹雄編『日本のシェイクスピア一〇〇年』荒竹出版、一九八九
佐々木隆編『日本シェイクスピア総覧』エルピス、一九九〇

佐々木隆編『日本シェイクスピア総覧（2）』エルピス、一九九五
佐々木隆編『シェイクスピア研究資料集成』日本図書センター、一九九七
蜷川幸雄＋長谷部浩『演出術』紀伊國屋書店、二〇〇二
佐々木隆編『CD-ROM版日本シェイクスピア総覧』（天保十一年〜平成十四年）エルピス、二〇〇五
福田恆存『福田恆存評論集』（全二十巻、別巻一）麗澤大学出版部、二〇〇七—二〇一一
小林かおり編『日本のシェイクスピア上演研究の現在』風媒社、二〇一〇
扇田昭彦『蜷川幸雄の劇世界』朝日新聞出版、二〇一〇
荒井良雄『戦後日本のシェイクスピア―国際化から二十一世紀へ』英光社、二〇一一
国立劇場営業部営業課編集企画室『不破留寿之太夫』（国立劇場・人形浄瑠璃文楽　平成二十六年九月公演パンフレット）、二〇一四
明治大学人文科学研究所編『シェイクスピアと日本』風間書房、二〇一五
秋島百合子『蜷川幸雄とシェイクスピア』角川書店、二〇一五
泉紀子編『新作能マクベス』和泉書院、二〇一五

中国シェイクスピア受容史略年表

中国シェイクスピア受容

（　）内は日本などでのシェイクスピア受容史の重要事項

（一八四一）	（渋川六蔵訳『英文典』シャーケスピール紹介）
一八四四	魏源編『西国図志』に沙士比阿の表記で登場
一八五六	慕維廉訳『大英国志』に舌克斯畢の表記で登場
一八七七	駐英公使郭嵩燾の日記にこの年から七九年にかけて舎克斯畢爾の表記で登場
一八七九	曾紀沢が滞欧中の日記でシェイクスピアに言及
一八九八	厳復訳『天演論』に狭斯丕爾の表記で登場
一九〇二	梁啓超が『新民叢報』五月号で莎士比亜の表記で紹介（莎士比亜という表記の最初）。
一九〇三	訳者不明『澥外奇譚』刊行
一九〇四	林紓・魏易訳『吟辺燕語』刊行
一九一一？	城東女学の学生が包天笑脚色『女律師』上演

文学・演劇・社会その他

一八四〇―四二	アヘン戦争
一八六八	明治維新
一八九四―九五	日清戦争（甲午戦争）
一八九八	戊戌変法・政変
一九〇二	『新民叢報』『新小説』創刊
一九〇七	春柳社『黒奴籲天録』上演
一九一一	辛亥革命

（一九一一）（文芸協会、帝国劇場で『ハムレット』完全上演）
一九一四　四月五日夜新民社『女律師』上演、五月五日六大劇団連合上演で『肉券』上演
一九一六　林紓・陳家麟訳『雷差得紀』発表。これ以後四本の歴史劇梗概を翻訳紹介
一九二一　田漢『ハムレット』第一幕を『少年中国』二巻十二期に発表、翌年全訳の単行本を刊行
一九二四　田漢『ロミオとジュリエット』訳文を『少年中国』に連載、まもなく単行本刊行
（一九二八）（坪内逍遙訳『シェイクスピア全集』完成）
一九三〇　五月、上海戯劇協社『ヴェニスの商人』公演
一九三一　徐志摩、航空事故で逝去
一九三六　梁実秋訳『ヴェニスの商人』等出版開始
一九三七　上海業余実験劇団『ロミオとジュリエット』上演
国立劇専『ヴェニスの商人』上演
一九三八　国立劇専『オセロー』上演
一九四二　国立劇専『ハムレット』公演

一九一四　この頃文明戯最盛期
一九一五　『新青年』創刊（創刊時は『青年雑誌』）
一九一九　五四運動
一九二一　中国共産党創立
一九二八　北伐完成
一九三一　柳条湖事件（満州事変）
一九三五　国立劇専創立（創立時は国立戯劇学校）
一九三七　日中戦争開始

一九四四　神鷹劇団『ロミオとジュリエット』上演。
　曹未風訳『シェイクスピア全集』刊行
一九四七　朱生豪訳『シェイクスピア戯劇全集』刊行（世界書局）
一九五三　モローゾフ『ソヴィエトの舞台におけるシェイクスピア』が
　平明出版社、上雑出版社から刊行
一九五四　朱生豪訳『シェイクスピア戯劇集』刊行（作家出版社）
一九五五　文学座、福田恒存演出『ハムレット』上演）
一九五六　中央戯劇学院『ロミオとジュリエット』上演
一九五八　オリビエ制作主演映画『ハムレット』を『王子復仇記』の
　訳名で全国上映
一九六四　台湾・政工幹校『王子復仇記』（『ハムレット』）上演
一九六七　台湾・文星書店で梁実秋訳『シェイクスピア戯劇全集』刊行

一九四五　第二次世界大戦終結
一九四七　台湾二二八事件
一九四九　中華人民共和国建国
一九五〇　中央戯劇学院成立
一九五二　北京人民芸術劇院成立
一九五六　中国、社会主義化完成を宣言
　中央戯劇学院華東分院、上
　海戯劇学院に名称変更
一九五七　百花斉放百家争鳴から反右
　派闘争
一九五八　大躍進
一九六二　調整政策本格化
一九六六　文化大革命勃発
一九七一　林彪事件
一九七二　中国国連復帰

（一九七五）（シェイクスピアシアターが活動開始）
一九七七　朱生豪訳『ハムレット』刊行（人民文学出版社）
香港話劇団『王子復仇記』上演
一九七八　『シェイクスピア全集』刊行（人民文学出版社）
一九七九　上海青年話劇団『空騒ぎ』上演
オリビエ制作主演映画『ハムレット』再上映
一九八〇　中国青年芸術劇院『ヴェニスの商人』上演
上海人民芸術劇院『ロミオとジュリエット』上演
一九八一　北京人民芸術劇院『尺には尺を』上演
一九八四　中国シェイクスピア研究会成立（曹禺会長）
一九八六　北京・上海で（第一回）シェイクスピア演劇祭
一九八七　台湾・当代伝奇劇場が『欲望城国』上演
（一九八八）（東京グローブ座開場）
一九九〇　戯劇工作室『ハムレット』（林兆華演出）上演
一九九四　上海で第二回シェイクスピア演劇祭

一九七六　毛沢東逝去、文革終結
一九七八　中共一一期三中全会、改革開放政策開始
一九八四　中共一二期三中全会、計画的商品経済提起
一九八七　台湾、戒厳令解除
一九八九　六四天安門事件
一九九二　鄧小平南巡講話、改革開放の再強調。中共一四回大会、社会主義市場経済提起

一九九七　簫運初ら『シェイクスピア全集』（新世紀出版社）刊行
二〇〇〇　方平主編『シェイクスピア全集』（河北教育出版社）刊行
二〇〇一　戯劇工作室『リチャード三世』（林兆華演出）上演
二〇〇四　上海京劇院『王子復仇記』上演
二〇〇七　北京人民芸術劇院『大将軍寇流蘭』（林兆華演出）上演
二〇〇八　中国国家話劇院『明』（田沁鑫演出）上演
　　　　　北京人民芸術劇院『ハムレット』（浅利慶太演出）上演
二〇一二　中国国家話劇院『リチャード三世』（王暁鷹演出）上演
二〇一三　漢劇『馴悍記』上演
二〇一四　中国シェイクスピア研究会再建（辜正坤会長）
　　　　　中国国家話劇院『ロミオとジュリエット』（田沁鑫演出）上演
　　　　　上海話劇芸術センター『じゃじゃ馬ならし』（ポール・スタービン演出）上演
二〇一五　辜正坤中方主編『シェイクスピア全集』（中英対照、外語教学与研究出版社）刊行

一九九五　上海話劇芸術センター成立
一九九七　香港中国復帰
二〇〇〇　陳水扁、台湾総統当選
二〇〇一　中国WTO加盟、計画経済から市場経済への転換ほぼ完了
　　　　　中国国家話劇院成立
二〇〇八　北京オリンピック
　　　　　馬英九、台湾総統に当選
二〇一〇　上海万博
二〇一二　中共十八回大会、習近平総書記
　　　　　尖閣諸島（釣魚島）帰属問題で反日デモ
二〇一五　中国政府、経済新常態を宣言、高度成長の終了
二〇一六　蔡英文、台湾総統に当選

あとがき

松本工房前社長で現社長松本久木氏の父親である松本義久氏から著書刊行の依頼を受けたのは、二〇〇〇年のことであった。松本工房は、先代時代から小さいながら大阪で良質の書籍を刊行し続けている志のある出版社である。私は松本工房が一九九〇年代に発行していた演劇誌『JAMCI』（『じゃむち』）に定期寄稿していたので、松本氏とはそれ以来の交流があった。私はその頃『シアターアーツ』誌に本書序章の原型にあたる文章を書いたばかりだったので、中国シェイクスピア受容史なら書けると考え、そのように返事した。中国現代演劇研究者として、隣国である中国の演劇事情が日本でほとんど知られていない現状を、シェイクスピアを通して少しでも打破したい、という思いもあった。『シアターアーツ』の文章を膨らませていけば、一冊の本になる文章は書けると思ったのである。

ところが、実際に手を付けてみるとそんな生やさしいものではないことが、すぐにわかった。中国シェイクスピア受容史の知識不足により、イメージがまったく膨らまないのである。結局執筆は頓挫してしまった。

しかし、中国シェイクスピア受容史のことは、私の頭に残り続けた。いきなり全体を描こうとするのではなく、まず受容史上の重要な公演をみていこうと思い、数年おきに各章の原型になる論文を、中国文学、演劇学などの学術誌に発表していった。二〇一一年から三年間、科研費「中国シェイクスピア受容史の基礎的研究―民国期を中心に」を獲得できたことも、研究の大きな励みとなった。科研費獲得で研究は加速し、論文は一定量に達し研究は一段落した。そこで、出版計画を立て松本久木氏に相談した。松本義久氏の依頼から私の中国シェイクスピア受容史研究は本格化したこと、かつて松本工房からの依頼に応えられなかったことが心に残っており、私は本書を松本工房から出版したかったのである。松本工房とは、私も関係している国際演劇評論家協会日本センター関西支部機関誌『Act』(『あくと』)などを通じて、ずっと交流もあった。松本久木氏には、出版を快諾していただいた。そして日本学術振興会科研費・研究成果公開促進費(学術図書)に申請したところ、幸いこちらも獲得できた。こうして、本書は世に出ることになったのである。松本義久氏の依頼から十六年が経過していた。私にとっても、日本語の単著としては『中国話劇成立史研究』(二〇〇五)以来十一年ぶりの著書出版である。

本書各章、特に第三章から第八章は、私が中国シェイクスピア受容史を考える上で重要と思われる公演を選び、時代の文脈の中でその検討を進めるという形式を取っている。これは、前著『中国話劇成立史研究』でも試みた方法である。演劇という創作・発表した瞬間から消え去っていく芸術形式を研究するに当たって、一つの有効な研究方法であると考えている。しかし、各章論文を集めただけでは中国シェイクスピア受容史の全体像が不鮮明になる可能性があるので、「中国のシェイクスピア受容略史」と題する二十枚(八千字)程度の旧稿に大幅に加筆して、本書序章とした。簡単ながら台湾・香港の受容にも触れた、各章は、獲得した科研費の性格もあり、民国期(一九四九年中国革命以前)が中心になり、中華人民共和国期はやや手薄になっている。『ハムレット』独白中国語訳文集など準備しながら最終段階で二十一世紀に入って中国で予想以上にシェイクスピア翻訳が行われていることに気が付き、本書収録を断念した資料もある。本書は私の中国シェイクスピア受容史研究の終わりではないので、中華人民共和国期さらには台湾、香港のシェイクスピア受容研究などについては、今後さらに研究を深め成果を発表していきたい。

私は日本人研究者として、中国現代文学演劇研究上でいかにして中国人研究者とは異なる独自性を獲得していくか、常に考え続けてきた。これにはいろいろな立場がありうるが、私が考えたのは、日本人研究者として自国の演劇にも関心を持ち理解を深め、そこから中国現代演劇を考えていく、ということであった。この考えから、私は中国研究の学会・研究会以外にも、日本演劇学会や国際演劇評論家協会日本センターなどの演劇研究評論団体にも関わり続け、そこでも研究成果を発表してきた。近年、中国の大学から依頼を受け中国語で講演する機会も増えてきたので、いくつかは日本シェイクスピア受容史の問題を取りあげた。武漢大学芸術学系での二〇一二年の講演「多様化的莎士比亜演出在日本舞台上」（日本の舞台でのさまざまなシェイクスピア上演）、四川外国語大学での二〇一四年の講演「日本莎士比亜接受簡史」がそれで、その中国語原稿をもとに、本書附章「日本のシェイクスピア受容略史」を書き下ろした。序章と附章で展開した中国と日本のシェイクスピア受容史三段階区分も、日本だけ、中国だけ、ではなく、日本と中国の双方に通用する段階区分追求の試みである。

本書の中で、第二章「林紓のシェイクスピア観」は、他の部分とやや異なっている。清末小説研究家・樽本照雄氏との論争の産物だからである。論争の基本内容は第二章を読んでいただければわかるので、ここでは繰り返さない。論争中での私の説の当否は、読者の判断に委ねることとしたい。論争の産物であるから、他章と異なり第二章原型にあった樽本氏への敬称を本書でも省略しなかった。第二章原型以外にも、『中国文芸研究会会報』などに、私の論争文章を発表している。当初はこれらも本書に収めようかとも考えたが、中国現代文学研究界の片隅で行われた論争など中国現代文学研究圏外の人には無意味であろうと思い、その学術部分は本書第一章、第二章に吸収し、本書には収録しなかった。私の論争文章は、私の個人研究サイト「電脳龍の会」に掲載してあるので、興味のある方はそこで閲覧していただきたい。

私の中国シェイクスピア受容史に関する最初の文章は、一九八五年七月の「文明戯『肉券』について」(『中国文芸研究会会報』五十四号)である。本書第一章第四節の原型である。単純に時間だけをみると、私の中国シェイクスピア受容史研究歴は三十年を越えることになる。この文章は、早稲田大学大学院生時代に河竹登志夫先生の大学院授業「比較演劇研究」を受講した際提出した受講レポートが基礎になっている。いま本書各部分を読み返してみると、河竹先生の日本シェイクスピア受容史研究から強い示唆を受けていることが、自分でも理解できる。私が早大を離れてからは、河竹先生とお会いする機会は少なくなったが、拙著をお送りすると、暖かい御返事をいただいた。残念ながら河竹先生は二〇一三年五月逝去された。先生がご健在のうちに本書を刊行できたら、内容についてさまざまにご批判ご教示いただけたのにと、残念でならない。なお、「文明戯『肉券』について」の内容は前著『中国話劇成立史研究』にも収録しているが、その内容から本書でも省略できなかった。読者のご理解をお願いしたい。

私は中国現代文学演劇研究の末席に連なっているが、シェイクスピアについてはとても専門家とは言えない。ここでいう専門家とは、まずシェイクスピア作品を英語原文で読解できる能力の保持者である。日本で中国語は解しないが中国政治、経済、文化などに発言する人はかなりいるが、これらの人は中国研究界では専門家とはみなされていない。中国語の生資料に触れない中国理解には、大きな限界があるからである。同じことは、シェイクスピアについても言えよう。関連英文研究を収集はしたが、私の研究能力の関係で十分には利用できなかったことも述べておかねばならない。シェイクスピアや英文学専門家からみれば、本書の中で疑問・不満を感じる点は多々あると思われる。研究の前進のためにも、シェイクスピア、英文学専門家の忌憚のないご批判ご教示をお願いしたい。

ただ、私にとって幸いなことは、上述のように日本の演劇関係学会などに参加したため、日本のシェイクスピア研究家と交流しご意見をいただけたことである。一人一人のお名前はあげないが、ここで改めて厚くお礼申し上げたい。ただ、二〇一五年九月に急逝した小林かおり氏（逝去時、名古屋市立大学教授）のお名前は挙げておきたい。小林かおり氏には、その編著『日本のシェイクスピア上演研究の現在』（風媒社、二〇一〇年三月）を贈っていただいたり、中国の大学での日本シェイクスピア受容史講演に資料援助や講演内容への助言をいただいたりするなど、様々な援助を受けていた。それだけに小林氏の急逝は大きな驚きであった。自分より年下の友人が逝去するつらさを、改めて感じた。

本書の校正については、榊原真理子氏（愛知県立大学大学院生）、黄綿史氏（一橋大学大学院生）に手伝っていただいた。本書掲載写真の入手、掲載許可獲得には、多くの中国の友人のお世話になった。二代にわたって本書刊行を待ち続けたうえに校正作業が遅れ極めてタイトな編集作業を強いることになってしまった松本久木社長、デザイナーの納谷衣美氏にも、厚くお礼申しあげたい。

最後に、好き勝手な研究生活を支えてくれている妻洋子にも、改めて感謝を捧げたい。

瀬戸　宏

二〇一六年二月十一日

初出一覧

序章　中国のシェイクスピア受容略史

晩成書房『シアターアーツ』11号（2000年1月）掲載の同名の評論に大幅加筆

第一章　中国シェイクスピア受容の黎明

摂南大学外国語学部『摂大人文科学』19号（2012年2月）

第二章　林紓のシェイクスピア観

早稲田大学演劇博物館グローバルCOEプログラム「演劇映像の国際的教育研究拠点『演劇博物館グローバルCOE紀要　演劇映像学2008第1集』（2009年3月）

第三章　戯劇協社『ヴェニスの商人』公演（一九三〇年）をめぐって

「上海戯劇協社『ヴェニスの商人』上演をめぐって」日本演劇学会『演劇学論集日本演劇学会紀要』57（2013年秋）

第四章　上海業余実験劇団『ロミオとジュリエット』公演（一九三七年）をめぐって

「上海業余実験劇団『ロミオとジュリエット』公演をめぐって」摂南大学外国語学部『摂大人文科学』22号（2015年1月）

第五章　国立劇専とシェイクスピア上演

——第一回公演『ヴェニスの商人』（一九三七年）を中心に

「国立劇専とシェイクスピア上演——第一回卒業公演『ヴェニスの商人』を中心に」早稲田大学中国文学会『中国文学研究』第32期（2006年12月）

第六章　国立劇専『ハムレット』公演（一九四二年）をめぐって

「国立劇専『ハムレット』上演をめぐって」中文研究会『未名』31号（2013年3月）

第七章　昆劇『血手記』（一九八六年）と越劇『十二夜』（一九八六年）

——中国伝統演劇によるシェイクスピア上演

近現代演劇研究会（日本演劇学会分科会）発表原稿「中国伝統演劇によるシェイクスピア上演——昆劇『血手記』と越劇『十二夜』を中心に」（2013年7月6日、大阪大学中之島センター）を大幅加筆、本書で初発表

第八章　戯劇工作室『ハムレット』（一九九〇年）

——実験演劇としてのシェイクスピア

「林兆華の演出」晩成書房『シアターアーツ』16号（2002年1月）掲載に大幅加筆

附章　日本のシェイクスピア受容略史

中国語による特別講義原稿「多様化的莎士比亜演出在日本舞台上」（武漢大学芸術学系、2012年3月7日）、「日本莎士比亜接受簡史」（四川外国語大学、2014年3月4日）をもとにした書き下ろし

瀬戸 宏（せと・ひろし）

1952年大阪府生まれ。早稲田大学第一文学部卒業、同大学院文学研究科中国文学専修博士課程修了。博士（文学）。中国現代文学演劇専攻。摂南大学外国語学部教授。早稲田大学演劇博物館招聘研究員。
主な著書として、『中国の同時代演劇』（好文出版、1991）、『阪神大震災は演劇を変えるか』（共編著、晩成書房、1996）、『中国演劇の二十世紀 中国話劇史概況』（東方書店、1999）、『中国話劇成立史研究』（東方書店、2005、2006年度日本演劇学会河竹賞受賞）、『文明戯研究の現在』（共編著、東方書店、2009）、『中国話劇成立史研究』（中国語版、陳凌虹訳、厦門大学出版社、2015）など。

本書の刊行にあたっては、独立行政法人日本学術振興会平成27年度科学研究費補助金
（研究成果公開促進費・学術図書　採択課題番号15HP5051）の交付を受けた。

中国のシェイクスピア

2016年2月29日 初版発行

著者
瀬戸 宏

発行者
松本久木

発行所
松本工房
〒534-0026 大阪市都島区網島町12-11 雅叙園ハイツ1010号室
電話 06-6356-7701
ファックス 06-6356-7702
http://matsumotokobo.com

装丁・組版
松本久木 + 納谷衣美

印刷
株式会社サンエムカラー

製本
新日本製本株式会社

ISBN978-4-944055-78-4 C0074